黔东南文化旅游概论

蒋友财 邹雪 著

中国旅游出版社

责任编辑： 王　从
责任印制： 冯冬青
封面设计： 北京八度出版服务机构

图书在版编目（CIP）数据

黔东南文化旅游概论 / 蒋友财，邹雪著 . -- 北京：中国旅游出版社，2020.3

ISBN 978-7-5032-6410-8

Ⅰ . ①黔… Ⅱ . ①蒋… ②邹… Ⅲ . ①地方旅游业—旅游文化—概论—贵州 Ⅳ . ① F592.773

中国版本图书馆 CIP 数据核字 (2019) 第 276892 号

书　　名： 黔东南文化旅游概论

作　　者： 蒋友财　邹　雪　著
出版发行： 中国旅游出版社
（北京建国门内大街甲 9 号　邮编：100005）
http://www.cttp.net.cn　E-mail:cttp@mct.gov.cn
营销中心电话：010-85166536
排　　版： 北京八度出版服务机构
印　　刷： 北京工商事务印刷有限公司
版　　次： 2020 年 3 月第 1 版　2020 年 3 月第 1 次印刷
开　　本： 720mm × 970mm　1/16
印　　张： 14
字　　数： 300 千
定　　价： 52.00
I S B N： 978-7-5032-6410-8

序

美丽的黔东南藏身于云贵高原茫茫群山中，千百年来，在历史和现实的交汇过程中留下了自己深刻的印记，古朴多姿的民族文化、神奇秀美的自然风光、浸润历史沉淀的古今文明，共同绘就了这块土地最亮丽的风景和最浓郁的乡愁。

过去由于交通闭塞，信息阻隔，很少有人涉足，以致沉寂在岁月中的黔东南“养在深闺人未识”，让人们感到遥远、陌生和神秘。也恰恰是因为交通闭塞延缓了这片沃土的文明步伐，才造就了这最后的“净土”，才有了“森林之州”“歌舞之州”“神奇之州”“百节之乡”的美誉。

春来青山滴翠，夏至浓墨重彩，秋到金碧辉煌，入冬迎来送往……这是我到黔东南工作近两年来看到的黔东南人民生活场景和画面，用余秋雨先生的话来说，这就是一个“用美丽回答一切”的地方。有苗、侗、汉等 47 个民族，少数民族人口占 81%，其中苗族人口占 43%、侗族人口占 30%，是全国苗族侗族人口最集中的地区，是全国苗侗文化的核心地。是贵州省 3 个民族自治州中成立最早、面积最大、少数民族人口比例最高的自治州，也是全国 30 个自治州中人口最多的自治州。千百年来，黔东南各族人民与山相安生、与水共流长，构筑起一座民族文化的高地。这里孕育着以苗侗为代表的民族文化精彩绝伦。无论是天籁之音的侗族大歌，还是豪迈奔放的苗族飞歌；无论是巧夺天工的手工银饰，还是独具匠心的民族盛装；无论是人树合一的岜沙生态文化，还是神秘神奇的占里人口文化，无不记述着人文风情的厚重与淳朴，无不彰显着文化价值的朴实与追求。这里舒展着中国传统水墨山水的精彩画卷。大自然尽显天成之美，造就了山环水绕、云蒸霞蔚的秀美风光，青山如屏、水鸣如琴的奇特地貌。苗侗儿女深谙天人合一之道、追求道法自然之美，409 个传统村落依山傍水、气势磅礴，与原始森林、高山溪流、农耕田园巧妙融合、相得益彰，共同绘就出一幅美轮美奂的画卷。这里镌刻着历史长卷沉淀出的时空记忆。厚重的历史与人文在这里浸透深蕴、滋养生息，千年古韵的镇远古城浑然一体，一砖一瓦都承载着秦汉遗风；深邃厚远的隆里古镇保存完好，传唱着盛世唐朝的壮丽史诗；神秘古朴的且兰古国风采依然，处处记载着春秋战国的沧桑变迁；中共中央政治局黎平会议成为党和红军实现重大战略转折的开始，红色文化闪烁着万丈光芒。这里盛产着风行天下蜚声海外的绿色产品。黔东南良好的生态和独特的土壤，造就了裸子植物、大型真菌、中药材的天然基因库，成为名副其实的绿色、生态、有机的故乡。在这里，人类与自然和谐共生，传统生产生活方式弥足珍贵，大自然的馈赠慷慨丰富，不仅有品类繁多、品质上乘的绿色产品，还有回味无穷、生态健康的各类食品，是一个生津留香的美食天堂……

近年来，黔东南乘着改革开放的东风，曾经群山阻隔、山高路远、信息闭塞等问题已得到根本改善，高铁、机场、县县通高速、村村通公路缩短了与外面世界的距离，那些隐匿深山、不露真容的自然生态和民族文化正以昂扬的姿态闪亮登场。为此，编者希望通过这本《黔东南文化旅游概论》来向外界多方位、全角度地展示、宣传、解读黔东南的历史与现实、生态与人文。我觉得这个努力很有必要，也颇费苦心，2018 年我从国家文化和旅游部到黔东南州挂职任州委常务、副州长，分管文化旅游工作，该书作者蒋友财先生邀我作序，我甚是荣幸。

现代社会随着经济全球化发展，越来越加剧了市场竞争，从而带来城市职场激烈博弈和沉重紧张的工作，使生活节奏不断加快，人的精神压力大大增加，以文化旅游的方式调节身心健康，陶冶情操，达到健康养生的目的，达到益寿延年，成为城市人不可或缺的社会需求，成为一种生活时尚。

《黔东南文化旅游概论》是一部集知识性、趣味性、可读性和珍藏性为一体的文化旅游读本，较为全面系统地介绍了黔东南多姿多彩的自然景观和古朴神秘的历史传统，以及多样性的原生态文化，旨在引导文化旅游者用全新的视角去审视和领略黔东南的山、水、林、田等旖旎的自然风光，去了解和探索黔东南神秘深厚的历史文化底蕴和内涵，去感受和认识黔东南民族民间文化的淳朴和浓郁，去接受和沐浴红色文化的熏陶与洗礼。该书的出版，对于提高黔东南知名度和美誉度，让世界了解黔东南，让黔东南走向世界，具有十分重要的现实意义，对推动黔东南文化旅游产业发展也将起到积极的作用。我希望大家都来关注黔东南的过去，关心黔东南的今天，关切黔东南的未来。

郑秀全

2020 年 1 月 16 日

目录

contents

目录 contents

目录 contents

目录 contents

第1章

黔东南文化旅游概况

黔东南是一块多情而神奇的土地，山水绮丽，民风淳朴，生态文明在这里高度发达。这里少数民族的饮食起居、耕种劳作、社交娱乐，都承载着本民族世代的信仰和执着，山水演绎着自然的奇迹，歌声承载了民族的灵魂。今天的黔东南，是贵州少数民族文化旅游最优质、最典型的地区，是联合国教科文组织推荐的世界十大“返璞归真，回归自然”旅游目的地首选地之一；是被联合国保护世界乡土文化基金会授予的全球18个生态文化保护圈之一（在亚洲获此殊荣的仅有两个地区，另一个是西藏）；全州有3300多个村寨，截至2019年年底有409个村寨列入中国传统村落名录，占全国6799个的6.01%，占贵州省725个的56.4%，位居全国地州市级第一，是中国传统村落峰会的举办地。有126个村寨入选中国少数民族特色村寨，占贵州省40.38%，数量位居全国各市州之首。众多的非物质文化遗产资源中，入选人类非物质文化遗产代表性名录1项；列入国家级非物质文化遗产代表性项目名录53项72处；列入省级非物质文化遗产代表性项目名录218项306处，位列贵州省第一，数量居同级地州市第一。同时黔东南长寿人口多，许多百岁老人依然身体康健、劳作如常；黔东南是世界苗侗文化遗产保留核心地，民族文化古朴绚烂，被誉为“人类疲惫心灵栖息的最后家园”。世界旅游组织专家曾评价黔东南是“森林之州、歌舞之州、神奇之州，世界上最具吸引力的旅游胜地”。原生的民族文化与自然生态在空间上的高度统一是黔东南旅游资源最大的特点和优势。2012年文化部公布“黔东南民族文化生态保护实验区”为贵州省唯一的国家级文化生态保护实验区，2013年省文化厅批复黔东南设立“黔东南苗族文化生态保护实验区”和“黔东南侗族文化生态保护实验区”，为省内仅有的省级文化生态保护实验区；2016年《纽约时报》公布了当年世界上52个必去的旅游景点，中国仅有贵州和杭州上榜，贵州名列第44，推荐理由是“迄今为止尚未开发大众旅游的纯正中国山地族，贵州的苗家山寨和侗家山寨保留了不紧不慢的舒适节奏和最淳朴的真实感”。2016年年初，黔东南获批创建中国苗侗风情国际旅游目的地，成为全国首批30个中国国际特色旅游目的地创建地之一，是第二批“国家全域旅游示范区”创建单位，目前正在积极创建中国民族文化旅游示范区。被美国CNN评为“2017中国最美30个地方之一”。黔东南坚持以原生态民族文化旅游世界目的地作为旅游发展思路，着力发挥自然生态和民族文化的优势条件，全力打造国内外知名的民族文化旅游目的地。

黔东南苗族侗族自治州位于贵州省东南部，处于苗岭腹地，南邻广西桂林、柳州，东接湖南怀化、张家界，西与黔南州相接，北同遵义、铜仁相邻，面积3.03万平方公里，东西相距220公里，南北跨度240公里。地势西高东低，自西部向北、东、南三面倾斜，海拔最高2178米，最低137米。属亚热带湿润气候，冬无严寒、夏无酷暑、气候温润，年均气温在14～18.5℃。全州辖有凯里市、丹寨县、麻江县、黄平县、施秉县、镇远县、岑巩县、三穗县、天柱县、锦屏县、黎平县、从江县、榕江县、雷山县、台江县、剑河县16个县市和凯里、炉碧、金钟、洛贯、黔东、台江、三穗、岑巩、锦屏、黎平10个省级经济开发区。2018年年末常住人口353.83万人，户籍人口481.19万，有汉、苗、侗、布依、水、瑶、壮、土家等47个民族，少数民族人口占全州总户籍人口的81.3%，391.1万，其中苗族人口占43.2%，占全国苗族近1/4，侗族人口占30.4%，占全国侗族的近一半。州人民政府所在地为凯里市，是全国优秀旅游城市、全国卫生城市，目前正在积极创建全国文明城市，全州政治、经济、文化中心。

图1-1 全国优秀旅游城市——凯里市

近年来，随着旅游接待设施日益完善，黔东南旅游业快速发展，旅游景区景点日趋成熟，人们多样化、多层次的旅游需求得到满足。黔桂铁路和湘黔铁路过境，贵广高铁、沪昆高铁的通车拉近了与珠三角、长三角地区的距离，黔东南已进入“高铁时代”。沪昆、厦蓉高速公路，320国道和321国道等从境内经过。目前已实现县县通高速、乡乡通油路的目标，截至2015年年底，全州高速公路通车里程814公里，公路总里程达2.94万公里，通过不断加大旅游交通建设力度，建成旅游公路1644公里，95%以上的行政村通车，71.6%建制村通油路。民用航空取得了快速发展，黎平机场、凯里黄平机场已开通至贵阳、昆明、广州、杭州、桂林、北京、海口、济南等地的航班，为广大旅游者进入黔东南提供了便利，现代综合立体交通网络初步形成。凯里与通往贵阳的高速路相连通，至贵阳龙洞堡机场仅2小时左右的车程，至州内凯里黄平机场全高速半小时以内可以到达，至黎平机场2.5小时左右可以到达。

截至2019年年底，全州星级饭店、社会酒店、精品客栈、民宿等旅游住宿设施共有房间数6.1万个，共约10.5万张床位，其中星级饭店36家，约5300张床位，按五星级标准建设的有凯里龙都国际璟怡大酒店、嘉瑞禾维景大酒店等。全州旅行社46家；全州持证导游近千人，旅游接待能力进一步提升。各县市都在加紧特色旅游商品、特色饮食的开发，形成了凯里酸汤鱼、麻江蓝莓、丹寨鸟笼、镇远道菜、施秉太子参、黄平牛肉干、岑巩思州石砚、台江苗族银饰、雷山银球茶、剑河苗族锡绣、黎平侗家腌鱼、从江璟柑、榕江西瓜、锦屏山茶油、天柱清水江奇石、三穗麻鸭等一批独具地域及民族特色的产品。走进黔东南，这里绿水青山养眼，蓝天净土养肺，传统美食养胃，民族文化养心，田园生活养神，处处彰显着自然之美、人文之美、神奇之美、和谐之美。特别是多姿多彩的少数民族文化是黔东南最大、最重要的旅游资源，品位高、亮点多，“中国聚宝盆·大美黔东南”的文化旅游形象已逐渐成为广大游客的共识。当前全州上下正在奋力建设魅力黔东南，守住生态底线，让黔东南更加秀美；提升人文气质，让黔东南更有底蕴；挖掘特色风物，让黔东南更加丰饶。

1.1 生态之州

人们对自然的崇拜，对山的敬畏，对水的敬仰，注定了人与这片土地的和谐共生，也因此成就了黔东南这片生态环境绝佳的人间净土。黔东南自然风光神奇秀丽，峰峦起伏、江河纵横，是贵州东线旅游的核心地区，以“真山、真水、真情”享誉国内外，有“㵲阳河”“黎平侗乡”和“苗山侗水”三个国家级风景名胜区。雷公山、月亮山和云台山自然景观神奇独特，清水江、㵲阳河和都柳江三大河流奔腾不息，纵贯全州。

黔东南州现有森林面积2900多万亩，占贵州省的20%以上，活立木蓄积量1.2亿立方米，为贵州省之冠，森林覆盖率68%，州内天然林面积约占林业用地面积的21.7%，天然林主要是常绿阔叶林、常绿落叶混交林和针阔混交林，森林覆盖率比贵州省高出10多个百分点，比全国高出40多个百分点；林海苍茫，自然生态保存完好，空气负氧离子含量每立方厘米1200~2000个，是全国平均水平的22倍左右，全州城市（县城）环境空气质量优良天数比例为98.9%。

黔东南山多林密，凯里香炉山壁立千仞，雄奇壮观，黎平高屯天生桥鬼斧神工、气象万千，被列入吉尼斯世界纪录，州内还有天柱金凤山、三穗圣德山、岑巩峨山、麻江龙头山、榕江八宝山、凯里钉耙山、丹寨龙泉山、锦屏青山界等锦绣山川，各具特色。贵州独特的喀斯特地貌，孕育了大山深处景致迷人、气象万千的溶洞奇观，有丹寨金瓜洞、岑巩万佛长廊溶洞、天柱金凤山溶洞、凯里渔洞溶洞、黎平管团溶洞、锦屏多家洞、麻江金流洞、剑河平塘坡溶洞群等，洞洞有别、石笋林立、景观各异、五彩缤纷。

雷公山：主峰位于雷山县境内，海拔2178.8米，为境内第一高峰，山林茂密，云遮雾罩，可观云海、日出，还能看到佛光，曾是古战场，保留有大量珍贵遗迹遗址，有“苗人圣山”之称，同时也是典型的“动植物王国”，被列为国家级自然保护区、国家森林公园。

月亮山：位于从江县境内，至今仍保存着原始的自然生态系统，林海浩瀚，有许多珍贵的动植物生长，气候宜人，神秘莫测。少数民族村寨依山而建，古色古香，人们以山为邻，逐水而居，青山、聚落、梯田、古井相映成趣。

云台山：位于施秉县境内，林木苍翠，坡陡谷深，终年云雾缭绕，因白云岩喀斯特地貌典型完整，2014年6月，在卡塔尔首都多哈举行的第38届世界遗产大会上，与重庆金佛山、广西桂林、环江联合申报的“中国南方喀斯特”第二期项目被列入世界遗产名录，云台山喀斯特也因此成继荔波喀斯特、赤水丹霞之后贵州的第三个世界自然遗产。

黔东南州山林茂密，孕育了众多的动植物资源。境内已查明有各类植物3623种，分属214科1050属，其中中国特有属的有水青木、观光木、木瓜红等45种，占全国特有属的2.97%，有南方红豆杉、秃杉、银杏、鹅掌楸等一级、二级重点保护树种42种，占全国重点保护树种的16.53%，占贵州省的58.57%；有药用野生植物400余种，太子参、松茯苓、杜仲、天麻、三七、桔梗、五倍子等名贵药材驰名全国；野生动物数量众多，境内有哺乳动物56种，两栖动物40种，鸟类162种，爬行类36种，鱼类62种，有国家一类保护动物华南虎，国家二类保护动物云豹、金钱豹、苏门羚、猕猴、娃娃鱼、穿山甲等，国家三类保护动物灵猫、豹猫、红腹锦鸡、蟒蛇、獐、虎纹蛙等。境内现已查明有矿产资源40多种，目前探明储量的有重晶石、汞、煤、铁、锰、锑、金、铜、磷、石灰石、白云岩、金刚石等29种，在贵州省列前三位的有重晶石、玻璃用石英砂和锑矿，其中重晶石保有储量占全国的60%以上。

三条大河贯穿全境，各民族得以繁衍生息，文明得以世代传袭，被誉为“母亲河”。清水江流经州内丹寨、麻江、凯里、黄平等9个县市，苗族同胞世代在这一流域生活劳作，演绎传承着苗族悠久灿烂的民族文化；都柳江流经榕江、从江，孕育了举世瞩目的侗族文明；㵲阳河流经黄平、施秉、镇远、岑巩等地，这一区域山水秀丽、古迹众多，成就了著名的㵲阳河国家级风景名胜区。三条大河的各条支流清秀多姿，湖泊水景秀丽

图1-2　雾罩云台好风光

迷人，有凯里巴拉河、黄平重安江、岑巩龙鳌河、锦屏亮江、丹寨打鼓井、剑河雷打塘等。漂流胜地有施秉杉木河、黄平野洞河、台江翁密河、镇远高过河，漂流其间令人心潮澎湃、跌宕起伏，抑或是恬静闲适、悠然惬意，各有特点。河水清凉、泉水养生，黔东南多地有温泉，剑河温泉、黄平浪洞温泉富含多种矿物元素，享负盛名，是康体疗养的首选，凯里、雷山、岑巩近年也发掘出新的泉眼，将诞生一个个新的温泉疗养胜地。

图1-3　木排漂过清水江

清水江：为沅江上游干流，发源于黔南州贵定县斗篷山南麓青杠坡，在都匀称“剑江”，都匀以下称“马尾河”，流至麻江瓮城河渡口上游1.5公里海拔649.5米处入黔东南州境，至卡乌入丹寨、麻江县界，经下司，过州府凯里城东称龙头河，至旁海岔河口左汇重安江称清水江。出旁海过两河沿黄平、台江县界，至施秉、台江县界入台江。在巴拉河右纳小江河，经獭猫塘至老虎跳断台江、剑河县界入剑河，穿县城至革东河口右汇南哨河，至锦屏瑶光河口右纳乌下江，至县城三江镇左纳小江，右汇亮江，到杨渡溪杨渡角入天柱界，至溪口村左纳鉴江，到瓮洞下金紫村鸡公塘海拔209米处出贵州流入湖南境，至托口纳渠水后称沅江。其间，清水江在黔东南州境流经丹寨、麻江、凯里、黄平、施秉、台江、剑河、锦屏、天柱9县、市，流域面积14769平方公里，黔东南境内河道长376公里，河床天然落差812米。是黔东南流域面积最大、流程最长的河流，自古以来是黔东南对外联系的主要水路通道。

都柳江：是广东省西江第二大支流柳江的上游，发源于黔南州独山县拉林乡磨石湾，是从南面进入黔东南的主要水上通道。流至独山县城南部，折向东南流至五屯河口，再向东流到黔南州三都水族自治县，然后流入黔东南榕江县内，过从江县后进入广西，黔东南境内河

图1-4　晚霞夕照都柳江

道长141公里，流域面积8802平方公里。

㵲阳河：又称“㵲水”，为沅江主要支流，发源于黔南州瓮安县谷才村。由小谷才、谷才分流至黄平县旧州镇，称“马颈河”，经黄平、施秉、镇远、岑巩县境，过铜仁玉屏县后流入湖南新晃县，又经芷江县、怀化市，再向东流至洪江黔城注入沅江。黔东南境内河道长166公里，流域面积5106平方公里，河床落差410米。11公里以上的支流有38条，主要支流有苗里河、龙江河、车坝河等，是黔东南与湖南和长江中下游联系的主要水上通道之一。

图1-5 孔雀开屏㵲阳河

1.2 文化之州

1.2.1 历史文化

春秋以前，黔东南被称为“南蛮”或“荆蛮”之地，属牂牁国和楚国的黔中地，后分属夜郎国。秦时置黔中郡，汉时改为武陵郡。在隋代属牂牁郡、沅陵郡和始安郡，唐代改郡为“道”后，属黔中道。元代在民族地区推行土司制度，分属四川播州宣慰司、湖广思州宣慰司和新添葛蛮安抚司。明代“改土归流”“开辟苗疆”，废思州宣慰司，分置镇远府、黎平府和新化府等，隶属贵州布政司。清代区划基本沿袭明代。民国初改府、厅、州为县，今黔东南辖地分属黔东道和黔中道，黔东道驻镇远，辖26个县；1935年，民国政府在镇远设置行政督察区，所辖县区经过多次调整。新中国成立后，1956年7月23日正式成立黔东南苗族侗族自治州。黔东南州共有文物保护单位3407处，记录了黔东南悠久的发展历史，底蕴深厚，弥足珍贵，堪称中华民族文化的瑰宝，有镇远青龙洞、黄平飞云崖和从江增冲的侗族鼓楼、黎平地坪侗族花桥等为代表的19个国家重点文物保护单位，有1个国家级历史文化名城——镇远，2个与挪威王国共同建立的国家生态博物馆——黎平堂安和锦屏隆里（目前中挪合作在贵州建立了4个生态博物馆，另两个分别在贵阳和六盘水）。黔东南的古建筑造型典雅，极富地方民族特色，苗族吊脚楼和侗族鼓楼、花桥蜚声海内外。镇远天后宫、四官殿，岑巩禹王宫，天柱三门塘刘氏宗祠，锦屏飞山庙，黎平南泉山寺、台江文昌宫、丹寨万寿宫和麻江状元第等古建筑历尽沧桑，见证了这块土地的发展巨变。黔东南山灵水秀，人才辈出，历史上出现了孙应敖、何腾蛟、谭钧培、张秀眉、夏同龢、周达文、龙大道、杨至成等著名人物。

图1-6 中国历史文化名城——镇远

1.2.2 民族文化

苗族，源于上古蚩尤、炎黄时期，最初活动于黄淮流域，因战乱避难经多次迁徙到贵州等地深山当中，有一部分经贵州迁徙到云南，再到东南亚以及美国等地。澳大利亚著名的民族史学家格迪斯在《山地民族》一书中感叹“世界上有两个灾难深重而又顽强不屈的民族，他们就是中国的苗族和分散在世界各地的犹太族”。长期的迁徙铸就了苗族人坚毅勇敢的性格，苦难让这个民族更加懂得关爱与团结。因长期迁徙，苗族多居住于深山，吊脚楼成为主要的建筑形式，既节约了耕地，又拓展了空间，是“天人合一”的完美体现。尽管生存环境恶劣，但他们凭借勤劳和智慧实现了生活自足，苗族人的艺术天赋似乎与生俱来，不论何种环境都不能阻止这个民族对于美的追求和创造，他们世代都擅长银饰、刺绣和蜡染技艺，在飞针引线、熔银錾花、画蜡靛染之间，将民族历史和崇拜描绘刻画在一件件服饰之中，成就了今天的艺术瑰宝。黔东南苗族主要分布在环雷公山环线的凯里、雷山、台江、剑河等地，近200万人，占全国苗族近1/4。

侗族，源于我国江南一带古越人中“骆越”这一支系，因躲避战乱及瘟疫等原因，历朝历代不断南迁。隋唐时期，曾在今广西与广东交界的梧州、湖南与湖北交界的洞庭湖（古称“云梦泽”）一带居住。有史料记载：唐朝建立之初，为扩疆拓土，朝廷曾数次驱逐边疆少数民族，至629年止，针对居住在岭南、梧州一带“越人”大规模的军事行动达四次。侗族人民不得不背井离乡，溯江沿河逃往今贵州、广西、湖南交界及湖北西南一带居住至今，经世代繁衍生息，目前居住在黔东南的侗族人口近140万，占全国侗族的近一半。因服饰、语言等有一定的差异，以锦屏为界分为南部侗族方言区和北部侗族方言区，黎平、从江、榕江等地为南部侗族方言区，锦屏、天柱、三穗等地为北部侗族方言区。侗族人崇拜自然，有祭拜古树、巨石、水井、桥梁等习俗，南部侗族方言区信奉“萨玛”（汉译为“大祖母”，“萨”即祖母，“玛”意为大）为至高无上之神。鼓楼和花桥是侗族村寨建筑最典型的标志，与人类非物质文化遗产侗族大歌一同被誉为“侗族三宝”。

黔东南是苗侗民族文化保留核心地，原生态民族文化神秘悠远，蕴藏着人与自然和谐发展，人与人和谐相处，人与社会和谐共生的先进理念，保护传承了古朴的民族村寨，精致的民族建筑，多彩的民族节日。各民族村寨蕴藏独具特色的民族民间节庆文化、民族建筑文化、民族服饰文化、民族饮食文化、民族婚俗文化、民族洗浴文化、民

图 1-7　苗族吹奏芦笙祭祀先祖

族歌舞文化等。

节日作为最具吸引力的民间活动是黔东南民俗文化的集中体现，据统计包含祭祀性、生产性、纪念性、社交性等各种各样的民族民间节日有396个，其中规模和影响力较大的有100多个，黔东南因此被誉为“百节之乡”。主要的民族节日有苗族的鼓藏节、祭尤节、芦笙会、爬坡节、姊妹节、“四月八”、吃新节、龙舟节、苗年，侗族的萨玛节、侗年、林王节、“三月三”歌节、“二十坪”歌节，水族的端节，瑶族的“盘王节”等。节日里举办丰富多彩的娱乐活动，形式多样、内容广泛，唱歌、跳舞自然必不可少，还有斗牛、赛马、吹芦笙、踩铜鼓、赛龙舟、玩龙灯、唱侗戏等。台江苗族姊妹节被誉为“世界上最古老的情人节”，青年男女通过姊妹饭物语传递情愫；独木龙舟的发祥地台江施洞一带，仍然在用最原始的方式庆祝龙舟节，用活鸭献祭。每一个节日都是一次狂欢、一次盛会，在黔东南流传着“大节三六九，小节天天有，过节要对歌，喝酒交朋友”的说法。

图1-8　侗乡琵琶歌

大山深处的苗寨吊脚木楼鳞次栉比，河流溪边的侗寨花桥、鼓楼饱经沧桑，这些苗侗先民智慧的结晶，成为苗乡侗寨最显著的标志和特征。凯里、雷山、台江是苗族文化最集中的地区，底蕴厚重，雷山西江苗寨是全国最大的苗寨，从江岜沙苗寨成为最后一个枪手部落；黎平、从江、榕江是侗族文化最典型的地区，风情浓郁，黎平肇兴侗寨是全国最大的侗寨，榕江三宝侗寨至今还流传着感人至深的爱情故事。黔东南少数民族的服饰，除了遮身蔽体，它还饱含深意，绣上了故事和传说的苗族服饰，被称为“穿在身上的史书”。少数民族的饮食也极富特色，大都绿色生态、美味养生，苗族酸汤鱼开胃生津，侗乡牛羊瘪润肠消食，美食数不胜数。少数民族待客，既热情又真诚，糯米酒香甜可口，一碗酒凝结了万千的深意，拦门酒、敬酒歌表达着绵长不尽的情谊。

1.2.2.1 饮食文化

黔东南人爱吃酸，早期是由于居住的自然环境、生产条件和经济状况的原因。一是因少数民族多居住在高山上，远离城镇，交通不便，无集市贸易，长期维持着自给自足的自然经济。当地村民们宰杀猪、鸡、鸭等或捕获鱼之后会腌制起来，食物自然成酸，以便保存长久，便于食用。二是因为人们劳动的地方一般离家较远，无论是耕田种地，还是砍柴放牛，多是早出晚归，须带中午饭到山上吃，酸鱼、酸肉、酸菜等酸食携带方便，即取即吃，且不易变质。三是因为在过去缺少食盐，人们只能制作酸食，用酸菌激发食欲，调剂胃口，以助消化。很多地区以糯米或玉米为主食，人们上山劳作也习惯携带糯食果腹，糯食不易消化，而酸恰好有促进消化和新陈代谢的功能。

腌鱼：腌鱼是侗家的特色食物，制作的时节多在寒露至霜降这段时间。腌鱼的制作是比较讲究的；第一步是先将抓来的鲤鱼放入鱼笼或谷箩中浸入清水里，加入揉烂的苦蒿，使其鳃及肠内杂物自然清除干净，然后将鱼剖开，除去杂肠再用适量的米酒将鱼在盆内拌匀，将食盐撒于肚内，浸放两夜。第二步是用蒸熟的冷糯米饭和盐水将辣椒面与适量花椒粉及姜等佐料拌匀，制成鱼糟。第三步是将木桶底垫一层糟，然后将糟放入鱼腹内，再将糟擦抹鱼的皮鳞放入桶中，每放一层鱼，加一层糟，反复多次，腌完即用姜杆或楠竹笋壳叶、棕巴掌、棕片等盖于其上，称为鱼被，鱼被上面盖上三块圆形盖板，上压一块圆石头，或鹅卵石。待压在上面的石头缝里渗出汤汁时，桶中腌制的鱼也就可以食用。腌肉也是类似方法，同属当地特色美食。

酸汤：酸汤苗语名为“禾儿秀”，含多种维生素，有8种人体必需的氨基酸和丰富的蛋白质，具有生津止渴、开胃健脾的功能。在黔东南家家户户有制酸和储酸的习惯，酸汤根据制作原料和方法不同主要分为红酸和白酸，各有特色。红酸汤色泽淡红、气味清香，通常选用野生西红柿（当地俗称“毛辣果”），配以适量的仔姜、大蒜、红辣椒、精盐、糯米粉及白酒放入坛子中发酵制成，一般灌满坛沿水加盖放置15天后即可取用。2010年10月，凯里红酸汤已被中国食品协会认定为我国三大特色火锅底料之一（其余两项为重庆麻辣烫和内蒙古涮羊肉火锅底料），并于2014年12月经国家质检总局批准成为国家地理标志保护产品，2016年10月，中国烹饪协会授予凯里市“中国酸汤美食之都”称号。

图1-9　腌制的鱼肉

白酸汤色泽乳白、酸味纯正，一般是将清米汤放在木桶中慢慢发酵而成，因此也俗称“米酸”。旧时人们将米汤或淘米水存于水桶、竹筒、瓦罐内，放置在火塘边，每天煮饭时把米汤或淘米水放入其中，以后便自然发酵而成。另一个快速、简单制作方法是将用作发面的老面搓细后放入盆中，加入清水，充分溶解后倒入锅中置火上，边加热边搅拌，再将糯米粉（也有用玉米面、黄豆面），用清水调匀后倒入锅中，待锅中汤汁烧沸后，起锅倒入坛子内封好口，放在温度稍高的地方静置一两天，白酸就制作成功了。酸汤与泡菜水和卤水一样，保存得当，越存越香。

苗族酸汤系列食品：在生产生活过程中，人们逐渐掌握并习惯于用酸汤来烹制食物，有酸汤排骨、酸汤牛肉、酸汤鸭，有些地方过去还有酸汤鸡，但已不多见，当然最著名的当数酸汤鱼了。酸汤鱼是黔东南当地各民族比较喜爱的一道美食，以鲜、嫩、香、美为特色而名享天下，不需要专业大厨精细烹调，各家各户都是烹饪能手，不用一滴油或更多的配料，充分保留了鱼的鲜、汤的酸。苗家的酸汤，有红酸、糟辣酸、米汤酸等多种。煮鱼前，将适量的酸汤放入锅中或铁鼎罐中煮开后，把一条条鲜活的鲤鱼，取出苦胆内杂后，随即放入滚开的酸汤里，待快熟时，放入适量的盐、姜、蒜和一些鱼香菜，食用时配上特制蘸水，一般由盐、辣椒、花椒、木姜、香蓼、葱、蒜等拌好制成。在榕江等地，还会将鲜鱼在酸汤中煮熟后再放置于炭火上烘烤，独具特色的酸汤烤鱼别有一番滋味。

图1-10　酸汤鱼

延伸阅读

黔东南美食

一二三四五六七，天下美事吃第一
七六五四三二一，苗侗美食数第一
且听慢慢细数来，山中珍奇样样鲜
瓜果蔬菜个个甜，五谷杂粮道道香
清茶美酒杯杯醇，光听其名心已醉
令你回味又无穷，是否垂涎已三尺

一说咱们州府地，凯里酸汤远名扬
酸汤鱼来最出名，天南地北遍撒网
健康养生又美味，走起路来精神爽

二说苗家姊妹饭，醇醇糯香味难挡
五彩饭团最温暖，飞歌声声传四方
哥情妹愿定终身，子子孙孙福满堂

三说侗家腌的鱼，辣椒秘制精工艺
鲜香封在老坛里，肉质酸爽众人喜
吃穿不愁年年余，献给贵宾当好礼

四说特色鱼子酱，酸酸酱香老少宜
每年一季伴稻香，八月河中苦苦捞
辛勤酿制成绝味，舌尖中国美名扬

五说水果甜又香，柚子椪柑西瓜爽
蓝莓杨梅草莓鲜，生津止渴味绵长
养心润肺身体强，食遍美果保健康

六说小吃多又多，卷粉油茶米豆腐

洋芋泡菜油炸粑，味美量足爽到牙
地道鲜香人人夸，美味解馋香到家

七说醉人biang（方言，读二声）当酒，玉米高粱糯米酒
清甜味甘香入口，敬酒歌声伴左右
牛角满斟敬贵友，举起酒杯干一口

1.2.2.2服饰文化

苗族服饰的制作工艺主要包括纺织、靛染、刺绣、织锦、银饰等，一般在家庭、村寨范围代际传承。过去苗族女性七八岁就开始学习传统服饰制作工艺，到十五六岁就已基本掌握技法。苗族服饰的布料是苗族人用自己种植的棉花，用纺车纺成棉纱后，再用土织布机织成，织成的布匹多为一尺多宽。如今的苗族传统服饰制作技艺就是经过一代又一代承袭发展而来，根据妇女服饰款式可分为“长裙苗”“中裙苗”“短裙苗”，在雷山、丹寨、榕江等县的乡镇都有短裙苗分布，因地形因素和劳作需要，女性四季都身着短裙，神秘曼妙。过去苗族没有文字，人们通过在服饰上刺绣图案记录民族迁徙的历史和故事，如服装的蓝色象征海洋，意为怀念在海边的故土；线条代表跨过了黄河、长江等大江大河，因此苗族服饰被誉为“穿在身上的史书”，对研究苗族文化历史起到极其重要的作用。

侗族服饰，黔东南侗族以锦屏为分界，可分为南、北侗族方言区，南北服饰各有特色，有“南艳北净”之说。南部侗族方言区男性着装由侗布（俗称“亮布”或“家机布”）缝制而成，与汉族的唐装极为相似。女性服饰十分精美，多为裙装，穿无领大襟衣，衣襟和袖口镶有精细的绣片，图案以龙凤为主，配有水云纹、花草纹等，发髻上饰环簪、银钗或戴盘龙舞凤的银冠，佩挂多层银项圈和耳坠、手镯、腰坠等银饰；下着百褶裙，打绑腿，脚蹬翘头花鞋。北部侗族方言区男子服饰经过演变与汉族服饰基本相

图1-11　黎平侗族青年

似；女性多着裤装，外衣大多为青色，右衽圆领，斜襟开扣，托肩彩色绲边，衣长至大腿中部、衣脚有红色内套露出。衣袖齐手腕，袖口镶花边，喜用红头绳扎发盘在头上再包纱帕，脑后别上银簪、银梳，头戴银盘花、银头冠，颈戴五只大小不同项圈，胸佩银锁等，下身穿青色裤子，脚踏翘头绣花布鞋。

图1-12　台江施洞身着盛装的苗族少女

银饰：以银为原料，湘黔等苗族地区向来有“无银不婚”的习俗。据说，为维护社会稳定，20世纪50年代，国家曾专门从国库调拨白银到广大苗族地区以作银饰。如今银子主要是从湖南、江浙等地区的有资质的银矿企业采购而来，或是向国家特批的黄金交易所申购获得。银饰制作经过熔炼、锤打、拉丝、錾花、焊接、洗涤等30多道工序，一般多由男子加工制作，银制品造型美观大方，种类繁多，主要有银项圈、手镯、凤冠、耳环、银花、戒指等。苗族人民视银饰为美好、吉祥和财富的象征。苗族地区银饰制作十分盛行，且技艺精湛，苗族银饰锻造技艺已被列入国家级非物质文化遗产，黔东南一带苗族地区祖祖辈辈都从事银匠工作的人较多，特别是雷山、台江等地一些苗族村寨素有“银匠村”的美誉，雷山控拜村、麻料村就是闻名全国的银匠村。

刺绣：刺绣具有悠久的历史，在苗族地区流行十分广泛，苗绣以构图的美观性，造型的独特性和色彩的丰富性而闻名于世。刺绣中多为造型夸张、风格独特的飞禽走兽和花草虫鱼等，以此表达苗族迁徙、宗教信仰、生命崇拜、神话传说等内容，用艺术的形式再现了灿烂卓绝的民族历史。苗族民间刺绣工艺精、种类多，有平绣、堆绣、锁绣、贴布绣、打籽绣、破线绣等技法，通过不同技法能够演绎出风格各异的精美图案，栩栩如生、活灵活现，艺术大师刘海粟曾评价苗族刺绣工艺：“缕云裁月，苗女巧夺天工，苏绣、湘绣比之，难以免俗。”

蜡染：蜡染是用蜡刀蘸熔成液态的蜂蜡在土布上绘制图案，然后以蓝靛浸染，染后清洗去蜡，布面自然呈现出蓝底白花或白底蓝花的多种图案，在翻卷浸染中，也会出现蜡迹破裂，染液便随着裂缝浸透在白布上，留下了人工难以描绘的天然花纹，称为“冰纹”，极富特色。蜡染图案丰富，色调素雅，风格独特，适宜制作服装服饰和各种生活实用品，朴实大方、清新悦目。

宋应星《天工开物》记载“凡蓝五种、皆可为靛”，用来染布颜色经久不退，通称蓝靛，有的地区叫靛青，通常用蓼蓝、菘蓝、木蓝、马蓝等含有吲哚酸成分的植物叶子发酵制成或人工合成。靛染主要以蓝靛草（蓝靛根即板蓝根）为原料，放入水桶浸泡6—9天，经充分发酵，水呈蓝色，蓝靛草呈黑色后，捞出蓝靛草滤汁，然后加入适量的石灰水，经过反复多次上下搅拌，待到沉淀后将蓝靛液放入能渗出水分的木桶或袋子里，待水分蒸发后形成蓝靛膏。靛染时将蓝靛膏溶于染缸，并加上适量的烧酒，把自织的白布放入其中浸染成深蓝布料。有地区苗族制作的亮布，在浸染好的基础上，涂上动物血后晒干，再涂上牛皮胶即可。尽管如今各种花色布料琳琅满目，但作为一种民族民间传统工艺的靛染至今仍在苗乡侗寨广泛传承，具有天然抗菌消炎、驱蚊虫的功效。在人们追求“返璞归真，回归自然”的今天，苗侗族仍沿袭用植物染色制作衣服的传统，自织自制，自得其乐，意义深远。

1.2.2.3 建筑文化

因生存环境的不同，苗侗民族的建筑形式各有特点，苗族代表建筑为吊脚楼，侗族代表建筑为风雨桥和鼓楼。因受生存地理环境影响，苗族人多在山上建造房屋，在陡坎斜坡上搭建出了前檐柱吊脚的独特造型，即房屋撑柱悬空不落地，吊脚楼因此得名，主要用当地盛产的木材建成，屋基多用石块垒砌而成。一方面，苗族人敬畏自然，相信山中有神灵，建房不轻易“移山开山”，而是依山顺势而建，吊脚楼充分体现了苗族人“天人合一”的思想；另一方面，因苗族所处生存环境恶劣，平地、耕地少，而平地多为良田，居于山上可节约更多的田地。吊脚楼营造技艺可追溯到7000年前河姆渡文化中“南人巢居”的干栏式建筑。据有关史籍记载，“苗族多居山洞，结草为庐，以蔽风雨。事起即建造岩墙木屋，耸以吊楼”。吊脚楼为歇山顶穿斗挑梁木架干栏式楼房，以青瓦或杉木皮盖顶，具有简洁、稳固、防潮的优点，还能节省耕地和建材。一般有三层，上层储谷，中层住人，下层围棚立圈，堆放杂物和关养牲畜。住人的一层除卧室、厨房外，还有接待客人的中堂（也称“堂屋”），宽敞明亮，中堂的前檐下装有靠背栏杆，形成一个木制阳台，因苗家少女时常依偎在此绣花、谈心，俗称“美人靠”，既可凭高远眺苗寨风光，又可在此对歌谈情，聚会休闲。

风雨桥是侗族独有的桥，因行人过往能在此避风雨，故名风雨桥，因桥上雕梁画栋，图案精美，人们又称为“花桥”，湖南、湖北、贵州、广西等地侗族地区多有修建。风雨桥由桥、塔、亭组成，用木料筑成，桥面铺木板或石板，两旁设栏杆、长凳，桥顶盖瓦，形成长廊式走道。塔、亭建在石桥墩上，有多层，檐角飞翘，顶有宝葫芦等装饰，被称为“世界十大最不可思议桥梁之一”。

鼓楼是南部侗族方言区最具特色的建筑形式，为穿檐式木结构建筑，重檐攒尖顶，以杉木凿榫衔接。过去人们在鼓楼内部梁柱上悬挂有一面牛皮大鼓，用击鼓来召集议事和传递预警信息，因此得名。在侗乡，鼓楼不是一座单纯的建筑，它是侗家人精神的寄托和依靠，鼓楼多以家族为单位修建，如果一个寨子的鼓楼多，则表示寨子大，家族多，鼓楼成为连接家族关系、延续血脉亲情的纽带，也因此流传着“先有鼓楼后有寨，有了寨子才有家，要学鸭掌连成片，莫学鸡爪分丫杈”的民谚。有的地方认为，鼓楼好比田里的鱼窝，人就好比田鱼，鼓楼就好比侗族人的家一样，让人在劳碌中能找到避风的港湾，方便大家聚在一起。鼓楼的另一个显著特征是，它的屋檐均呈单数，有9层、13层、21层、29层等，有学者认为，这是侗族从母系社会到父系社会转变的象征，在中华传统文化中，一般以单数为阳，双数为阴，《易经》也正是如此描述，鼓楼因此也成为向父系氏族社会过渡时期的产物，是“男权社会”的重要标志。

1.2.3红色文化

对于红色文化的认识，目前大多研究学者对于红色文化的界定是从新民主主义革命后开始，大致就是中国共产党成立至中华人民共和国成立这一时期，涵盖了大革命、土地革命、抗日战争和解放战争几个阶段，内涵丰富，可分为“八大主题”：“东方曙光”反映新民主主义革命时期建党、建军等重大事件；“革命摇篮”反映了中国共产党在土地革命时期建立革命根据地、创建红色政权的活动；“万里长征”反映红军长征的艰难历程和英勇顽强的大无畏精神；“抗日烽火”反映中国共产党带领人民抗日救国、拯救民族危难的光辉历史；“走向胜利”反映解放战争时期的革命历史；“民族团结”反映全国各族人民在中国共产党领导下，建立爱国统一战线，同仇敌忾的团结奋斗精神；“伟人风范”反映老一辈无产阶级革命家的丰功伟绩；“浩气长存”反映了各个革命历史时期在全国有着重大影响的革命烈士的主要事迹。与这“八大红色主题”相关联的场所成为红色文化的重要载体。州内许多地方有长征故事、抗战传奇和解放事迹，无论是战斗遗址、会议会址、重

图1-13　当地干部群众重走长征路

大活动举办地、武装斗争的根据地、烈士墓园及英雄故居等，都是重要的红色资源，蕴藏着丰厚的文化思想，是开展爱国主义教育的重要场所。

在新民主主义革命时期，黔东南诞生了龙大道、周达文、杨至成等伟大的无产阶级革命家，境内革命遗迹及文物众多，红军长征时期的第一次中共中央政治局会议——黎平会议会址、榕江红七军军部旧址、革命先驱龙大道故居和周达文故居、旧州天主教堂、杨至成将军纪念馆等作为重要的爱国主义教育基地，同时也是黔东南重要的红色资源，记录了黔东南人民为中国革命事业做出的伟大贡献。

图1-14　榕江三宝侗寨鼓楼

1.3 歌舞之州

黔东南的青山绿水、鸟语花香孕育出侗家人美妙而动听的歌声，不论是男女老少，人人都爱唱歌跳舞，各民族将歌舞当作生活的一部分，当地俗话称“会讲话就会唱歌，会走路就会跳舞”，歌舞既是真情的流露，又表达了对先人的敬意，在丰富了节日内容的同时也成为青年男女交流交际的重要方式，歌舞蕴含着故事，承载着寄托，孕育了爱情。目前苗族史诗《仰阿莎》又名《仰欧桑》，侗族经典爱情故事《珠郎娘美》，已经编排成大型歌舞剧、音乐诗剧，进行全国、全球巡演，让人们更直观感受少数民族传统文化。

苗族有世代传承的古歌、“行云流水”的苗族飞歌，有剑河水鼓舞、反排木鼓舞、锦鸡舞、芦笙舞、板凳舞。南部侗族方言区天籁般的侗族大歌，入选了人类非物质文化遗产，多次在国外演出，唱响世界，是当今世上罕见的多声部、无指挥、无伴奏民间合唱音乐，堪称中国民族音乐的瑰宝，被誉为“一个民族的声音，一种人类的文化”，与侗寨鼓楼、侗乡花桥一起被称为“侗家三宝”。侗族琵琶歌婉约动人，侗戏在黎平一带有着悠久的历史，象征团结的哆耶舞是侗族舞蹈的典型代表。北部侗族方言区至今还保留着花歌、情歌、参堂歌、哭歌等。“饭养身，歌养心”，这是侗家人常说的一句话，侗家人把歌当作精神食粮，用它来陶冶情操、净化心灵。

1.3.1 侗族大歌

发源于春秋战国时期，距今已有2500多年的历史，是一种多声部、无指挥、无伴奏、自然和声的民间合唱形式。1986年，在法国巴黎金秋艺术节上，从江县小黄村侗族大歌一经亮相，技惊四座，被认为是“清泉般闪光的音乐，掠过古梦边缘的旋律”。2009年，侗族大歌被列入人类非物质文化遗产代表性名录。它主要流行于黔东南州黎平、从江和榕江等县及广西三江一带。侗族大歌旋律优美，曲调多样，内容丰富。歌与词水乳交融，既有独唱，也有合唱。“侗族大歌”演唱时一领众和，高、低声部共6个声部合唱，优美动听，以“众低独高”，复调式多声部合唱为主，是国内唯一多声部无

图1-15 从江小黄千人侗族大歌

伴奏的演唱方式，宛如天籁。模仿鸟叫虫鸣、高山流水等自然之音，是侗族大歌创作的特色，也是侗族大歌灵感的自然源泉。它的主要内容是歌唱自然、劳动、爱情以及人世间友谊，是人与自然、人与人之间的一种和谐之声。侗族大歌需要3人以上才能演唱，参加演唱的人越多，效果越好，几乎每个侗寨都有歌队。对歌、赛歌一般在“侗年节”“吃新节”等节日，青年男女通过歌声传情，寻找意中人。青年导演欧丑丑以此为题材编导了电影《侗族大歌》，在第49届美国休斯敦国际电影节上获得雷米金奖最佳艺术指导奖、大评审团特别雷米金奖最佳导演奖两项大奖。

1.3.2 哆耶

“哆”是侗语“唱”“舞”的意思，“耶”为侗族民歌中集体边唱边舞的表现形式，“哆耶”即踏歌而舞，又称“踩歌堂”，是侗族的传统歌舞形式之一，也是侗族大型集体舞。参与者多围着篝火或者广场中柱而跳，舞者手拉手围成一圈随着芦笙的节奏缓缓移动，跟着领唱的节奏边唱边舞，舞者不讲究身份高低，即使语言不通，但手拉手、心连心的情感真挚热烈，人们也称之为“团结舞”。

1.3.3 古歌

又称“大歌”，它是苗族世世代代传承的诗歌，是苗族古文化的灿烂结晶，它用如诗般的语言唱述苗族的迁徙发展史。叙述了开天辟地、日月生辉、人类繁衍的传说，讲述了苗族先民耕耘田园、衣食住行、婚丧嫁娶、频繁迁徙、重建家园以及反抗剥削压迫、争取自由幸福的故事。古歌多为五言体，句尾字字押调，歌曲浑厚练达，节拍分明，刚劲低沉，唱时多用真声，略带朗诵形式。传唱古歌和理词理歌者多为中老年人，他们阅历丰富，深谙苗族历史礼俗，熟悉苗族诗歌格律和乐曲，所吟唱的古歌感情真挚、丝丝入扣。

1.3.4 飞歌

是苗族歌曲艺术中的精品，歌声高亢嘹亮，曲调豪迈奔放，旋律动听，具有强烈的感染力，唱起来声震田野，山谷回响，几里开外都能听到，由此得名。唱飞歌的场合较多，多是在迎宾宴客、送客和野外唱得较多，也有青年男女在“游方”时对唱，春暖花开或农闲时节，男女青年远隔山水，见物即兴，现编现唱，为互表诚意或邀约游方而放声歌唱。飞歌可独唱、对唱、合唱和多声部合唱等，根据对象依场景而各有不同。当演唱多声部时，多用中音演唱，男女混合同唱一曲，有时也可以各自同时欢唱，混而同乐却杂而不乱，男声雄浑悦耳，女声优柔甜美，彼此烘托映衬，令人心醉。飞歌的歌词每首一般在30句左右，一首歌中常有三字句、五字句、七字句、八字句等，但多数是五字句。

延伸阅读

图1-16　台江反排木鼓舞

反排木鼓舞：木鼓舞是苗族古老的传统舞蹈，具有悠久的历史。它曾是氏族、部落聚集祭鼓的一种祭祖性的集体舞蹈，随着祭鼓节习俗不断地发展，广为流传。台江县方召乡反排村的木鼓舞是其中典型的代表，被誉为“东方迪斯科”，反排木鼓舞起舞如大鹏展翅，舞动如鹞子翻身，舞姿粗放豪迈。反排木鼓细而长，长度约1米，敲出的鼓点急时如雷鸣，缓时如滴水，舞蹈全身运动以胯为动力点，甩同边手。头、手、脚开合度大，整个舞蹈动作约模仿虫、鸟、鱼、兽的动作，变化时动作粗犷豪迈、矫健敏捷、灵巧活泼。传说远古时候，反排村苗族的始祖“放耶古”原来住在东方，因遭受其他部落的攻击，全族几乎覆灭。他的儿子勇耶古和女儿仰妮耶古双双逃散来到反排这块地方，过着野人般的生活。由于长年生活在深山里，劳动之余，兄妹俩常以虫鸣鸟叫为音乐，手舞足蹈，自娱自乐。他们听了蝉鸣就学蝉歌，看见虫在水里转圈，也跟着转，见到蜜蜂飞舞，也学蜜蜂起舞。偶然有一次听到啄木鸟发出“哆——哆——哆”的声音，节奏明快，清脆悦耳，便沿着声音传来的地方找去，发现原来树已经空心，击之能发出响声，于是将树砍倒制成木鼓，成为舞蹈的伴奏乐器。之后某年，勇耶古和仰妮耶古为使失散的族人团聚，他们举行了斗牛赛活动，邀请大家观赏，并将斗败的牛宰杀来祭祖和款待大家。当酒足饭饱之后，又将他们平时在深山学得的舞蹈动作传授给大家，全族人舞蹈狂欢，庆贺团聚，由此诞生了反排木鼓舞，久而成俗。

锦鸡舞：发源于丹寨县排调镇境内，由模仿大自然中锦鸡觅食的姿态演变而来，舞者衣着形似锦鸡的华丽服装，模仿锦鸡的步态起舞。锦鸡舞以芦笙伴奏，表演时女性个个绾发高耸，头上插戴锦鸡银饰，穿绣花超短百褶裙，戴全套银项圈手镯，脚穿翘尖绣花鞋，打扮得像美丽的锦鸡一样，舞者双脚按芦笙曲调节奏变换出优美姿势，双手于两侧稍往外自然摇摆，加上头上的锦鸡银饰跃跃欲飞，银角冠一点一摇，腿边花带一飘一闪，超短裙脚边的“羽毛”随着节奏不停翻飞，翩翩曼舞中，舞者步履轻盈，每跳一步，舞者双膝同时自然向前颤动，下肢动作多，上肢动作少，双手于两侧自然放开，悠

图1-17 丹寨苗族锦鸡舞

然摇摆。传说苗族祖先住在东方大平原上，后来迁到一个叫“展坳对社”的沙滩边居住，又因洪灾而沿江上行来到丹寨县。在迁徙的历史进程中，是美丽的锦鸡帮助先祖们找到了最后定居的地方，为先祖们带来了稻谷的种子，带来了安宁，人们视锦鸡为救星和福星，所以苗族人在每年的盛大节日里要举行隆重的吹笙跳月活动，敲击铜鼓，欢跳锦鸡舞以纪念先祖和感恩给他们带来自由、祥和与欢乐的美丽的锦鸡。

板凳舞：主要流行于凯里、台江、黄平等地，是苗族妇女在走亲访友时，酒后随兴而起的一种舞蹈，舞蹈场地不限，或在家里，或在平地。这种舞蹈的伴奏乐器主要是板凳，因而得名“板凳舞”。舞蹈时有两种跳法。一种是由一名妇女敲击板凳，其余妇女围圈用双手随着节奏拍手，双脚轮换边歌边舞。另一种板凳舞蹈则是参加舞蹈者每人双手各持一只凳子，集中在较宽的坝子上，一起围着圈子转跳，舞蹈动作是先走右脚用脚跟向外、前点两点，与此同时双手的板凳也击两下，之后收左脚向内、前点两点，双手板凳也即拍两下，如此反复。

芦笙与芦笙舞：苗家人创造了芦笙，人人爱吹芦笙、爱跳芦笙舞，视笙音为苗音。芦笙音量高、响度大，可以说“声震山谷”，苗族人坚信它是古往今来音量最高，响声最远的乐器。宋代曾对苗族芦笙有过记载，“参差六竹管，长芦黄钟涛，短声清徵散，舞来随节施，吹去别促缓，苗女共苗男，明月花满山”。芦笙在苗家人的观念中是“始祖母”创造出来的，其声音是“母亲”的声音。在“母亲”的召唤下，至今三大方言的苗族，无论居住何地，都依然继承了芦笙文化的基因，并作为本民族的精

图1-18 苗年节上飞歌笙舞

神意识和文化精髓不断凝聚与弘扬。芦笙一般为六管笙，也有少于六管或多于六管的，如今有改良芦笙达20多管，据说芦笙与历史典故中南郭先生吹的“竽”，十分相似。芦笙是由吹气管、气斗、簧片、共鸣筒等部分组成的民族吹奏音乐。可分为大、中、小与特小等种类，大芦笙高逾一丈，吹奏时声音洪亮深沉，中芦笙音色圆和流畅，小芦笙音色明亮悠远。

苗家人喜吹芦笙，每吹芦笙时必跳舞，芦笙舞从功能上可分为祭祖、庆典、娱乐与社交等。祭祀活动庄重严肃、规模盛大，用大、中芦笙。庆典娱乐讲究欢快活跃，可用中、小芦笙。舞蹈形式也由集体舞到双人或单人舞。芦笙舞曲内容可分为礼乐曲、叙事曲、进行曲、歌体曲与舞曲等，芦笙演奏与舞蹈的形式可分为笙伴舞、笙领舞与笙自舞等，笙伴舞吹笙者不舞或在场中小舞，周围男女群众、层层环绕舞蹈。笙领舞即吹笙者在前头边吹边舞，其他人跟在后面绕圈踏声舞蹈。笙自舞指小集体、双个或单人吹笙者用小芦笙表演，亦吹亦舞、舞蹈动作难度大，可概括为走、移、跨、转、立、踢、别、勾、翻等，动作表现或庄重肃穆或节奏明快或活跃敏捷，皆因场所与适用场合而不同。

《仰欧桑》：是一部根据苗族神话爱情叙事歌“仰阿莎”改编而成的歌舞剧，于2013年8月在国家大剧院首演，剧中呈现了具有浓郁苗族风情的歌舞艺术，体现了苗族的自然观、伦理观，在欣赏美妙的舞美画面的同时，沉醉于仰阿莎感天动地的爱情故事，该剧是黔东南少数民族文化的艺术精品，常年进行驻场演出。

《珠郎娘美》：是根据清乾隆年间发生在从江、榕江的真实爱情悲剧改编而成的侗族大歌剧，故事发生在清末，从江县侗族戏师将珠郎和娘美故事结合民间叙事歌改编成侗戏剧本，成为侗戏中影响较大的剧目，时至今日，黔、桂、湘侗寨的腊汉（意为“小伙子”）和腊芈（意为“女子”）仍将他们的爱情故事奉为典范，广为流传，1958年贵州省黔剧团将其改编为黔剧《秦娘美》，长春电影制片厂摄制成舞台艺术影片，1960年还选送到北京怀仁堂进行展演，国家领导人观看后曾高度评价。2013年年底由从江县和黔东南州歌舞团有限公司将《珠郎娘美》改编成侗族大歌剧；2015年年初，黔东南歌舞团与中央民族乐团共同演绎，在原先故事题材的基础上升级打造了大型歌舞剧《行歌坐月》，并落户洛贯经济开发区侗文化产业园进行演出。

《银秀》：是国内首个大型室内苗侗风情舞台剧，于2012年11月在凯里市民族文化宫举行首演，并常年在文化宫驻场演出，通过以“银”文化为主线，用表演艺术形式给人以较强的时代感和时尚体验。将黔东南独有的山水文化、民族文化、建筑文化、非物质文化遗产等原生态文化内容贯穿其中，全剧将音乐、杂技、舞蹈、民间绝技、演唱等诸多表演形式有机结合。采用先进的舞美技术，以震撼的画面、宏大的音乐制作、华丽的舞台装饰、多组升降舞台机械装置及巨型实景道具相结合，制造出变幻莫测的舞台效果，在有限空间里给人以无限想象，给人以震撼的艺术表现和强烈的感官体验。该剧不仅把实景的风雨桥搬上舞台，还创造性实现了其在舞台上的360°旋转。该剧将黔东南最具代表性文化资源特性进行具象表达，原生文化和现代艺术实现了完美融合，充分展示了黔东南苗侗文化的独特魅力。

1.4 神奇之州

1.4.1 长寿

黔东南是全国少数民族人口最多、长寿人口比例最高的自治州之一，有140多位百岁老人。据说，长寿的要素60%在于生活习惯，17%在于生活环境，15%在于家族遗传，8%在于医疗技术。而黔东南境内具备长寿的多种条件，当地长寿有四个秘诀：一是生活环境中的负氧离子含量高，研究表明，空气中负氧离子浓度提高可以解压减乏、强身健体，黔东南山高林密，负氧离子浓度较高有益于身体健康；二是喜酸食，酸食可以增强消化功能，促进人体的新陈代谢；三是住杉木房屋，杉木隔热性能好，杉木房屋冬暖夏凉，而且杉木有益人体健康；四是爱唱歌，唱歌有助于提升人体免疫力。

1.4.2 酒文化

黔东南少数民族待客有敬酒、劝酒的习俗，酒是待客之“道”，凡逢年过节、立屋建房、婚丧嫁娶、祈祷神灵、祭祀祖宗等，都要用酒，客宾来到之时以美酒待客是最高的礼节，可以说“无酒不成礼，有酒方成席”，劝酒是盛情，敬酒是感恩。早期由于苗族居住地的地理条件较差，人们日常劳动强度大，须借酒来舒筋活血，消除疲劳，因而养成好饮酒的习惯，逐渐演变成待客的习俗，人们戏称“会喝水就会喝酒”。苗乡侗寨家家户户能自制

图1-19　酒俗——高山流水

酒曲，酿制米酒、苞谷酒，制作各种泡酒、甜酒和烧酒，有的人家不善饮酒，也都会自酿一缸作为待客之用。苗族饮酒一般为主宾对饮，酒到酣深处，主客还要对唱酒歌进行娱乐，在请客饮酒场合，主人都会唱敬酒歌劝饮。凡进入寨子，大都有拦门酒的习俗，少则几道，多的有12道，在过去客人进寨拦门仪式开展敬酒、对歌等要长达几个小时，现在多已简化，感受到热情即可，有道是“侗家拦门不让进，看似无情却有情，情在酒碗里，情在歌声中”。

1.4.3牛、羊瘪

“瘪”是侗语译音，指牛、羊胃里尚未消化的野草树叶等食物，取其汤汁与牛羊鲜肉进行烹调食用。牛、羊瘪是黎平、从江、榕江等地苗、侗等民族最喜爱的菜肴之一，是侗族筵席上必不可少的主菜，有的外地游客因为没有能够全面正确了解这一美食，单从名称和食材上去理解、想象而心存疑虑，不敢轻易食用，一旦食用大多欲罢不能。宰杀牛羊时人们取出其胃中的残存物，直接挤出汁，这汁就是生瘪，一些边远地区口味较重的直接生瘪拌熟肉，有的则是生瘪加生肉直接食用，但已不多见，一般多用茶油把瘪煮沸，制成熟瘪。食瘪选用的肉也有讲究，就牛瘪而言主要用背脊肉，加上部分牛肝、百叶肚，把选用的肉切细炒熟，倒入制好的熟瘪，加入盐、辣子、花椒、葱蒜、橙皮、茱萸等作料。因牛羊吃百草，所以制成的瘪集合了百味草药的功效，可以帮助消化，可以排除肠毒，医治各种肠胃疾病，有“百草汤”之称，烹制时瘪中百草香味会自然散发出来，瘪的吃法常有汤锅和爆炒，俗称“汤瘪”和“干瘪”。

图1-20　榕江香羊瘪

1.4.4银文化

苗族历史上辗转迁徙、漂泊不定，以银为饰等于他们把所有的财富都戴在身上，人走则家随，以此保值财产。苗族擅长银饰锻造技艺，银饰类型多样，工艺精湛，有银帽、银项圈、银手镯等。同时银饰的功能性作用十分明显，银饰的颜色变化能够反映身体健康状况，身体有恙，它会自然呈黑色，身体好的人佩戴的银饰会越来越光亮，这是因为银对硫、汞等十分敏感，当人处于亚健康状态时，体质呈酸性，汗液中分泌的硫与银发生反应而呈现黑色，这与古代“银针试毒”是一个原理。另外，银有净化水质的功能，还能去湿消炎，可以防止瘟疫，苗族人认为银饰有避邪的功效，小孩满月后家里的大人即会为其佩戴银手镯、银锁等，以求平安健康。

1.4.5 牛崇拜

牛，尤其是水牛，在苗族人心中占据非常崇高的地位。一是苗族作为农耕民族，水稻种植离不开水田，犁田耕地都离不开牛，牛是农事活动的好帮手；二是苗族人认为水牛是勇猛的象征，相传苗族祖先蚩尤，曾在战争中把自己装扮成水牛模样迷惑敌人，并将牛角置于头上攻击敌人，史载蚩尤“头有角，能触人”即是此原因，至今，苗族仍保持着对牛的喜爱与崇敬。还有一种说法认为牛是祭祀先祖最好的祭品，苗寨寨门及寨中的神柱上常悬挂着带角的牛头骨，苗家人神龛下也常放有相连的牛角，以此为供奉。

斗牛，是苗族对牛崇拜的一种深层次的体现，苗族人民每举行娱乐盛会，总少不了斗牛的活动。相传斗牛习俗源于战争，苗族先祖将尖刀绑在水牯牛角上，让牛群冲向敌人，全副武装的牛群所向披靡，敌人望风而逃，最终取得了胜利，因参战各寨都说自己的牛厉害理应得头功，僵持不下，故产生了斗牛论输赢的做法，逐渐演变成俗。斗牛是黔东南众多节庆娱乐活动中最有吸引力、参与人数最多的项目之一，已有上千年的历史。斗牛俗称“牛打架”，斗牛场面壮观，惊心动魄，水牯牛的拼刺搏杀扣人心弦，两头牛拼杀的时间一般在5分钟内进行，这一方面是担心牛体力不支，另一方面也是爱牛、惜牛的原因。参赛的水牯牛凭借力量与技巧角逐“牛王”的称号，这对于牛主人而言可是无上的荣耀。有些地区，对牛王甚至敬若神灵，牛王老死之后，全寨老小还会举行盛大的葬礼，将牛下葬，并为其树碑立传。

1.4.6 游方

俗称“摇马郎”，是黔东南苗族地区苗族青年社交活动，青年男女通过在山林田间对歌以增进了解，传递情愫。在湘西和贵州松桃苗族地区类似的社交活动称为“会姑娘”，黔西北苗族称其为“踩月亮”，广西大苗山苗族则称其为“坐寨”。节日里，苗族未婚青年男女三五成群游方对歌，游方不是随处都可以进行的，一般都有规定的地点，白天游方的地点，通常在寨子旁边的风景树下进行。凯里、雷山、台江、剑河等地的苗族村寨，每个村寨都建有2~3“游方堂”，供青年男女游方之用，如果男女青年夜间游方，游方堂就设在寨子中央或寨边的空地上。不论白天或夜间游方，都是巴略（意为“男青年”）主动到阿勒（意为“少女”）寨子的游方堂，用吹口哨、吹木叶、吹芦笙或唱歌等方式，邀请女青年出来游方。如果是白天便唱“飞歌”，因为“飞歌”的曲调高亢嘹亮，容易让离寨子较远游方堂上的姑娘们听到；夜间游方时所唱的歌叫“扯嗓歌”，苗语叫"霞约"。这种歌的曲调比较委婉，不会影响邻近游方堂的老人们的休息。姑娘们只要听到邀请的歌声，便会换上衣服，邀约女伴或自家姐妹前去与邀请自己的男青年攀谈对唱，大家对唱情歌，互诉衷肠，自得其乐。按照苗族的习俗，在游方对唱情歌或谈话中，不许口出秽语，不许动手动脚或强拉女方的手，更不许有其他过激行为，文明游方已约定成俗。苗族青年男女游方的目的，是通过自由恋爱选择对象，经过多次接触和了解，有情人最后结为夫妻。苗族未婚青年男女，在游方中从认识到最后结合，一般要经过集体对唱、单独密谈两个阶段。游方时所唱的歌，内容丰富多彩。随着感情的不断升温，在恋爱交往的各个阶段，都有相应的歌声相伴，按顺序可分为见面歌、青春歌、赞美歌、求爱歌、相爱歌、分别歌等。

1.4.7 桥文化

黔东南少数民族村寨的桥有着特殊的含义。"桥"分别安置在田间、水沟或行道上，也有铺在路面的方便过往行人行走、歇息，人们以此行善积德求得人丁兴旺（类似的做法还有在山路的岔路口安放指路碑，俗称"将军箭"）。"敬桥"各有专属，不能随意去乱敬某一座"桥"，"敬桥"必须先架"桥"，架设的桥以家族、家庭或集体为单位。凡婚后不育者，可请巫师察看手纹，如确定需要架"桥"求子，便会请鬼师主持架好"桥"并祭祀，即结束"架桥"仪式。以后，每逢农历二月初二都要祭祀一次，在三年内如果生了孩子，即在生小孩后的第三年举行"圆桥"，进行报恩，以后，连续敬祭。举行这类仪式时，祭品较架"桥"时使用的祭品贵重一些，如果"架桥"时用蛋，"敬桥"则用鸭，"架桥"时用鸭，"敬桥"则用一只小猪，以表感激之情。如果三年内没有生孩子的则继续"敬桥"到生孩子为止。

腊肉、红蛋、糯米饭是"敬桥"必备的三件供品，尤其是红蛋，至今黔东南不论是城市还是乡村，许多地方依然保留了为家中小孩制作红蛋的习俗，吃过了红蛋，也就预示着百病不生、无灾无难。在过去，吃红蛋成了小孩子一年中除了过年之外最开心的日子，因此也有人把这一天称为黔东南少数民族的"儿童节"。

1.4.8 苗医苗药

俗话说"夜郎无闲草，黔中多良药"，苗疆腹地有"千年苗医，万年苗药"。苗族医药历史悠久、神秘莫测，与藏医、蒙医、维医、傣医并称为五大神奇少数民族医学。黔东南境内野生药材资源丰富，有400多种，素有"天然药库""苗侗药都"之称，现已查明医药资源共有2831种。民间培育种植的太子参、钩藤、何首乌、茯苓等中药材面积达50多万亩，黔东南州中药材总蕴藏量达1080万吨，占贵州省59.2%。苗族医学认为毒、亏、伤、积、菌、虫是导致人体生病的六种因素，简称"六因"，而六因归根结底都会产生毒害力导致人体生病，所以苗医素有“无毒不生病”之说。如常可遇到的风毒、冷毒、火毒、气毒、水毒、盐毒等。诊断疾病是通过把脉、听声、观察颜色、询问病情，用手触、摸、扣、打、刮、按、搬、量等传统方法，观察人体皮肤的颜色，精神的变化和体温、脉搏、呼吸、心跳、血压、语音反射功能等方面的异常，观察身体的汁水、尿液、血气、指纹、舌象、目色、鼻窍、咽喉、耳道、肛门、尿口、淋巴、筋骨皮肉的形态结构变化以及病原体等致病物等，有许多苗族民间治疗古方对于治疗疑难杂症功效显著，十分神奇。

黔东南是一处秘境，原始森林孕育了丰富而珍贵的医药资源，但当地苗族对采制有严格要求，植物药须在有效成分富足时才采集，如根类药宜在植株茂盛至下一年抽苗前采集，茎叶宜在生长旺期，花类宜在待放时，果实在初熟季，嫩芽力求娇小翠绿，皮类以浆汁富足为佳，鱼、虾、虫、兽要辨别真假，若腐败绝不能入药；矿物、金属必须剔净杂质，药物制作包括一般加工、炮制、提炼、合成及制剂等。在选药、用药分量、制作方法以及服药方式等方面，都有严格要求，以求达到最佳的治疗效果。

第2章

都市文化与休闲运动旅游

2.1 苗岭明珠——凯里市

凯里是黔东南州政府所在地，是一座极具苗侗民族文化特色的现代化旅游城市，是全国卫生城市，被评为中国特色民族风情旅游城市。自然景观得天独厚，民族风情古朴浓郁，是贵州东线旅游中心，目前正在加快建设高品质、有特色的山水田园城市和国际旅游城市。凯里这个名称是苗语的音译，有“开垦”之意，体现了这个城市日新月异的变化和开拓进取的发展劲头；另一种说法是为了纪念清末的女英雄巫妮。这里民风淳朴，人民勤劳善良，这个城市最大的亮点就是人人“守规矩”——遵守交通规则，早在20世纪末凯里市民就已经形成了自觉行走斑马线的良好习惯，斑马线上的规矩已然成为凯里文明的标志，凯里文明已成为贵州省乃至全国的样板和示范。

2.1.1 自然地理

凯里位于黔东南州中部，总面积1570平方公里，森林覆盖率达56%，是全国绿化模范城市，最高处海拔1447米，最低处海拔529米，年均气温15℃。境内有雄伟的“黔阳第一山”——香炉山，景致奇特的鱼洞溶洞，幽静自然的平良古峡，适宜休闲的镰刀湾等景点。

凯里物种丰富，有国家保护珍稀古树20多种，金银花、杜仲、泡参、桔梗、天麻、两面针、前胡、桃仁等中药材500多种。煤炭、铁矿、重晶石、石灰石、硅石矿、铝土矿、铅锌矿、白云岩等矿产资源储量大、品种多、质地好，其中石英砂矿是目前贵州省有发展远景的玻璃原料矿；煤矿探明储量7146万吨，铝土矿储量1455万吨，黔东南州总储量53.3%；硅石中二氧化硅含量高达98%，居西南之冠。

图2-1　远眺凯里城区

2.1.2 人口区划

凯里市辖凯里经济开发区、炉碧经济

开发区2个省级经济开发区，大十字、城西、西门、鸭塘、湾溪、开怀、洗马河7个街道，三棵树镇、舟溪镇、旁海镇、湾水镇、炉山镇、万潮镇、龙场镇、下司镇、碧波镇、凯棠镇、大风洞镇11个镇。是一个以苗族为主体，多民族聚居的城市，也是全国41个“绿都”之一。2018年年末，凯里市常住人口54.71万，民族主要有汉、苗、侗、仫佬、畲、布依、水、彝、壮、瑶、满、回、蒙古、景颇、佤、黎等，其中仫佬族、苗族、汉族、畲族是凯里的世居民族，少数民族占总人口的75%，其中苗族人口占67%。

2.1.3历史人文

凯里市原为炉山县，汉代为且兰国。元代时为麻峡（今麻江县）县地。明洪武初年置清平堡，二十年（1387年）置清平长官司，三十年（1397年）改为清平卫。明弘治七年五月（1494年）置清平县，隶都匀府。清康熙七年（1668年）并入麻哈（今麻江）州，四十一年（1702年）凯里安抚司并入清平县。民国二年（1913年）清平县改为炉山县。1949年11月炉山县委、县人民政府同时成立，1951年1月27日，在中央慰问团的关怀下，凯里区苗族自治人民政府在贵州省率先成立，1952年9月，炉山县苗族自治人民政府成立，1956年7月23日，黔东南苗族侗族自治州成立，确定凯里为州府所在地；1983年8月19日，国务院批准撤销凯里县，设为凯里市，1984年1月，凯里市成立。

图2-2 庆祝黔东南建州60周年文艺晚会

位于大阁山脚下的凯里老街是凯里城区最早形成的一条街，在凯里未成为州府之前，仅有东门街、西门街等几条小巷，时至今日，人们仍习惯将小十字丁字口一带的街区称为“凯里老街”。这里的房屋大都沿街连排而建，门对门，户对户，人与人的情感因这样的居住环境相当融洽。老街的市场交易十分繁荣，商品琳琅满目，每天都有商贩、农户和市民到这里进行买卖。同时，老街还留下了许多红色遗迹，在解放战争和剿匪战斗中，大阁山曾经历过一场凯里保卫战，470余名解放军和民兵献出了宝贵的生命，环山小火车轨道就是当年的战斗遗址。凯里城区现存的另一处革命遗址是位于金泉湖畔的李家祠堂，1935年贵州省军事小组负责人李光庭，成员王毅、喻雷、李长青等在凯里老街李长青老宅内秘密成立了中共凯里小组后，长期以李家祠堂作为中共凯里小组的重要活动地点之一，小组成员多次在李家祠堂秘密集会，开展革命工作。

凯里每年都会举办许多的节会，其中最为有名的是甘囊香国际芦笙节，已经连续举办多届，同时还有原生态民族文化旅游节、贵州环雷公山超100公里跑国际挑战赛、中国（贵州）国际民族民间工艺品博览会暨凯里银饰刺绣博览会等，丰富多彩的节庆活动成为宣传凯里、推介黔东南的重要名片。

延伸阅读

舟溪甘囊香芦笙节：凯里每年都会举办国际芦笙节，苗族同胞通过吹笙、跳舞来欢度属于自己的节日。舟溪镇的甘囊香是芦笙节的发源地，是黔东南举办芦笙节规模最大、最为著名的地方。“甘囊香”为苗语的音译，意思是河流下游神往之地，甘囊香芦笙堂就位于舟溪苗寨的河滩坝子上，距离凯里主城约18公里，芦笙堂建于明代，长500余米，宽100余米，是苗族每年举办芦笙节的地方，也是黔东南最大的芦笙堂之一，因此凯里国际芦笙节以甘囊香命名。

舟溪芦笙节第一步开节祭祀，第二步起吹芦笙，第三步就是起跳芦笙。芦笙吹响后，由吴氏家族芦笙队带领身穿民族盛装的吴氏家族青年男女围绕芦笙堂跳一周，预示起跳，篝火点起，其他青年男女可进入围绕篝火起跳，共同庆祝节日开始。仪式完毕，苗乡以此开节，各项民间活动依次开展。跳芦笙是芦笙节上最传统的节目之一，以群舞的形式出现，这种舞一般只有未婚的男女青年参加。各个地区的跳法不同，在舟溪，主要表现形式是，男青年边舞边吹着优美的芦笙曲，年轻的姑娘们在后面踏着节奏起舞。“讨花带”是跳芦笙的一种流行形式，男女青年们在跳芦笙的时候相互观察和试探着，当男青年吹起芦笙曲，曲意为“给我花带，拴在芦笙上”，女青年跟在后面边跳边观察，绕场数周后，姑娘会将自己的花带系在中意男青年的芦笙上，两人如果合意，便会双双跳到一边，逐步了解后开始恋爱。

2.1.4 主要景点

2.1.4.1 民族文化园

位于高速公路凯里出口旁，是集中展示吊脚楼、风雨桥、鼓楼等苗侗民族文化元素的微缩景观，夜间进入凯里，在灯光映照下，美轮美奂。文化园内有人工湖泊、踩鼓场、风雨桥、剧院、酒店等，2011 年上海世博会的贵州馆也回迁在园区的入口处。园内的凯里民族文化宫，同时兼具会场和剧院的功能，剧院约 25000 平方米，可以容纳 1500 人观看。大型的晚会、演出都在这里举行，是黔东南少数民族歌舞文化展示的高端平台，大型苗侗风情舞台秀《银秀》常年在这里驻场演出，同时凯里市图书馆也建在文化宫内，占地面积 2000 平方米，藏书近 10 万册。园内的龙都璟怡国际大酒店，是黔东南首家按照五星级标准修建，诠释苗侗文化的主题酒店。

2.1.4.2 苗侗民族风情园

是贵州省重点打造的 100 个特色旅游景区之一，3A 级旅游景区，规划总用地面积 600 亩，建筑面积 20 万平方米，是凯里市率先创新观念，向山要地进行城市综合体项目开发和旅游景区建设的工程。建造风格充分体现了依山就势、尊重自然的理念，目前园区划分为旅游商品区、旅游咨询区、特色饮食区、茶饮区、民俗风情体验区、特色民俗文化区等功能区域，是凯里城区内一处集“食、住、行、游、购、娱”于一体的绝佳旅游地，可以说“体验苗乡侗寨风情，惊喜尽在园中”。

2.1.4.3 民族博物馆

坐落在凯里市民休闲健身最集中、最热闹的万博健身主题广场。始建于 1984 年，于 1988 年正式开馆，建筑面积 1 万平方米，展厅面积 5000 多平方米，有综合馆、民族文化馆、服饰馆和非物质文化遗产馆等展厅，各类陈列物品有 10000 余件。一楼是综合馆，展示了黔东南这块土地的沧桑巨变和兴盛繁荣。二楼是民族文化馆，展示了苗侗等少数民族的历史和习俗。三楼是非物质文化遗产馆和服饰馆，详细地介绍了黔东南的非物质文化遗产，展示了巧夺天工的少数民族服饰。

2.1.4.4 凯里民族体育场

民族体育场是凯里市的标志性建筑，现代建筑工艺与苗侗文化元素有机结合，既突出了体育竞技功能，又彰显了少数民族传统文化。它创造了四个第一：一是民族建筑风格创世界第一，二是工程质量创贵州省第一，三是建设进度创贵州省第一，四是建设成本最低创贵州省第一。风雨桥和鼓楼是侗族的标志建筑，体育场将侗族独特的建筑形式融入看台的设计上，四周的风雨长廊长 585 米，国内罕见，被誉为最具民族特色、最富有个性的体育场，凯里的新地标，城市的风景线。在场馆一楼的特色商品店主要销售黔东南的民族工艺品、土特产品以及特色食品等。

2.1.4.5 大阁山公园

大阁山公园，位于凯里老街，因在海拔764米的龙山山顶上修建有魁星阁，因此得名大阁山。这里栽种着松、柏、枫等，树木葱茏、环境清幽。魁星阁建于清乾隆四年（1739年），曾为学宫和考殿，是凯里地区培育和选拔人才的地方。大阁外观呈宝塔形，通高23米，为五层六顶，飞檐翘角，阁楼第二、第三、第四层有回廊环绕，可扶栏盘旋而上。大阁门上书楹联："凯水晴波滚滚奔来眼底，炉峰烟雨巍巍矗立樽下。"1985年重建后，这里又新建了吊脚茶楼、西岭凉亭、岩鹰亭以及牌坊等仿古建筑古朴端庄、引人流连。此外，这里还建有关帝庙、五显庙等，节日里来祈福的人络绎不绝，香火旺盛。这里不仅是凯里的文化记忆，还是凯里的城市绿肺。

2.1.4.6 香炉山

"无香无火冒青烟，弥漫炉山古话传；圣地苗乡一绝景，人到此地便成仙。"描绘了一幅香炉山历史人文和自然奇景的长卷。香炉山距凯里市区15公里，因四面石崖绝壁，形如香炉而得名，自古以来就是苗家的圣山，有"苗人圣山"之称。同时它还是一座英雄之山、人文之山、风水之山，在这里，有着叹为观止的美景、众多的传说和雾一般难以解说的自然之谜。香炉山的文化内涵和自然美景可以概括为"三亭""四一""聚一百"。

三亭，即是香炉山中云雾缭绕、若隐若现地立于东、西、北三面的三个巧夺天工的亭子，给这座山增添了许多的灵性。

四一，首先是一曲历史的长歌。香炉山号称黔阳第一山，在顶峰下小山头的石拱门上刻有"一障保名区雉堞山城千载固，层崖开胜境蜃楼海市两重盘"的联语。明朝夏国公、镇远侯顾成跟随朱元璋长期征战，屡建奇功，败张士诚，破陈友谅，攻克成都、重庆，平定滇黔，威震神州，镇守贵州30余年，其第五世孙顾良相，指挥千户爵，镇守凯里香炉山一带地区，有勇有谋，在香炉山树立了较大威望，可谓一将镇边关。据史料记载，明清两代，苗族人民多次起义均以此为根据地，为兵家必争之地。这里是曾经的古战场，众多的历史传说谱写了一曲历史的长歌。第二个一是一门关万景。沿着陡峭山崖中的石梯往上走，美景被收于一线之间。石门把山挡得严严实实，将山的秀美之色尽情收藏于山巅。第三个一是一山锁春秋。进入石拱门，万木峥嵘、四季如一的美景立刻呈现出来。在海拔1233.8米的大山，四周峭壁如削，在其顶部居然土壤肥沃，适宜精耕细作。由于受万物有灵观念的影响，加之历史原因，苗族同胞对树木有着特别深的情感，保护树木的意识强烈。山上的草木千百年来自然循环，没有人敢上山砍柴割草，乱石中长满了成林的百年古树，成为香炉山顶的一绝，因草木繁茂，整座山形似一个插满香火的香炉，造就了这香炉山原生态的绝世美景。第四个一是一鸟报平安。香炉之巅，很难见到其他鸟类，但画眉却是这里赶不走的鸟，四季播报着香炉山的平安与和谐。

图2-3　夜幕香炉山

聚一百，意思就是这里的苗族同胞一年当中，会到这里举行100次的民俗活动。苗族同胞一年中百次与香炉山共舞，铸就了香炉山原生态自然环境和民族文化共融共生的独特景观。“香炉山坡会”是凯里市苗族比较隆重的集会，于每年农历六月十九举行，是苗族爬山活动和男女青年公开社交、自由恋爱的集会，主要活动是“游方”和对歌，规模在万人以上。

2.1.4.7 下司古镇

下司是贵州省重点打造的100个特色旅游景区之一，3A级旅游景区，目前经重建，古街、石桥、书院、会馆、戏楼等让古镇的光辉得以重现。古镇位于清水江的上游，良好的水路条件加上前人的整治疏通，早在清嘉庆十三年（1808年）小镇就已成为商埠重镇，贵州重要的商品集散地，也因此，下司在当时有“小上海”之称。商业的繁荣，带动了教育的兴盛，下司在不同时期都十分重视发展教育和培养人才，涌现出许多杰出的人物。

延伸阅读

杰出人物：在近代有同盟会会员张先培，1912年他为挽救共和，保卫革命成果，在北京东华门大街刺杀窃国大盗袁世凯，被捕后，不为高官厚禄所动，最后被活活烧死，就义前慷慨陈词：“我不得为共和国之新民，尚可为共和国之新鬼，死有何憾！”孙中山北上后，将他及刺袁牺牲的另几名同盟会会员合葬在北京三贝子花园，并亲自主持了葬礼。这一时期还有护国军将领吴传声，他积极响应蔡锷将军的护国运动，在护国战争中作战勇猛、身先士卒，牺牲后，其部属将他的遗体送回家乡，安葬在下司桃花村的保秧洲山上。黎元洪继任大总统后，追赠他上将衔，并照都督例赐恤礼。还有富商周绍阳，民国时期他的生意遍布全国各大城市，省城贵阳的第一家私人银行就是他所开办的，他时刻不忘反哺地方，主动出资修路、修桥和兴办义学。

图2-4　下司古镇“小桥流水”

丰富的水能资源为各项水上运动的开展创造了得天独厚的条件，下司建有全国皮划艇激流回旋赛道，贵州省重要的水上项目训练基地，是国家皮划艇运动项目训练基地。赛道全长490米，水深1.4米，引水渠道长180米，赛道长310米，赛道全程落差达6.8米，水流量15~20米/秒，是目前全国第一、亚洲最好、世界一流的皮划艇激流回旋国际标准赛道，每年都会举办皮划艇激流回旋国际锦标赛。

在下司，民间也十分热衷于水上运动，如划船、游泳、划龙舟和独竹漂。这里每年都要举办龙舟比赛，州内、省内的大型龙舟比赛曾在这里举行。由当地农民组建的龙舟队还多次获得过全国龙舟赛的冠军，历年来，龙舟队多次在国家级、省级龙舟大赛上获奖，在2007年广东举办的全国第八届少数民族龙舟赛，一举夺下8枚金牌。也正因为当地人热衷运动，爱好强身健身，下司荣获了“贵州第一个少数民族体育村”“全国民族体育先进集体”的称号。

下司产名犬，下司犬是世界排名第三的名犬，因擅长捕猎、对主人忠诚、富有灵性，千百年来一直是当地少数民族生产生活的好帮手。下司犬不仅捕猎护院是一把好手，还擅长格斗搏杀。下司犬外形十分特别，脸上长许多针状直立的硬毛，看上去虎虎生威，当地人称它为“虎须狗”，另一大特点就是“五红”，即嘴、鼻、眼圈、爪子、皮肤都是红色的，十分可爱。它鼻孔粗大，嗅觉极为灵敏，奔跑速度快，爆发力强而且耐力好，被誉为“中华名猎”。因环境破坏，下司犬杂交现象严重，几近灭绝。但现在下司犬的品种提纯和繁殖工作也得到了政府和社会各界的广泛关注和支持，犬种保护工作成效明显。

下司依托深厚的历史底蕴，融入当地少数民族文化元素发展文化创意产业，目前建有1808（下司工坊）国际新民艺文创街，是民艺创客事业发展的摇篮。随着对外展示宣传和交流合作的不断深化推进，小镇的知名度、美誉度不断提升，2017年国际合唱联盟授予下司古镇“世界民族合唱小镇”称号。

2.1.4.8 凯里风雨桥

凯里风雨桥位于凯里涤纶厂临清水江处，大桥全长377米，宽44米，主拱净跨度150米，设计为百年一遇洪水的标高，总投资2亿多元，是目前世界上最长最宽的风雨桥，是凯里的标志性建筑，其跨度打破了广西三江风雨桥“最长”和“最宽”的吉尼斯世界纪录。

2.1.4.9 巴拉河

巴拉河苗语意为“天赐之河”，源自国家级自然保护区和国家森林公园雷公山西北麓，是清水江支流，流经雷山、凯里、台江等地。巴拉河是“全国农业旅游示范点”和“贵州省乡村旅游示范带”，巴拉河乡村旅游区流域面积100多平方公里，以三棵树为起点，沿巴拉河向南逆流而上20公里，直至雷山境内，流域内分布着龙井、怀恩堡、南花、季刀、南猛、脚猛、猫猫河七个苗族村寨，有的寨中还遗留着古代军事防御设施。在这里随处可以感受到恬静闲适田园风光，其苗族建筑、歌舞、服饰以及苗族传统习俗等保存完好。

图2-5　南花苗寨少女歌舞翩翩

2.1.4.10 云谷田园生态农业观光公园

云谷田园生态农业观光公园位于贵州省黔东南州凯里市舟溪镇，是贵州省人民政府确定的“2012年农业产业园区建设项目”，是贵州省黔东南州“台湾农业科技示范园”，4A级旅游景区。园区规划用地2300亩，分三期开发，是贵州省第一个农业旅游综合体。园区空气质量极佳，空气负氧离子含量每立方厘米达5600个，年平均气温14~17℃，温和湿润，有利于果蔬养分的吸收。园区实行高起点规划，高效益经营，集生产、科研、食宿、展示、休闲、观光于一体，是黔东南现代农业园区的示范样板，正在建设成为凯里市的菜篮子基地和贵州省观光农业旅游示范区。目前田园的果蔬采摘活动，已经成为具有一定影响力的亲子体验项目，近年又新增了户外婚庆广场、儿童游乐园、精品酒店、特色酒吧等系列休闲产品，是黔东南“农文旅”融合发展的典范，已逐渐成为凯里市郊观光度假胜地。

2.1.4.11 黔东南州苗妹非遗博物馆

黔东南州苗妹非遗博物馆是黔东南州九黎苗妹工艺品有限公司（简称苗妹公司）所属机构，位于凯里经济开发区主干道旁，凯里民族文化创意产业园内，占地960平方米，建筑面积3840平方米，是集非遗产品的收藏保护、陈列展示、技艺传承、非遗文化旅游观光为一体的常年对外公开免费开放的非营利性民营博物馆，是“贵州省文化产业示范基地”“贵州少数民族传统手工艺保护基地”，3A级旅游景区。

博物馆分为陈列展示馆、非遗工艺品展示销售馆、非遗技艺加工传承馆、非遗文化展演厅。陈列展示馆共四层楼；一楼是现代银饰文化厅，集中展示苗妹公司融合了传统风格和现代艺术的银饰产品；二楼为现代手工艺品和土特产品展示区，展出苗妹公司自主开发生产的现代民族服饰、各种装饰工艺品以及黔东南优质土特产品；三楼为银饰和家具器物展厅，展出黔东南传统生产生活器具，展品有银饰、雕花木床、桌子、椅凳、条凳、竹编器具，水桶、花轿等；四楼为民族服饰展示厅，这里收藏了100余件自明、清以来的苗、侗等民族服装和手工刺绣品，其中一些服饰上的绣法在民间早已失传，成为存世孤品。展品包括套装、上衣、裙、围腰、背扇、绣片、蜡染、被面、鞋帽等。三楼、四楼作为基本陈列展示厅，展出20多年来收集的1000余件藏品。

2.1.4.12 黔东南民族职业技术学院

黔东南民族职业技术学院是2001年8月经贵州省人民政府批准、国家教育部备案由黔东南苗族侗族自治州卫生学校、黔东南苗族侗族自治州民族林业学校、黔东南民族农业学校、黔东南苗族侗族自治州财贸学校合并组建的公办全日制高等职业技术院校，位于凯里经济开发区凯开大道旁，校园规划面积1503亩，现有学生12000多人，教职工700多人。整个校园的设计既植根于黔东南苗侗少数民族的文化生态，又充分体现了职业教育的育人理念，校园布局科学，区域功能界限清晰，分成了行政管理区、教学实训区、文体活动区、创新创业区和后勤服务区五大功能区。校园主体建筑既中轴对称又错落有致，最大的亮点在于行政楼矗立于大门右侧，图书馆巍然屹立于整个校园的中心位置，这与许多高校是截然不同的，充分体现了“知识和人才”的核心地位和行政服务于教学中心工作的思想。整个建筑风貌如行云流水，一气呵成，每一栋建筑的风格皆以苗侗文化元素为主，与现代建筑技艺完美融合，青瓦红墙、雕梁画栋、气势恢宏、文化厚重。尤其是校园广场，一眼望去，不觉使人畅快豁达，整个广场分为三个部分，分别是铜鼓广场、喷泉广场和道德广场，铜鼓广场由一幅巨型“太阳鼓”图案拼砌而成，上立八颗图腾石柱，寓意“喜迎八方英才”，铜鼓广场是学生集会、娱乐的重要场所，可容纳上千人齐跳苗族木鼓舞、水鼓舞，“千人鼓舞”的盛大活动，每年都会定期举行。

在大众创业，万众创新的时代背景下，学校结合当地资源特色，建有以银饰、刺绣、蜡染为主题的“黔粹传人”众创空间和以农业为主题的培生星创天地两个国家级众创空间，许多年轻的创客梦想就从这里开始。同时州内行业知名企业太阳鼓刺绣公司、宁航蜡染公司、国春银饰公司还将企业的博物馆、产品研发中心整体搬迁到学校，蜡染博物馆、刺绣博物馆及大师工作室占地面积3000多平方米，藏品上万件。同时校内还建有大学生创业园，园区紧紧围绕学校三个办学重点——“医药卫生、民族文化、生态农业”的相关专业进行产品研发、设计和销售，尤其是银饰、刺绣、蜡染的私人定制产品，民族康复理疗和生态养殖产品等广受欢迎，创业园在为学子创造希望的同时，也成了一道亮丽的风景。目前与合作企业和孵化创业团队一起不断对民族民间手工艺进行创新创意，研究新工艺、新材料和新用途，为社会公众呈现和提供更多的“民艺优品”。学校还有桂花大道和樱花园等景观，不同时节各有特色，三月迎春樱花烂漫，九月入秋桂花飘香。

图2-6　黔东南民族职业技术学院校园

2.1.4.13凯里学院

凯里学院位于凯里经济开发区，毗邻黔东南民族职业技术学院，是黔东南州唯一的本科层次高等学校。学校源于1958年成立的黔东南大学，1959年改为黔东南师范专科学校，历经艰辛曲折的办学过程，校名几经更迭。1978年经国务院批准恢复重建黔东南民族师范专科学校，1993年教育部批准更名为黔东南民族师范高等专科学校；2002年经贵州省人民政府批准联合举办贵州师范大学凯里学院，开展本科教育；2006年2月经教育部批准以黔东南民族师范高等专科学校为基础升格为普通本科院校。

校园风貌极富特色，充分体现了黔东南少数民族文化，校园占地面积约1659亩，学校馆藏纸质图书103万册，电子图书196万种，现有教职工900余人，学生1万余人。设有人文学院、外国语学院、教育科学学院等17个教学分院，有43个本科专业、6个专科专业和1个少数民族本科预科，本科专业学士学位授予点26个；建有省级特色重点学科1个、省级重点学科3个、省级重点支持学科3个，校级重点（扶持）学科12个，为社会培养了大批优秀人才，毕业生广受用人单位好评。

2.1.4.14贵州电子信息职业技术学院

贵州电子信息职业技术学院是经国家教育部批准独立设置的公办全日制普通高等职业技术学院，目前已发展成为一所以工科为主，集文、理、经、管等学科为一体的省属优质高职学院，学院由原国家级重点中专贵州无线电工业学校和贵州省电子工业职工大学组建而成。学院是数控加工技术领域、计算机应用与软件技术领域两个方面的紧缺人才培养培训基地；全国电子信息产业高新技能人才培训基地，贵州大数据人才培养培训基地、贵州省职业院校骨干教师培训基地等。

学院新校区位于贵州省凯里市高铁经济圈，邻近凯里学院、黔东南民族职业技术学院，占地1600余亩，建筑面积43万平方米；老校区位于凯里市城区，占地面积400亩。现有全日制在校学生11000余名，设有40个专业，教职工517人，其中专任教师427人，教授、副教授105人。设有机电工程系、建筑工程系、计算机科学系、艺术设计系、财政金融系、电子商务学院、电子信息工程系、电力工程系、汽车工程系等教学院系。

图2-7　苗家鸡稀饭

2.1.5风物特产

2.1.5.1土特产品

香炉山雾茶、平良香米、凯里柿花、龙场蚕茧、凯里香醋、凯里酸汤、龙场西瓜、旁海生姜、炉山葡萄等。

2.1.5.2特色饮食

酸汤鱼、猪庖汤、鸡稀饭、稻草狗肉、螺丝鱼、社饭、米酒。

延伸阅读

社饭：是我国汉、苗、土家和侗族等民族祭祀社稷的一种食品。吃社饭主要在社日（立春后的第五个戊日），戊日五行属土，因此这一天人们把它当作祭祀土地的节日，祈求五谷丰登。在黔东南，吃社饭还有特殊的含义，它与“挂社坟”密切关联，凡家中有去世未满三年的亲人，在清明前夕，这家人就要提前制作社饭，邀上亲朋好友，带上刀头（大块肥肉）、香纸等到坟前祭祀，俗称“挂社”，哀念亲人，以求得后人安康。其制作方法是用大米、糯米拌入腊肉丁、大菜、蒿菜、马葱（野葱）、大蒜、生姜、猪油、食盐等调匀用文火蒸熟即可食用。在凯里、镇远、岑巩等地，因社饭色香味美，便于携带和食用，已成为当地深受欢迎的早餐品种。

2.1.5.3手工艺品

舟溪芦笙和刺绣、凯棠银饰、湾水镰刀、旁海擂钵、旁海鸟笼、挂丁刺绣围腰、挂丁织锦背带、铜鼓农民画等。打造有苗妹银饰、太阳鼓刺绣、阿科礼刺绣、“黔承世锦”蜡染、仰阿欧服饰、“黔山锦绣”服饰、“黔粹传人”工艺品等品牌。

2.1.6旅游接待

凯里共有住宿企业480余家，有房间数12800余间，床位数20000余张，从业人数3600多人，其中凯里城区分布有381家住宿企业，乡镇及2个开发区分布有105家。其中有星级饭店19家，四星级5家，三星级11家，二星级3家，有房间数1472间，床位数2515张。在交通方面，凯里黄平机场位于黄平县城东北方向12公里的东坡农场内，距离省会贵

图2-8 铜鼓农民画创作

图2-9　俯瞰建设中的凯里高速

阳有191公里，距凯里有54公里，已开通了至杭州、北京、海口等地的航线，主要服务黔东南、黔南以及遵义三个地区11个县市260多万余人口的旅游开发和经济社会发展所需的航空运输。铁路交通上，湘黔铁路株六复线由此经过，新建成的沪昆高速铁路大大地缩短了凯里与各大城市的时空距离，上海到凯里1800公里左右的路程只需五六个小时。公路交通上，凯里作为贵州东南部的公路运输中心，凯麻、玉凯、余凯、凯羊高速极大地缩短了凯里通达外界的时间，同时凯里市内交通发达，320国道贯穿全境。

凯里目前有星级饭店19家，其中有龙都璟怡国际大酒店、嘉瑞禾维景度假酒店两家按五星级标准修建；四星级饭店有金冠酒店、金凯美悦酒店、金泰元酒店；三星级酒店11家。

2.2 状元故里——麻江县

麻江县气候宜人，是黔东南户外休闲的绝佳旅游胜地，得天独厚的地理环境孕育了“贵族水果”——蓝莓。物产丰富、人杰地灵，被誉为中国红蒜之乡、中国锌硒米之乡。历史上自实行科举以来，唯一一个有留洋求学经历的状元夏同龢就诞生在这里。

2.2.1 自然地理

麻江县地处贵州中部，清水江上游，是黔东南的西大门，东邻凯里市、丹寨县，南连黔南都匀市，西接黔南贵定县，北邻黔南福泉市，全县总面积956.8平方公里，森林覆盖率52.8%。最高处海拔1862米，最低处海578米，平均海拔930米，地势西高东低，南高北低，属云贵高原向湘桂丘陵过渡的斜坡地段。全县属亚热带季风湿润气候区，夏无酷暑，冬少严寒，年均气温15℃，最高气温28℃，自然景观秀丽迷人，是运动休闲和乡村旅游的理想去处。县境内大小河流共228条，总长712.9公里，水域面积15平方公里。树种有马尾松、杉树等474种，野生药材有金银花、天麻等200多种，野生动物有野猪、熊等154种。矿产资源丰富，有煤、铀，金属矿产铁、铅、锌、钾、钒、铝，非金属矿产重晶石、磷、石英岩、砂岩、硫铁矿、石灰岩、白云岩、陶瓷土、高岭土、页岩等共19种。已探明资源储量石灰石471亿吨、煤320.5万吨、铁矿135.9万吨、磷矿石596万吨、重晶石604.32万吨、大理石95万立方米、陶瓷土33.2万吨。

2.2.2 人口区划

2015年年末，全县总人口16.9万，主要有苗族、布依族、侗族、畲族、仫佬族、瑶族等31个少数民族，少数民族人口13.3万，占全县总人口的78.7%，目前麻江县辖谷硐镇、宣威镇、龙山镇、贤昌镇4个镇，杏山、金竹2个街道，坝芒布依族乡1个民族乡，县政府驻地在杏山街道。

2.2.3 历史人文

麻江县历史悠久，秦汉时期属且兰国辖地。隋属宾化县。南宋置乐平平夷宣抚司和麻哈平蛮安抚司。元代设麻峡县。明、清设麻哈州，实行“土流兼治”。民国三年（1914年）废麻哈州置麻哈县，民国十九年（1930年）改称麻江县。1949年11月14日麻江解放，于23日成立麻江县人民政府，隶属独山专区，1956年，隶属黔东南苗族侗族自治州。

麻江境内的黔桂古驿道自明代以来就是连接贵州、广西的重要通道，同时也是川陕和云贵南下出海的要道，其路网设计和路线方向极具超前和预见性，影响深远，1934年开通的黔桂公路和2001年6月开通的贵新高等级公路，其线路与黔桂驿道平行或交错。

麻江较早受到汉族文化的影响，倡导教育，重视科举，人文风气浓厚，历代人才辈出，不仅出举人、进士，还出了状元。状元夏同龢（1868—1925年）是清代麻哈州高枧人（今麻江县贤昌乡高枧村），是贵州历史上仅有两名文状元之一（另一位是贵阳青岩的赵以炯)。清光绪二十四年(1889年),被皇帝"亲笔御点"为戊戌科(恩科)一甲一名。1904年夏同龢东渡日本留学,入法政大学法政速成科第一班学习法政,成为中国历史上第一个留学的状元,按我们现在的习惯说法,他就是科举史上唯一一个"海归状元"。

麻江历史厚重,其中铜鼓就是一项非常重要的文化瑰宝,铜鼓发源于云南,流行于我国西南和岭南地区,还传播到整个东南亚,形成独特的铜鼓文化。铜鼓是集铸造、雕刻、绘画、音乐、舞蹈、宗教于一身的综合艺术品,是传世不多的珍贵文物,它的社会功能主要有娱乐、传讯、丧葬、祭祀等,同时它还是权力和财富的象征。根据铜鼓的形制、装饰、铸造年代等因素,学术界把古代铜鼓分为石家坝型、石寨山型、冷水冲型、北流型、灵山型、麻江型、西盟型和遵义型8种。如今,我国共有馆藏古代铜鼓2400多面,是世界上保存古代铜鼓最多的国家。麻江型铜鼓是自宋代以来我国南方少数民族铜鼓中最典型和存续时间较长的一种,至今仍在西南少数民族地区广泛使用,历史长达800多年,麻江型铜鼓以1956年在麻江县谷硐镇一明代古墓中出土的铜鼓为标准器物,铜鼓通高29厘米、面径48厘米、胸径51厘米、腰径45厘米、足径49.5厘米、鼓重17.8公斤,现藏于贵州省博物馆。其特征是鼓身低矮、鼓面小于鼓胸而略出于颈外,胸、腰之间无分界线,曲弧缓和,腰中部有一道凸棱,将鼓分成上、下两节,胸部有大跨度鼓耳两对,鼓面以十二芒太阳纹为主,芒间饰有翎眼纹。2005年,在宣威镇岩莺村吴氏家族手中又发现两面铜鼓,大小形状与在谷硐出土的铜鼓基本一致,只是纹饰稍有不同,同为麻江型铜鼓,据吴氏后人讲,两面铜鼓至今已流传了200多年,经历12代人,为清乾隆年间铸造,主要用于传讯和丧葬。麻江畲族群众在葬礼上有跳粑槽舞的习俗,铜鼓则是粑槽舞必不可少的打击乐器之一。据有关资料显示,自清代道光年间以后,麻江型铜鼓铸造及调音技术逐渐失传,如今遗留传世的麻江型铜鼓大多破损,曾有人尝试仿制,制成后尽管形似,但敲击时的声响与真正的麻江型铜鼓差别很大,所以存世的麻江型铜鼓尤为珍贵。

麻江同时还是贵州省畲族文化传统保留最好的地方,畲族至今还保留着独特的民族语言和习惯。粑槽舞是最典型的民族舞蹈,最初是纪念英雄在葬礼上进行,而今已成为节日庆典和迎宾活动的一项表演活动。

2.2.4 主要景点

2.2.4.1 黔桂古驿道

麻江县地处黔中腹地,自古以来就是贵州的重要交通要道。黔桂驿道建于明清时期,北起碧波乡大堡村大堡组的麻哈江河岸,沿途经过碧波乡、杏山镇和贤昌乡的8个村，南至贤昌长坡古关口，全长30公里。在贤昌乡长坡拗口麻江与都匀交界处有一个石门，是古驿道的一个关口。根据残存的功德碑记载，关口建于清道光十四年（1834年），古时由于匪患猖獗，朝廷为保护过往客商的安全，建立此关，并在关内驻有一支10余人的兵勇，负责护送客商至安全地带。关口占地面积146平方米，高3.1米。石墙门洞保存完好，北墙门洞上刻有“承恩北极”四个大字，南墙门洞上刻“茂对南薰”和“威灵显应”的字样。明代旅行家徐霞客曾游历至此，其考察线路就是经古驿道展开。据《徐霞客游记·黔游日记》记载：“明崇祯戊寅年（1638年）初三日下午自都匀起身，二十里，文德（今杨柳街）宿。初四日三十里，麻哈州（今麻江县）。又十里，干溪宿。初五日十里，麻哈大堡。又十里，干坝哨。”

明清时期，麻江境内纵横共有驿道13条，明万历九年（1581年）黔桂驿道麻江段得到新修扩展，随着中央王朝加强对西南控制，贵州战略通道的地位凸显。明清两代，成为贵州驿道交通的大发展时期，贵州通云南、四川、广西、湖南的驿道均打通无阻。黔桂驿道打通后，麻江（时为麻哈州）成为贵州南下广西的交通要道。直到民国时期现代化公路开通前，黔桂驿道仍是贵州与广西驿传、商贸往来的主要通道。由于古驿道经过的村寨相继兴修通村公路或便道，许多古驿道遭到破坏，现在驿道保留较好的基本上是远离公路的路段。主要有：白家庄至大堡段，近2公里；长坡段，1.5公里；虎场铺，1公里；平田哨，1公里。其他路段零星有几十米甚至上百米不等，有的路段石料已无存或残缺不全。驿道一般宽在1~1.5米，全部用块石或鹅卵石铺就。麻江明清黔桂古驿道对研究明清时期西南地区交通史、汉文化传播史、民族交流史具有重要作用。

图2-10　麻江戊戌状元夏同和门第

2.2.4.2 夏同龢故居

夏同龢状元故居建于清光绪年间，依山而建，为典型的南方普通高封火墙式围护四合院建筑。占地面积1683平方米，建筑面积542.37平方米。是麻江县保存最完整的古建筑，1999年，被贵州省人民政府列为省级文物保护单位。

夏同龢1868年出生在这里，是中国千年科举史上贵州省仅有的两名文状元之一。在状元第能看到当时的皇榜、及第文、下马碑以及文人墨宝、千年古银杏树等。麻江县历史文化陈列馆就设在状元第内，有两大展厅，前厅主要展示全县历史文物景点，后厅展示夏氏家族和夏状元一生的经历。夏状元改编的《四足歌》中道："丑妇是吾妻，休想美貌的、妖娆的，只求她安分守己，但得过贤惠足矣。蠢子是吾儿，休想伶俐的、聪明的，只求他尊贤敬老，但得过孝顺足矣。茅庐是吾居，休想华丽的、舒适的，只求它能遮风雨，但得过避寒足矣。粗粮是吾食，休想美味的、佳肴的，只求它三餐丰盛，但得过充饥足矣。"语言朴实却意境深远，倡导了健康向上的家庭和生活理念。

2.2.4.3 乌羊麻农耕文化旅游示范区

乌羊麻，苗语意为"山水环绕的地方"，位于麻江县宣威镇，是社会主义新农村的

图2-11　乌羊麻苗寨

示范点，是全国100个生态环境保护村之一。村庄内小桥流水，风景秀丽，民居独具特色，气候温和，比较适合农作物生长，土壤肥沃、呈强酸性（pH值为4.2~5.5），非常适宜蓝莓生长，是麻江蓝莓基地生态旅游区的核心区域。目前已经形成了集乡村观光、蓝莓采摘、健身疗养、亲子体验、农耕文化展示等于一体的现代农业休闲旅游体系，还引进了草莓无土栽培技术，发展了一定规模的大棚草莓。

2.2.4.4 蓝莓基地生态旅游区

蓝莓基地生态旅游区核心区位于龙山镇—宣威镇沿清水江一线，是麻江县特色有机蓝莓种植相对集中、面积最大的种植区域，是贵州重点建设的100个特色旅游景区之一。蓝莓生长对土质要求极高，依托独特的资源条件，麻江自1999年发展蓝莓产业以来，积极打造特优品牌，初步形成了东、中部以发展蓝莓为主的产业发展格局，取得了良好的经济效益，国家标准委已将麻江蓝莓列为第七批全国农业标准化示范，2016年“麻江蓝莓”由国家质量监督检验检疫总局批准为地理标志保护产品。

现今的麻江蓝莓，不仅已经通过绿色食品认证远销日本，而且核心技术已经从育苗到了规模化生产上，蓝莓营养价值丰富，蓝莓鲜果中花青苷色素含量高达300mg/100g，属高氨基酸、高锌、高钙、高铁、高铜、高维生素的营养保健果品，目前国际上公认它是抗衰老、抗癌的绝佳保健食品，被誉为“水果贵族”“水果皇后”“美瞳之果”。因富

图2-12　麻江蓝梦谷

含花青素，对于增强人体功能、提高免疫力、预防疾病有显著的成效。通过与食品企业的深入合作，截至2015年年底，全县蓝莓种植面积达5.6万亩，年产鲜果3000吨，黔东南州蓝莓产业发展规划种植面积将不断扩大，将建成为贵州乃至全国最大的蓝莓基地，麻江县蓝莓生态旅游区于2016年被评为3A级旅游景区。

图2-13 小浆果——蓝莓

2.2.5 风物特产

2.2.5.1 土特产品

蓝莓、红蒜、锌硒米、魔芋、竹荪等。

2.2.5.2 特色饮食

野鸭、草烧狗肉、锅巴粉、泥鳅钻豆腐、灰拔豆腐等。

2.2.5.3 手工艺品

瑶族刺绣、枫香染等。

2.2.6 旅游接待

麻江地理位置十分优越，处于三市一矿四大市场之间，县内湘黔铁路、黔桂铁路、株六复线、沪昆铁路、在建的沪昆高速铁路客运专线横贯县境，沪昆高速公路、兰海高速公路贯穿县境，贵新、凯麻高速公路均在县城郊交会。县城西距省会贵阳市109公里，东距凯里市40公里，南距黔南州府都匀市23公里，北距福泉市21公里。320国道、210国道和309省道在县内纵横，形成了四通八达的交通网络，是贵州乃至我国大西南南下东进的咽喉要塞。随着旅游的不断深入，麻江境内的食宿等接待条件也日趋完善。

2.3 云上福地——丹寨县

丹寨海拔较高，天气凉爽，是黔东南的避暑胜地，有“云上丹寨”之称；享誉国内外的苗族锦鸡舞就发源于这里，因此它又有一个美妙的名字——“锦鸡飞舞的地方”。丹寨县城在2017年被全国爱卫会评为国家卫生县城，丹寨县城郊的龙泉山每年5、6月份，漫山遍野盛开杜鹃花，姹紫嫣红，游人如织，山顶建有龙泉寺，四时香火鼎盛，在山脚下还建有蚩尤文化园，成为苗族同胞共祭祖先的朝圣之地。在工业文明高度发达的今天，丹寨的石桥人还在用最古老的方法造纸，石桥纸品种多样、质地精良。

2.3.1 自然地理

丹寨县位于黔东南州西南部，东连雷山县，西接黔南州都匀市，南邻黔南州三都县，西北面隔瓮城河与麻江县相望。总面积940平方公里，县境内森林茂密，植被保存完好，森林覆盖率达61%以上，有动植物1500余种，素有“物种基因库”之称，其中，猫鼻岭省级森林公园、山羊界林区、牛角山自然保护区等地还保存着大片原始森林，当地海拔一般在600~1200米，最高海拔1701米，最低处370米。丹寨属亚热带季风性湿润气候，冬无严寒，夏无酷暑，年平均温度13℃，适宜旅游度假、避暑休闲，被誉为“中国西部避暑胜地”。自然旅游资源丰富，有龙泉山—岔河省级风景名胜区，以及金瓜洞、打鼓井、排廷瀑布、东湖、韭菜沟、岔河、吊洞大峡谷等自然奇景。县境内有汞、金、重晶石、硒等15种矿产资源；境内河道总长367.3公里，水能蕴藏量为3.47万千瓦。

2.3.2 人口区划

丹寨县辖龙泉镇、排调镇、兴仁镇、扬武镇4镇，雅灰乡、南皋乡2乡，县政府所在地为龙泉镇。全县总人口为17.2万（2015年），苗族、侗族、水族等18个少数民族在这里聚居，苗族占总人口78%，各民族和睦相处，共同创造了丹寨多姿多彩的民族文化。这里的苗族有多个支系，从服饰的差别上来分，有八寨苗、白领苗、清江苗、南皋苗、锦鸡苗等。

2.3.3 历史人文

丹寨在隋朝属牂牁郡，唐朝属黔中道应州地，清雍正七年（1730年），建八寨厅，厅治在今老八寨，八寨厅建制一直沿至民国初年。民国三十年（1941年）4月，国民政府撤丹江县（今雷山），其西南部并入八寨，取丹江与八寨各一字，称为“丹寨”，沿用至今。

丹寨汇集了苗族蜡染、古法造纸、苗族锦鸡舞、贾、苗族苗年、苗族服饰、苗族芒筒芦笙祭祀乐舞等国家级非物质文化遗产。另外，苗族古瓢琴舞、翻鼓节、苗族历法、苗族百鸟衣、苗族芦笙词、四滴水芦笙制作技艺、苗族婚俗、苗族丧葬习俗等被列为省级非物质文化遗产。2007年，贵州省文化厅分别授予了扬武乡“蜡染艺术之乡”、排调镇麻鸟村“锦鸡文化之乡”、龙泉镇排牙村“芒筒芦笙艺术之乡”、龙泉镇卡拉村“鸟笼艺术之乡”、南皋乡石桥村“古法造纸之乡”，并成功申报注册了“锦鸡舞”“给哈舞”“石桥古法造纸”等商标。

图2-14　节日里苗家女子吹奏芒筒

丹寨县民族文化中，“鸟图腾文化”历史悠久、内涵丰富，有关专家学者通过对当地民族的服饰、歌舞、祭祀活动等方面研究发现，丹寨的少数民族大多以鸟为图腾，在生产生活过程中崇拜并进行模仿，以锦鸡舞为代表的“锦鸡文化”就是“鸟图腾文化”的典型代表。《锦鸡舞》是苗族歌舞中极具代表性的舞蹈，由数支“四滴水”（各种音高不同的苗族六管芦笙，笙管的高度也不尽相同，最高音笙，高7.2~14.5厘米，不包括笙脚，称五滴水；高音笙高14.5~30厘米，称为四滴水；中音笙高30~58厘米，称为三滴水；低音笙高58~105厘米，称为二滴水；倍低音笙高105~210厘米，称为一滴水）的芦笙带动一群女子款款舞动，芦笙曲调悠扬，舞姿大方优雅，2007年，在首届“多彩贵州舞蹈大赛”原生态类总决赛上，丹寨《锦鸡舞》一举夺得最高奖金黔奖，在2009年成都第二届国际非物质文化遗产节上，《锦鸡舞》被评为太阳神银奖，在杭州中国非物质文化遗产节上，《锦鸡舞》以最高分被评为中国传统舞蹈金奖。

在众多民族乐器当中，芒筒和古瓢琴独具特色。芒筒芦笙祭祀乐舞是国家级非物质文化遗产，多见于庆典、祭祀等场合，芒筒芦笙声音雄浑，舞姿豪放张扬，2009年第二届多彩贵州舞蹈大赛上，丹寨《芒筒芦笙祭祀乐舞》问鼎金黔奖，奠定了丹寨县在贵州省乃至全国原生态类舞蹈上的重要地位。古瓢琴是二弦的弓弦拉奏乐器，主要流传于丹寨县雅灰乡境内送陇苗寨，苗语称“给哈”，汉译为“瓢笙”，因历史悠久，造型老旧，形似瓜瓢，故称为“古瓢琴”。每年农历九月“吃新节”或春节期间，男女青年会身着百鸟衣盛装，会聚一堂，拉奏古瓢琴，欢跳古瓢琴舞，琴曲扣人心弦，让人感慨万千。

丹寨苗族蜡染举世闻名，是国家级非物质文化遗产，从织布到印染整个制作过程均为纯手工技艺，蜡染图案精致古朴，鸟类图案是重要的创作元素和内容。据说，20世纪80年代，当地苗族蜡染大师曾赴美国表演蜡染技艺，被时任美国总统里根邀请出席家宴并现场演示蜡染工艺，丹寨蜡染因此被誉为“东方第一染”和“飞进美国白宫的鸟图腾”。至今在当地排倒、排莫、排调、扬武一带依旧艺人辈出，蜡染技艺广泛传承，技艺精湛。

苗族对待自然、社会的态度有一套完整的思想体系——“贾”，主要流传在丹寨以及凯里、黄平、台江、雷山以及黔南州都匀等县市的苗族地区。“贾”是苗语音译，意为苗族经典，汇集了苗族古代的文学、史学、哲学、法学、巫学，是苗族古代社会的“百科全书”，它是一种在当地苗族社会中最具权威和影响最深广的独特文类，既是诗又似歌，包含了古代苗族关于社会与自然的道理、源理、哲理、辩理、判理等程序性内容，反映了古代苗族人民的自然观、伦理观和价值观，贾共分为十二支，有的支下面还分为若干“串”或“朵”，相当于汉族文章中的“章”“节”。

丹寨苗族祭祀祖先的仪式浓烈而盛大，祭尤节是流传于境内扬武镇扬颂、腊尧等地苗族的一个古老的祭祖节日，苗语称为“农尤”，时间为每年农历十月的第二个牛场天（丑日），已被列入贵州省级非物质文化遗产保护名录。相传，腊尧人的一位祖先“告尤”，曾在部落之间的征战中威震一方，后来被其他部落设计诱杀了。于是，腊尧人遇到了前所未有的灾难，活着的人们只得逃命，其中一部分来到了现在的丹寨腊尧，世代繁衍生息，成为今天的“告尤”后裔。而“尤”字在苗语里有一层含义就是迁徙，对于丹寨苗族来说，“尤”又是腊尧人的代名词，腊尧的“农尤”，就是为了祭奠那位遇难的祖先，还有一种说法是祭祀苗族始祖蚩尤。在腊尧，祭尤节比春节还要隆重，还要热闹，当天全族人要举行祭祀仪式，家家户户蒸糯米饭、打糍粑、杀猪、罩鱼、抓鸡鸭来款待客人。

2.3.4 主要景点

2.3.4.1 龙泉山

龙泉山是苗岭山脉的又一座高峰，山势雄伟壮丽，连绵起伏，因形似蟠龙，山上又有终年不枯的清泉犹如龙涎琼浆，故而得名。相传，苗族先祖蚩尤涿鹿战死后就化身显圣在这里，故此山又名“尤公山”，为纪念先祖，弘扬苗族文化，在此建有蚩尤文化园，是贵州省重点打造的100个特色旅游景区之一。这里，每年5月初漫山遍野盛开杜鹃花，有白色、紫色、红色，姹紫嫣红，美不胜收。同时这里还是历史上天然的军事要隘，为历代兵家必争之地，清代封疆大吏视之为“都匀之要隘，丹江、清江、古州之咽喉”。山顶建有龙泉寺，在历史上享有盛名，佛教和道教合一，相传有求必应，十分灵验，古时上山的步道有的就是人们达成心愿后还愿捐修的，从山下到龙泉寺庙门口共有1234级台阶，寓意“步步攀登、节节高升”，现在的寺庙是1984年民间募捐重修，由政府专门划拨文物保护经费进行修复。每逢重大的节日，人们都会齐聚龙泉山，现在每年农历三月三、六月六、九月九都举行登山歌会。

图2-15　龙泉杜鹃红似火

2.3.4.2 排廷瀑布

瀑布位于县城南面15公里处，是丹寨县境内宽度最大的瀑布，也是黔东仅有的大瀑布，有“黔东第一瀑布”之称。沿着排廷苗寨旁小溪顺流而下1公里左右，溪流即跌入40多米的高崖中。瀑布右侧石壁，下端向里凹，上端往外翘，悬在半空，在峭壁的顶端有几户农家的房屋建在绿树成荫的悬崖上方，宛若仙境人家。每当春夏涨水的时候，几里外就能听到瀑布轰鸣，水雾腾飞。走近瀑布，河水从断崖顶端凌空飞流而下，激起高达数十米的飞沫水雾，漫天飘散。瀑布分为两级，第一级高45米，第二级高20米，雨后初晴，两级瀑布的水流垂直坠入浅滩，水花四溅，彩虹浮空。在不到百米长的河段鬼斧神工地造就了这一天然绝景，每到夏天，置身瀑布的中段，整个人不觉融入大自然之中。

2.3.4.3 高要梯田

梯田位于县境内龙泉镇高要村的西南面，地势由高到低，东西走向从寨脚延伸到沟底，宽约1.2公里；南北走向从进寨公路至羊甲村对面山林，长约2.8公里，呈明显的梯带形状，面积400余亩，占全村农田总面积557亩的72%。高要梯田群面积庞大，且集中连片。每逢稻浪飘香的金秋时节，放眼观望，梯田一片金灿灿、黄澄澄的景象，景色迷人，十分壮观，吸引着众多的国内外游客前来旅游、观光。高要梯田群是少有的原生态自然景观，成为丹寨的旅游新亮点，在山对面的高速公路还设置有临时停靠区和观景台，梯田是山区农耕文明的重要标志，具有较强的观赏价值，是观光、采风和娱乐、休闲的好去处，是最适宜疲惫心灵栖息的理想之地。

2.3.4.4 麻鸟村

麻鸟位于排调镇东南部，距县城78公里，距镇政府35公里。全村共有700多人，均为少数民族。麻鸟村地处珠江水系，都柳江上游源头排调河两岸，山高谷深，山峦叠嶂。这里古树参天、梯田层层、环境优美，自然资源丰富，民族风情古朴淳浓、典雅独特，是一个保护完好的自然生态民族旅游村寨，有享誉国内外的“锦鸡舞”；有红豆杉、水杉、榉树等国家级珍稀保护树种；有独具一格的古老苗族民间干栏式住宅吊脚楼；有五彩斑斓、工艺精湛的传统织锦、编带、刺绣、蜡染等民族服饰；有做工精细、美观适用的竹饭包；有优美的银饰等。在麻鸟村，银饰在苗族服饰中占有十分突出的位置，特别是在女盛装中，银饰是必不可少的饰物。传统民族节日“三月三”、“六月六”、吃牯藏、跳铜鼓、踩芦笙都享有盛名，不同形式地记录着苗族历史遗迹，折射出不同的文化内涵。

麻鸟是中国锦鸡文化之乡，锦鸡舞不仅是苗族歌舞文化的典型代表，同时它也反映了丹寨苗族同胞与自然的和谐共生，天人合一。近年来，以麻鸟为代表的锦鸡舞，经过

图2-16　芦笙奏　锦鸡舞

县文化艺术团的编演，不负众望，一次次冲出山寨，奔向全国，走出国门，为地方和民族争得了荣誉。2006年，锦鸡舞被列入国家第一批非物质文化遗产保护名录；2007年，锦鸡舞又摘取了"多彩贵州""金黔奖"。麻鸟，也因此被贵州省列为民族文化重点保护的少数民族村寨之一，被誉为"中国锦鸡文化之乡"。相传，迁徙到这里的苗族的祖先没有土地耕种，他们一边开垦，一边打猎充饥度日。锦鸡帮助他们获得了小米种子，小米助他们度过饥荒，锦鸡也就成了他们的大救星。于是，人们在闲暇时模仿锦鸡的模样打扮自己，又模仿锦鸡的求偶步态跳舞，这就是锦鸡舞的最初起源。

麻鸟村还是出了名的"芦笙村"。在跳锦鸡舞的时候，都要用芦笙进行伴奏。表演时，男性吹奏芦笙于前领舞，女性排成一字长蛇队跟在后面，沿着逆时针方向转圆圈跳。此时，以芦笙伴奏的音乐轻快流畅、优美动听、曲调丰富，共有乐曲100多首。1958年，中央民族音乐研究所的何云、简其华、张淑珍编著出版的《苗族芦笙》一书就收录了丹寨县排调镇麻鸟村芦笙手吹奏的锦鸡舞乐曲，将麻鸟誉为"芦笙音乐之乡"。

2.3.4.5 石桥村

石桥是闻名的中国古法造纸之乡，是贵州省重点打造的100个特色旅游景区之一。这里的古法造纸工艺之精湛、工序之严谨国内少见。由于石桥白皮纸纸张洁白、吸水性强、不易脆裂、渲染度好，被许多的书画名家指定作为其国画纸，登上了大雅之堂，甚至在故宫博物院，用于修补古书的就有石桥纸。石桥白皮纸的造纸工艺距今已有1000多年的历史，因工艺制作古老、工序徒手操作而享誉国内外。据有关史料记载，从唐朝中期开始，石桥的苗族祖先就借鉴汉族的技术，以当地丰富的树皮、杉根及清澈优质的泉水为原料徒手操作开始造纸。白皮纸生产从采构、河沤、蒸煮、捡料到抄纸、压纸、晒纸等十三道工序基本是徒手操作，没有使用任何现代工具，具有原始性和传承性，是贵州省乃至全国古法造纸工序、工具保存得最完整、规模最大的地方，制作工艺与明代宋应星著的《天工开物》记载的造纸法十分相似。石桥人信奉蔡伦为祖师，每年都会举行盛大的活动来纪念他。石桥人经过几年的探索，目前，生产出的云龙纸、褶皱纸、凹凸纸、压平纸、花草纸、麻丝纸六大系列，凸显了我国独特的造纸工艺，产品大部分销往东南亚、欧美等地，是商家用作装饰和包装等的最佳原料。2006年，具有"活化石"之称的石桥古法造纸被列入国家级非物质文化遗产保护名录。山无树不清，岩无洞不奇，谷无水不秀，石无文不美，石桥除造纸文化外，还有众多景观，主要有龙擦痒、天然石拱桥、古法造纸大崖脚遗址、大簸箕苗寨及周围的银子洞、苗名汉字碑和穿洞等，一处一景，一景一说，处处充满着神奇的传说。石桥大崖脚白皮纸作坊遗址既是省级文物保护单位，又是文人骚客舞文弄墨的地方，山崖上留下了许多动人的摩天诗句："悠游闲步到岩窝，骚客垂名意若何；谅恃奇才夸边众，徒书佳句厌偏多；龙腾石桥谁得见，鸟语

图2-17　石桥古法造纸

新春孰不歌；说与诗人休咏和，才堪李杜可吟哦。”这些诗句经过风风雨雨的洗礼，大部分字迹不清晰了，据考证大约是在清代乾隆、嘉庆、咸丰、同治年间的文人墨客所作。

2.3.4.6 卡拉村

卡拉位于丹寨县城东北部，地处摆泥河上游、富贵河东岸，距县城3公里。全村110多户，500多人，多为苗族。卡拉村地势平缓，光照充足，降雨充沛，村容寨貌整洁，人居环境好。村内民族文化丰富，民族活动主要有舞龙、跳芦笙、斗牛、赛马、斗鸟等，是黔东南州重点的民族旅游村寨。

鸟笼是卡拉村最大的特色，卡拉鸟笼主要以楠竹、金竹、雷竹等为原材料，坚固耐用而且不变形。卡拉鸟笼制作精巧，深受人们喜爱，不仅畅销省内外，还远销中国

图2-18　卡拉鸟笼

香港、中国台湾、新加坡、日本以及欧美等地。鸟笼品种繁多，规格各异，形状多样。除了普通鸟笼外，还有集编制、雕刻、蜡染、刺绣、书法、绘画等艺术为一体的鸟笼精品，卡拉匠人将鸟笼做成了一件精妙绝伦的稀世艺术珍品。卡拉斗鸡肉因选用有机食材、烹饪方式独特、味道鲜美而享负盛名，成为当地特色美食。

2.3.4.7 万达旅游小镇

万达旅游小镇是大连万达集团携手丹寨县政府扶贫的重大创新项目，是贵州省重点扶贫项目，旅游小镇位于丹寨县龙泉镇东侧，东湖水库西岸，建筑风格极具当地苗族风情。项目占地400亩，一期投资6亿元，建筑面积5万平方米，包括精品酒店、多厅电影院、儿童娱乐设施、民族风情街、电影院等设施，规划设置有民族手工艺、少数民族美食、苗医苗药、农副特色产品等项目的商业铺面近300间，旅游小镇于2017年建成并投入使用。

2.3.5 风物特产

2.3.5.1 土特产品

韭菜根、酸辣椒、薇菜、生姜、木姜油、硒锌米、硒锌茶、硒锌韭菜根、硒锌南瓜等。

2.3.5.2 特色饮食

百草香米酒、卡拉斗鸡肉等。

2.3.5.3 手工艺品

石桥古纸、卡拉鸟笼、手工蜡染制品等。打造有宁航蜡染和国春银饰品牌，分别建有集设计生产、手工体验为一体，可教学、食宿的研学基地。

2.3.6 旅游条件

县城距黔桂铁路都匀站50公里，距湘黔铁路凯里站70公里，距贵新高速公路下司出入口处54公里，距省会贵阳市210公里，321国道穿城而过，由原来的2小时缩短至40分钟左右。凯羊高速全线贯通，全长约57公里，凯里至丹寨仅需30分钟左右即可到达，丹寨一跃成为黔东南地区面向珠三角的南大门和桥头堡。

第3章

环雷公山苗族文化旅游

3.1 苗疆圣地——雷山县

雷山县因雷公山而得名，这里山清水秀，自然风光迷人，民族风情浓郁，原生态民族文化旅游资源十分丰富，是生态体验、科普考察、健身康体、休闲度假、文化体验的旅游胜地。雷山县有雷公山国家级自然保护区、雷公山国家森林公园；有“中国民间艺术之乡”郎德上寨、“世界最大的苗寨”——西江千户苗寨，巴拉河沿线众多的苗族村寨依旧原汁原味、神秘古朴。境内节日众多，有鼓藏节、苗年、吃新节、爬坡节等，民间还有斗牛、斗鸡、斗鸟以及斗猪等传统习俗，苗族建筑、服装、歌舞、乐器、工艺等仍世代传承，是苗族生活社区生动的“历史文化教科书”。同时雷山县还是“雷公山苗族文化原生态旅游经济圈”的核心地区，国家民族博物馆还在雷山县设立“中国苗族文化研究中心”，成立了“中国民族博物馆西江千户苗寨馆”。2004年雷山县被中央电视台等40多家媒体评选为“中国十大最好玩的地方”，相继被授予“中国旅游王牌目的地”“中国最美的小城”和“中国最佳魅力旅游名县”等称号，是全国首批“国家全域旅游示范区”创建单位之一，2017年雷山县城还被全国爱卫会评为国家卫生县城。

3.1.1 自然地理

雷山县位于黔东南州西南部，距省府贵阳184公里，距州府凯里42公里。东邻台江、剑河、榕江三县，南抵黔南州三都水族自治县，西连丹寨县，北与凯里市接壤。全县总面积1204.4平方公里，耕地面积10.73万亩，占总面积的5.6%，其中稻田面积8.49万亩，是个典型的“九山半水半分田”的山区农业县，森林覆盖率达70.32%，最高海拔2178.8米，最低处海拔480米，年均气温14~15℃，气候温润。县内有黑熊、麝羊等23种国家二类保护动物和天麻、杜仲等200多种名贵野生中药材，有“天然绿色聚宝盆”之称。境内水资源十分丰富，流域面积1218平方公里，水力理论蕴藏量为6.8万千瓦。矿产资源主要有铅、锌、铜、锑等。

3.1.2 人口区划

雷山县总人口16.1万（2017年），少数民族人口占总人口的92.7%，其中苗族为总人口的84.4%，因此这里是全国最集中的苗族聚居区之一。全县辖丹江镇、西江镇、永乐镇、郎德镇、大塘镇5镇，望丰乡、达地水族乡、方祥乡3个乡，154个行政村、6个居委会，其中县政府所在地为丹江镇。

3.1.3历史人文

明洪武年间，设镇远、铜鼓、西开、偏桥、古州、清平、兴隆8卫；明永乐十一年（1413年），废思州等宣慰司，置思州、镇远、黎平、新化4府，隶属贵州布政使司；宣德九年（1434年），撤新化府并入黎平府；正统九年（1444年），置施秉、永从2县；弘治七年（1494年），置麻哈州及清平县，十一年（1498年），置镇远县；万历二十五年（1597年），置天柱县，二十八年（1600年），置黄平州。清雍正七年（1729年）置丹江厅驻丹江（今老丹江），属都匀府；民国二年（1913年）改丹江厅为丹江县，属黔中道；民国三十年（1941年）撤销丹江县，并入台拱、八寨两县，民国三十三年（1944年）设置雷山设治局，属第一行政督察区。1950年，雷山设治局改为雷山县。

雷山历史悠久，文化灿烂，苗族风情浓郁多姿，文化内涵极其深远，被誉为"苗族文化的中心"。苗族建筑文化、服饰文化、歌舞文化、饮食文化等保存完好，传承至今，影响深远。因地形的因素，苗寨多依山傍水修建，建筑多为吊脚楼，实用而独特。雷山县苗族有三大舞——铜鼓舞、木鼓舞、芦笙舞，有三大歌——苗飞歌、嘎百福歌（苗族叙事史诗）、游方歌，三大节——苗年、吃新节、鼓藏节，三大赛——斗牛、斗鸡、斗鸟。苗族先民勤劳智慧，以诗歌形式口传的《榜香尤》，记录了原始社会后期人类从母系氏族向父系氏族演变的过程。"榜香尤"是苗族神话传说中的长寿人物，相传他活了8900岁，死后嘴巴变山洞，头发变野草，眉毛变蓼蓝，牙齿变硼砂，传颂他的歌人们也称为《榜香尤》，是苗族古老的十二首大歌之一。《榜香尤》歌词译成汉语的意思是："原为女当家，儿郎当人嫁。后因防敌建家，女子莫能抬木搭，因此女子嫁出去，儿郎留当家。当家必歼敌又要建好家。一女一儿郎，儿郎娶妻莫能多，娶妻莫能娶姐妹，唯娶他姓女儿家。"其中还规定了男子有保家卫国的责任。在原始社会末期，就已经通过古歌的形式对家庭和社会责任进行了约束，可以说理念是十分超前的，按照我们现在的说法，可将其理解为最早的一部《婚姻法》。

苗年：上古时期苗族先民通过观察日月星辰，来决定农耕稻作的流程，并以此创立了"十月岁首"的纪年法。每年的农历十月即意味着苗家新年即将开始，雷山各苗寨都会举行隆重的辞旧迎新活动，一派欢腾，俗称"苗年"，每个地方开始过年的时间不尽相同，有先有后，但大都分头年、大年和尾年三个节日，分别在农历十月、十一月上中旬卯辰日过。

延伸阅读

苗年：雷山苗族以十月为岁首，过头年，与巴拉河中下游苗族过节时间相同，都是在秋收结束，红苕收进家中，麦子、油菜下种完毕后进行，农历十月上中旬"卯辰"日即过节，苗年延续的时间各地也不尽一致，有七天、九天、十三天，有的长达一个月。过苗年往往先是提前七天用酒缸酿备好酒，大多数人家会准备米酒，也有以糯米、高粱、小米和苞谷为原料酿造的，将酿好的酒装于土坛中，待"吃年饭"时方揭开盖子。鱼象征人丁兴旺，是过苗年必不可少的祭品佳肴，过年前一两天，人们会到自家的稻田中捕捞鲤鱼，当地也俗称"稻花鱼"，以备节日之用，有的还会制成"冻鱼"留作"龙"日的"早年饭"。在"兔"日的前一天"虎"日，是杀猪的好日子，因人们相信老虎是猪的克星，当天要杀猪吃庖汤；待到"兔"日，家家户户将用水泡好的糯米蒸熟来打糍粑；到了"龙"日，鸡叫时分，当家的男人会起床，煮饭、杀鸡，在自家神龛烧纸焚香，用猪、鸡、鸭、鱼等以及酒和糯米饭、糍粑祭祀祖宗和家族图腾，在屋内的岩爹、岩妈、祖灵、保爷、门楣、炉灶、猪圈、牛圈、犁耙、碓磨以及村外的保爷桥、保爷凳、岩菩萨、保寨树等贴上纸钱，有的还特别由一老一少带上纸钱、糯米饭趁着夜色出门祭果树。太阳刚刚升起，天刚亮时，姑娘和年轻媳妇起床后要做的第一件事，是登上木梯梳头，要向上登三级，背朝楼外面向楼板，向下梳头，落下的头发要细心捡起来，捆好收存。苗寨新年第一天，不能扫地，不能倒水，吃饭时也不能舀汤、吹气，人们认为这样的行为不吉利，会导致新的一年出现大水冲毁田坎、山风吹倒庄稼的灾害。

鼓藏节：也叫鼓社节或祭鼓节，13年才过一次，持续时间为4年，被称为"世界最长的节日"，是苗族最隆重、最盛大的祭祖活动。第1年（子年）举行迎龙谢土、选举鼓主、买祭牛、迎接子孙鼓、唤醒祖宗鼓、砍鼓树等活动，第2年（丑年）举行迎接祖宗鼓回鼓堂和开展斗牛等活动，第3年（寅年）举行审牛、号牛、制祖宗鼓和杀牛祭鼓等活动，第4年举行祭白鼓、送鼓（藏鼓）等活动。

招龙节：是西江镇控拜、麻料、乌高等村寨的隆重民族节日之一，招龙节苗语叫"弄勒达昂"，其意就是为本寨招回"龙神"，这种龙神是隐于高山深潭中的"龙"。

招龙节每13年过一次，时间是猴年（申年）二月的猴日。据说这一支系的先祖狩猎时来到控拜一带，看到这里林木繁茂、土地肥沃、水源充足，适于作物种植，于是定于猴年二月的猴日带领全族人迁居此地。后裔们为了纪念祖宗和迁居的日子，就定于每隔13年的猴年二月的猴日为"招龙节"。过节的前一天。要举行隆重的仪式，即全寨男女老幼到离寨子几里外的土坡上去招龙，由一巫师（当地俗称“鬼师”）口念暗语，祭祀祷告。招龙节时来庆贺的亲友们不能放鞭炮，因为放鞭炮会将招来的龙吓跑。在招龙节当天的午饭之后，青年男女们穿上盛装，会集于芦笙场上吹笙欢跳，其他寨上的人们也身着盛装参与，热闹非凡。

斗猪： 斗牛习俗由来已久，斗猪比赛尽管时间不长，但却异常精彩，同样惊心动魄、扣人心弦。自2006年雷山县苗年文化周，举办了斗猪大赛后，现斗猪活动已经成为雷山旅游的一大特色看点，比赛场上，一向憨厚温顺的雄猪竭力拼杀、浴血奋战，其场面之惊险，受关注程度不亚于斗牛。

3.1.4 主要景点

3.1.4.1 雷公山

图3–1　雷公山格头秃杉王

雷公山距雷山县城32公里，是清水江、都柳江流域的主要发源地，被誉为“苗族圣山”，海拔2178.8米，是苗岭主峰，雷公山东连冷塘山，西亘乌东山，南牵冷竹山，北跨雷公坪，在十多座海拔1800米左右的山峰和大小不等的群峰环拱下，延绵方圆几百里。现有原始森林71.7万亩，森林覆盖率达84%，已知的动植物有5000多种，其中被国家列为濒危珍稀动植物的有20多种，二类保护动植物有500多种，被科学家们誉为“物种的基因库”，其中有国家一级保护植物的万木之王——秃杉和仅在雷公山生长的角怪——髭蟾，这里还是著名的“蛇山”，有数十种蛇，如谈之色变的烙铁头蛇、银环蛇、竹叶青蛇等。

雷公山植被茂密，是高密度的负氧离子地区，空气中每立方厘米含负氧离子高达5万多个，是一般城市的300倍以上，良好的自然生态，使周边近20个县受益。雷公山冬暖夏凉，四季如春，散落在大山深处的300多座苗寨星罗棋布，形成了一个个别有洞天的世外桃源。雷公山水资源理化成分十分丰富，属极软水，口感好。登临峰顶，可观日出、云海和佛光，除了艳阳高照的晴天，能全显露其真面目以外，平常的山顶常是云缭雾绕，且山脚、山顶温差很大。即使是夏天，山顶的早晚气温仍比较低，若登山顶须多备些衣服。山顶有公路可直通，山顶建有电视调频转播台，耸立铁塔一座，高61米，电视调频转播台覆盖黔、湘、桂三省的65县（市）。清末苗族英雄张报九、张秀眉、杨大六等都曾在雷公山上留下足迹，并以此作为练兵场和集结地，雷公山上曾残存古碑一座，其碑文至今无人破译，成为千古之谜。

图3-2　层林尽染雷公山

3.1.4.2 西江千户苗寨

西江千户苗寨是全世界最大的苗寨，贵州省重点打造的100个特色旅游景区之一，“中国历史文化名镇”，4A级旅游景区，是黔东南民族文化旅游的典型代表。自2008年贵州省第三届旅游产业发展大会召开后，西江之名享誉天下，成为人们追捧的民族文化旅游胜地。苗寨坐落于雷公山脚下，高速公路可直达，距县城37公里，距州府凯里市37公里，距省城贵阳180公里。西江历史悠久，有2000多年建寨历史，相传是苗族第三次大迁徙的主要集结地，素有“苗都”之称，被誉为“中国苗族文化艺术天然博物馆”，是研究苗族历史与文化的“活化石”。被中国工艺美术家协会授予“中国苗族银饰之乡”，2017年被国家旅游局认定为“中国优秀国际乡村旅游目的地”，这一荣誉全国仅10个目的地入选。这里素有“千户苗寨，天下西江”的美誉，著名学者余秋雨游览后手书“用美丽回答一切”，并镌刻于圆形石碑之上，成为苗寨一景。整个苗寨依山傍水而建，吊脚楼层层叠叠、鳞次栉比，是中国苗族干栏民居文化的典型代表，是中国建筑文化的瑰宝。迷人的自然生态和古朴灿烂的苗族文化，构成了西江人文景观亮丽的风景线。

苗寨四周群山环抱，层峦叠嶂，一条小溪从雷公坪流来，穿寨而过。房前屋后有翠竹和红枫掩映，吊脚木楼依山而建，梯田顺势连天，风雨桥横跨两岸。在明朝时曾在此设立鸡讲司，其名称由苗族的名称“鸡讲”汉译而来，现居住着1300多户，5000多人，苗族占99%人，由8个自然寨组成，有侯、宋、李、杨、陈、唐、蒋、毛、董、梁、顾、龙12大姓。

图3-3　2008年贵州省第三届旅发大会时西江之夜

3.1.4.3 郎德上寨

郎德上寨坐落在苗岭主峰雷公山麓的丹江河畔，距黔东南州府凯里市27公里，距雷山县城15公里。郎德上寨为苗语“能兑昂纠”的意译，“能兑”即欧兑河下游之意，寨子以河为名，因苗寨位于郎德地界上方，“昂纠”即上寨，因此人们习惯称之为“郎德上寨”。郎德上寨依山傍水，坐南朝北，四面群山环抱，林木繁茂，吊脚楼古色古香，蜿蜒的山路掩映在绿林青蔓当中，当地人能歌善舞，悠然行走在寨中，时常能听到苗族飞歌在山谷间回荡。一条小河从寨前流过，为苗寨增添了几分灵秀，风雨桥又名“杨大六桥”，横跨于河畔之上，南面为“护寨山”，草木繁盛，绿树成荫，护佑了山寨的世代安宁。

1855—1872年，清咸丰、同治年间苗民反清，起义失败后，因这里是义军将领杨大六的大本营，清军继续征剿了18年才最终平定。至今全寨有118户，500多人，全部是苗族，以陈、吴二姓为主。寨内吊脚楼鳞次栉比，吊脚楼上设计有“美人靠”供来客休息（因苗家姑娘们每日都会在苗家的“小阳台”来梳妆、刺绣，且时常爱依偎在阳台栏杆上，“美人靠”因此得名）。村上的小路全以鹅卵石铺设，整齐干净。寨子中央有一个大芦笙场，地面是用鹅卵石铺设，图案主要有仿古代铜鼓十二道太阳光芒和飞奔的骏马。寨中设有“杨大六文物博物馆”，馆内陈列着当年杨大六领导反清抗暴时的刀、叉、头盔、铁炮等战斗武器，并展示了苗族生产生活以及节日活动等习俗。

1985年，郎德上寨作为黔东南民族风情旅游点率先对外开放；1993年载入《中国博物馆志》；1997年被文化部命名为“中国民间艺术之乡”；2001年被列为“全国重点文物保护单位”闻名中外。2008年奥运火炬在黔东南的传递过程中，郎德就作为火炬传递的起点站，其传递路线被中央媒体誉为“最美妙的奥运火炬传递线路”。这里迎接宾客的方式十分特别，他们身着节日盛装，唱起动人的敬酒歌，向客人敬献醇香的糯米酒，以“阻拦”客人进寨的特殊方式迎接客人，拦路少则三道，多则十二道，进了寨门，首先要到铜鼓坪上跳舞，先是节奏慢的“踩铜鼓”，然后则是节奏明快“青年芦笙舞”，游客往往多愿意参与欢跳，乐在其中。

3.1.5 风物特产

3.1.5.1 土特产品

方祥黑毛猪腊肉，选用被美誉为“吃的是中草药、喝的是矿泉水”的方祥黑毛猪做原料，经过苗族传统工艺熏制而成，肉味香、口感好、营养高，是接待馈赠的佳选。

雷公山猕猴桃酒，采用野生猕猴桃酿制而成，色泽黄绿，为甜型果酒。采用先进科技和低温全汁发酵工艺精酿而成，保留了原果丰富的营养成分和纯天然风味，果香、酒香和谐典雅，饮后唇齿留香。

银球茶，其球状造型为国内首创，清香、味浓、爽口、回甜、耐冲泡，饮后提神健脑，被选定为中南海接待用茶，多次作为国礼馈赠外国政要。因茶园位于雷公山自然保护区，海拔1300~1400米，云雾缭绕，空气清洁，硒含量是一般茶叶的15倍，居全国茶叶之首。

县境内还盛产野生杨梅、刺梨、竹笋、茶叶、魔芋等。

3.1.5.2 特色饮食

酸汤鱼、腌汤、鱼酱酸等。

腌（当地话读“an”）汤：苗族特色饮食，当地人乐于将其作为火锅底料。腌汤同时具有食用与药用价值，它的特别之处在于像臭豆腐一样，初闻时觉得臭，吃起来却觉得香。腌汤的原料就是青菜和炒米，做法是先取些青菜，洗净搓揉后，放入沸水中，一分钟左右即捞出来，然后放入洗干净的坛子里。将炒好的糯米也同样放入坛中，然后盖上坛盖，半个月左右，打开坛盖，待“腌汤母子”出来之后，往坛子中掺一小瓢冷水，然后再次盖上坛盖，让“腌汤母子”与冷水在继续发酵的过程中融合，一个月后，即成。食用时可适时加入生花椒、大麦或小麦、高度白酒等进行调味。腌汤制成后，可放入一些适合腌制的季节蔬菜，如豇豆、茄子、紫红生辣椒、黄瓜、蕨菜等，可以直接凉拌，也可以作为烹制其他菜肴的辅料。

鱼酱酸：《舌尖上的中国》推荐美食，以当地河鱼——“鱼扇子”（人们发现河里的小鱼，在游动的时候如扇子在扇动一样，一开一合，所以给它们取名为“鱼扇子”）和鲜红辣椒为主要原料，按一定比例配鲜生姜、甜酒、白酒、食盐等辅料，经捣碎后密闭发酵制成，是烹调佳品，炒菜或煮火锅放上鱼酱酸，菜肴特别鲜美，可增进食欲，亦有健胃作用。

3.1.5.3 手工艺品

银饰、刺绣等。

3.1.6 旅游条件

雷山县与凯里、台江、榕江、丹寨四县市相邻，距省城贵阳184公里，凯雷高速公路开通后，凯里至雷山总里程缩短到21公里，到县城、西江苗寨仅需20多分钟的路程，距雷公山主峰30公里。县内有三星级饭店1家。

3.2 天下苗族第一县——台江县

2000多年前，在苗族先民大迁徙的过程中，部分苗族迁入台江，在此开疆辟土，建设家园，过着“自耕而食，自织而衣”的“世外桃源”般生活。近代，苗族英雄张秀眉在这里揭竿起义，奋起抗争，演绎了一段悲壮激昂的反封建史诗。在这块神奇的土地上，当地民族创造和继承了丰富灿烂的民族民间文化，世代崇尚文明，待人处事讲礼仪、有风范。许多很好的传统文化和民间艺术流传至今，有富于哲理的“嘎百福”、娓娓悦耳的苗族飞歌、内涵丰富的鼓笙乐舞、惊险火爆的舞龙嘘花、叹为观止的服饰艺术、古老神秘的独木龙舟、庄严肃穆的鼓社集会、美妙浪漫的姊妹节、别具情趣的婚俗礼仪等，共同演绎了台江璀璨的苗族文化。

3.2.1 自然地理

台江县位于黔东南州中部、雷公山北麓，清水江南岸，地势由西南向东北部倾斜，为典型高原山地地貌，总面积1108平方千米，有天然草场7万多亩，以松、杉为主，针、阔叶等多种珍稀树木及植物交错生长，森林覆盖率为60.8%，最高海拔1980米，最低海拔455米，平均海拔717.5米，雨量充沛，冬无严寒，夏无酷暑，年平均气温16.5℃，宜农、宜林、宜畜、宜渔，农业发展条件十分优越。境内有金丝猴、猕猴和蟒、蛇及穿山甲等160多种野生动物繁衍栖息，地下有铅、锌、铜、铁和硅等多种金属及重晶石、大理石、磷、黏土、石灰石等非金属矿产。水资源尤为丰富，有近百条溪河分别流入清水江、巴拉河、翁你河、翁密河，流域面积1210平方公里，总长494.8公里，年平均流量44.6亿立方米，水质清澈无污染，水能蕴藏量大、开发潜力大；有地方小型水电站3座，总装机容量1771千瓦。

3.2.2 人口区划

台江县辖台拱、施洞2个镇和老屯乡、台盘乡、革一乡、排羊乡、方召乡、南宫乡6个乡，67个村、1个居委会、3个社区，县政府所在地为台拱镇。全县总人口16.8万

（2015年），少数民族占总人口97%，其中苗族占境内总人数的96%，共16.1万人，是世界上苗族聚居最集中的县，被誉为“天下苗族第一县”。

3.2.3历史人文

台江在唐代隶属于应州陁隆县，宋、元、明、清为“化外生苗地”。清雍正六年（1728年），朝廷决定开辟苗疆，镇远知府方显至台拱各寨招抚苗民，登记户名，将苗族改为汉姓，编设保甲。雍正十一年（1733年），建台拱厅，由镇远府派驻官员，建台拱城。民国二年（1913年），改台拱厅为台拱县。民国十二年(1923年)，废镇远道，台拱县直属于省，民国三十年（1941年），撤丹江县，以丹江河、羊排小溪向东顺山脉为界，东北部地域划入台拱县，取台拱之“台”，丹江之“江”为县名，更名为台江县。1949年12月3日台江解放，1953年1月，改台江县为“台江苗族自治区”，隶属镇远专区。1954年4月，台江苗族自治区改为台江苗族自治县。1956年12月，台江苗族自治县改为台江县。

台江人文气息浓厚，境内无迹不古、无处不奇，这里民族风情古朴浓郁，得天独厚，苗族刺绣精美绝伦，银饰盛装巧夺天工，工艺制品瑰丽夺目。有省级文物保护单位2处，有县级文物保护单位17处，反清英雄张秀眉领导苗族人民起义，与清王朝抗争了18年，至今这里仍保留着大量的历史遗迹、遗址。这当中，施洞作为古代的军事重镇，建筑风格异彩纷呈，独具特色民族民间活动世代传承。

图3-4　张秀眉雕像

张秀眉：是清朝咸丰、同治年间苗族起义领袖，台江县台拱镇翁岗掌就村人，1823年出生。清咸丰五年（1855年），他率李洪基、包大度、杨大六等领导了贵州东南部的苗族起义斗争，北联汉族义军，东联侗族义军，南联水族和太平天国义军，掀起了反抗清王朝封建专制统治和民族压迫的武装斗争。其活动范围东达湘西，南抵桂北，西及黔西北各县，北至思南、印江，纵横千里，历时18年之久，是清咸丰、同治年间贵州反清声势最大、历时最长、影响最深的一次武装斗争，给清王朝在贵州的封建专制统治以沉重打击。他当年所穿盔甲和用过的武器，现保存于贵州省博物馆，大量的历史文物和史料还珍藏于民间。

姊妹节：被誉为“世界最古老的情人节”“藏在

花蕊里的节日”。《周礼》中提道“仲春三月，令会男女，于是时也，奔者不禁”，描绘的是3000年前居住在中原地区的先民们爱情生活的浪漫画卷，而苗族姊妹节至今还保持着这样的习俗，也反映了苗族迁徙的历史渊源。姊妹节主要是指台江县、施秉县以及剑河县部分地区的苗族在每年春季由妇女们主持的吃姊妹饭的节日。时间因地而异，一般定于农历二月十五或三月十五。其中台江县施洞地区清水江畔的三月十五至十七为苗族姊妹节。节日礼仪古朴独特，最为典型壮观。节日前，苗族女子上山采摘植物茎叶染制五彩饭团，俗称“姊妹饭”。在节日期间，青年男女相约踩鼓、游方对歌、互赠信物、订立婚约。苗族青年追求爱情热烈奔放，但仍然有含蓄内敛的一面，姊妹节里最具亮点的就是在姊妹饭里放置物品，每一个物件都有特别的含义，女子通过在姊妹饭中放置不同的物品来传情达意，放置一双筷子或一对木钩喻义“愿成双成对”；放置辣椒、大蒜则表示“不中意”，姊妹饭物语表达了苗族女子最真挚的情感。

延伸阅读

姊妹节：苗语称为“浓嘎良”，起源于金丹阿姣的故事，根据《姊妹节歌》，“相传，有两个姨妈的子女，男的叫金丹，女的叫阿姣，他们俩从小青梅竹马，两小无猜，长大后，彼此爱慕，金丹一定要娶阿姣，阿姣也非金丹不嫁。但是，阿姣的父母要让她嫁回舅家（旧时苗家的习俗称“还娘头”）。阿姣不愿嫁回舅家，一定要嫁金丹；金丹也非阿姣不娶。因怕父母和寨老发现，他俩只能偷偷相会，相约野外谈情说爱，每次，阿姣都用她装针线的竹篮偷偷地藏着饭带去给金丹吃。年复一年，经过一番磨难和顽强不屈的抗争，他俩终于结成了夫妻。女子赠饭于情郎渐成习俗，便有了“姊妹饭”。姊妹节以苗族青年女子为中心，以邀约情人一起游方对歌、吃姊妹饭、跳芦笙木鼓舞、互赠信物、订立婚约等为主要活动内容。它真实地展现了人类社会由母系氏族向父系氏族社会变迁的过程中，妇女掌管政治、经济和文化大权，主导社会事务的习俗，是人文生态演化进程的一大奇观。

独木龙舟节：在台江施洞一带广泛流传着独木龙舟这一独特的龙舟形式，据民国《施秉县志》记载，“船用长木制成，首尾具备，施以彩色，荡漾波心蜿蜒有势，颇足观赏”。清光绪《苗疆闻见录稿》曰“其舟以整木刳成，长五六丈，前安龙头，后置凤尾，中能容二三十人。短桡激水，行走如飞”。清乾隆《镇远府志》记载，“苗人于五月二十五日，亦作龙舟戏，形状诡异，以大树挖槽为舟，两树合并而成。舟极长，约四五丈，可载三四十人”。每年割完麦、插完秧后，即农历五月中旬，施洞、老屯一带五六十个村寨的苗族人民都要举行一年一度的独木龙舟竞渡，以祭祀的方式祈祷来年风调雨顺、五谷丰登，其场面惊心火爆，热闹非凡，被誉为“世界唯一的独木龙舟节”。龙舟由一根巨杉挖深槽另加两侧平衡舟拼成，是独特的子母独木舟，长达20多米，船头精雕龙首，用牛角制成龙角，上书有“风调雨顺，国泰民安”等，祈祝丰收幸福。现在施洞镇已建立了龙舟博物馆，也是我国第一个龙舟博物馆，因在历年龙舟竞渡中屡获第一，老屯乡长滩村被誉为“独木龙舟冠军村”，龙舟文化的印记在寨中随处可见，内涵丰富。

图3-5　独木龙舟竞渡

延伸阅读

独木龙舟传说和习俗：相传很久以前，清水江边住着一位叫“保公”的苗族老人，一天他带着自己的独孙子“九保”到江边打鱼，正当爷孙俩专注捕鱼，突然一条恶龙从深潭中飞出，把九保挟进了龙洞里咬死，并放在床上当作枕头使用。追踪而至的保公见状愤怒至极，返回家中带上火具潜入深潭龙洞付之一炬，恶龙被烧死，随之而来的是遮天蔽日的浓烟迷雾，瞬时天昏地暗，接着是大雨倾盆，一连九天九夜，刚插上的秧苗无法管理，圈里的牲畜无法喂养，人们躲在家里无所事事。有一天，一位妇女摸黑到河边去洗衣服，她那淘气的孩子拿着捶衣棒在江里搅来搅去，嘴里随着水声发出“咚咚哆，咚咚哆”的声音。不想这一喊奇迹出现了，只见天空云开雾散，江面上霞光万道，一条花花绿绿的巨龙横卧在江里，纹丝不动。人们惊恐万分，站在江面上观望，不敢近前，几位大胆的汉子小心翼翼地划着小船近前一看，原来是被保公烧死的那条恶龙，怒极了的人们纷纷从家里拿来刀子割下龙肉烧着吃，一条巨龙不久就被沿江两岸七村八寨的人们分食了。那夜，龙给人们托了一个梦，说自己作恶把保公的独孙子害死了，对不起保公，自己也遭了报应，今天用自己身躯报答了大家，希望大家今后记住它，用杉木做一条与龙一样形状的木船，农闲的时候在江里划上几天，像活着时一样自由自在，它自会施法降雨，让这里风调雨顺、五谷丰登。人们信以为真并试着做了，果然十分灵验，于是年年岁岁龙舟下水，延续至今。最初是以人们吃到龙肉的先后顺序确定各村寨龙舟活动的举办时间，随着时间的推移，人们觉得这不仅耗时费力，还不够热闹隆重，于是经协商就把地点确定在施洞，时间确定在农历的五月二十五至二十七。

独木龙舟习俗的可贵之处在于它保存了相当浓郁而完整的传统仪轨。从制作龙舟开始，一直到每年的龙舟下水、出发比赛前及赛后吃“龙肉”，都有一系列祭祀性巫术活动；常常可以看到在龙舟棚两侧，有小小的土地庙；最有意思的是“接龙”仪式，由“龙头”（龙舟总指挥）率人划着龙舟到各村寨通知亲戚们送来鸭、鹅、猪、牛，所获赠物品越多，说明这个寨子和这位龙头有实力、有名望，全寨上下都觉得荣耀，在正式比赛前可以看到一艘艘龙舟在鞭炮声中划到沿途岸边码头，接受本艘龙舟所代表的姓氏或村寨联姻的亲家来人的送礼和敬酒，十分热闹。

开秧门：是插秧之前要举行的一项重要仪式，苗语称“气依”。过去在台江大部分苗族地区都有“秧头”，在开始插秧当天，“秧头”会带上一只公鸡、香纸、米酒、糯米饭、五根茅草和一根六七尺长去了皮且有五个杈的泡木树，在天刚亮时去到田里（沿途不准人见，否则不吉利），先把泡木树和茅草插在田中，再用供品敬祭。敬祭完毕，插上3—5窝秧苗即回到家。有的地方，没有“秧头”，各家也可以自己开秧门，由一长者走到田间，先插一束芭茅草，然后围绕芭茅草插九窝秧。开秧门这一天十分热闹，家家煮鱼、蒸糯米饭，青年男女还会在这一天进行游方活动，预祝秧苗茁壮成长和丰收在望。

爬坡节：苗语称“纪波”，是苗族青年男女一年一度特有的交友盛会，其最初缘于金丹、阿姣的爱情故事，现施洞一带“姊妹节”就是由“爬坡节”延伸而来。每年二月、三月，县内各寨都会举行，但举办规模和具体日期不尽相同，地点多会选定在女方寨子一处风光秀丽、视野开阔的地方。临近爬坡的时节，青年男女们借赶集相遇的机会，男女双方相互邀约，商定在某日到女方寨子某个地点举行爬坡，商定后，被邀请的男青年再通知附近村寨的青年小伙们一起参加。爬坡当天，邻县邻村的青年男女们会精心打扮，从四面八方会集于山坡上游方，人数多的时候可达数千人，大家一起唱歌、吹笙、踩鼓，寻觅知己。作为东道主的姑娘们会准备丰盛的鱼肉和糯米饭，带上山去，一边款待后生（当地对“男青年”的称谓），一边对唱情歌。在这一过程中，青年男女们互相观察、试探，先是尝试性地进行接触，不断增进了解，最后相识相知成为情侣，组成家庭，女孩的父母也会偶尔参加节日活动，主动帮助自己的女儿物色对象。傍晚时分，姑娘们邀请后生到寨里继续对歌，并设宴款待，情投意合，彼此中意的，即交换信物予以定情。激情热烈的爬坡节再现了远古时期母系社会的生活方式和婚姻缔结习俗，女性在当时是婚姻缔结的主要一方，居主导地位。

敬桥节：“敬桥”一般在农历的二月初二举行，俗话说“二月二龙抬头”，是祈求平安、丰收的民俗节日，而在当地苗族社区，这个节日的内涵更加丰富。节日当天当地苗族不分男女老幼都会穿上盛装，小孩们胸前挂着用毛线网袋装着的彩蛋，兴高采烈地跟着家人前往敬桥，敬桥节也被称为苗族的“儿童节”。在敬桥架桥过程中，若遇过往行人，首次前来踩桥，人们会视作吉兆，桥名义上的主人会热情地款待客人，将客人留下就餐，并以彩蛋和糯米饭相送。

苗族剪纸：剪纸是苗族人民吸收外来文化并进行了再创造的一门传统工艺，是苗族世代智慧的结晶。苗族剪纸是苗族刺绣的姊妹篇，剪纸通过镂空的设计表达着厚重真挚的意境，是当地人在喜庆场合重要的装饰物品，剪纸艺术是台江苗族刺绣和服饰的重要组成部分，它是刺绣的花纹底样、蓝本和第一道工序，经过刺绣加工后，图案变得活灵活现。

图3-6　惊心动魄的舞龙嘘花

元宵舞龙嘘花：正月十五元宵节当天，台江县城大街小巷人头攒动，锣鼓喧天，各村寨的龙灯都汇集县城，各展风姿，这一天的舞龙活动十分特别，贵州有的地方有“炸龙”的习俗，台江的“舞龙嘘花”不仅独特而且惊险刺激。在舞龙队伍到来前，人们会事先准备好用火药、芒硝、铁屑等土法制作成的花筒等候，在不经意的时候点燃花筒，长蛇状的烈焰直喷龙灯，火花四溅在舞龙者身上，龙与火交织，场面乍一看十分吓人，却是有惊无险，舞龙者、嘘花者与现场群众无不欢腾，被誉为“勇敢者的狂欢节”。

3.2.4 主要景点

3.2.4.1 南宫森林公园

南宫森林公园为贵州省级森林公园，位于台江县南部台拱镇、南宫乡境内，由红阳景区和南宫景区两大景区组成。景色迷人，环境优美，融森林景观、人文景观和自然景观于一体，为游客提供游览观光、休闲度假、会议接待、森林游憩、寻古探幽的综合性森林公园。公园总体规划面积6128.08公顷，海拔大都在680~1000米，森林覆盖率达85%，群山叠翠，沟壑纵横，溪水潺潺，鸟语花香，是避暑、疗养的胜地，素有“绿色宝库”“动植物王国”之称。整个公园涵盖众多景观，有百里原始阔叶林画廊、红阳万亩草场、翁密河漂流等自然景观和苗族英雄包利王的坟墓、苗族起义军首领张秀眉练兵场、交下大本营、莲花屯土城遗址、古战壕和苗族古村寨等多处人文景观。

3.2.4.2 红阳万亩草场

红阳万亩草场是南宫森林公园内的重要景区，位于台江县台拱镇南部，雷公山北麓，距县城16公里，交通便利。整个草场由水中林、杜鹃山、蒿廊池、蒿廊峰、天蛙谷、掌水坪古战场等景观组成。草场面积约5万亩，其中连片草场3万亩；景区动物种类上百种，其中珍稀动物种类十余种；植物种类上千余种。土壤肥沃，草场为中上等牧草，环境优美、空气清新，台江至雷山西江旅游公路横穿而过。草场主要为山地灌丛林草地，四周分布有保护完好的原始森林，下半山林木葱葱，上半山青草苍翠，线条清晰可辨。

图3-7　草场牧野

现在山上还修建有风力发电站，巨大的风力发电机已然成为草场一景，山顶上还有一天池，不论旱涝时节，池水始终不干不溢，十分神奇。草场海拔大都在

图3-8 风力发电机成为草场新景

1200~1500米，草场最高海拔1760米，东西长10余公里，整个草场绵延起伏，气势磅礴，每当旭日东升、夕阳晚照、云移峰动或是雪景、雨凇出现之时，是观草场景观、森林景观、气象景观等的良好场所，素有“南国天山”之称。

3.2.4.3翁密河漂流

翁密河苗语意为“母亲河”，位于雷公山北麓，地处台江县南宫森林公园内，距台江县城28公里，全长200余公里。河水清澈见底，整个流域为原始森林覆盖，所开发漂流河段长8公里，河水洁净，起漂点是优美的交密古苗寨，海拔680米，终点是南宫乡政府所在地，起漂点与终点的落差达40米，有23个激情浪滩，漂流时间约2小时，流水时急时缓，漂在其中，有惊无险，因漂流河段沿途两岸草木葱茏，被誉为“森林之漂”。

3.2.4.4施洞镇

施洞镇位于台江县北部清水江畔，距离台江县城38公里，与黄平、镇远、施秉三县毗邻，是台江县重要的古代集镇，也是贵州省重点打造的100个特色旅游景区之一，以其丰富多彩的节日文化、多姿的传统工艺品而闻名，素有“歌舞海洋”“银饰之都”和“艺术之乡”之称，1994年被贵州省文化厅命名为“刺绣银饰剪纸艺术之乡”。清末民初，这里是清水江航运通往湖南和两广的重要码头和商埠，商贾云集，至今尚存有清朝和民国时期所建的“八大窨子屋”“两湖会馆”“苏元春公馆”和“一品夫人墓”等文物古迹。施洞镇的苗族银饰、刺绣艺术是台江民族文化的典型代表，苗族姊妹节和独木龙舟节举世闻名，苗族飞歌蜚声海外。施洞镇还有独特的民族饮食文化，有鲜嫩健胃的酸汤鱼，味美养生的施洞肉鹅等。施洞镇的民族风情和民族工艺品以其纯朴的风格、精湛的工艺，深受中外游客的青睐。

3.2.4.5长滩村

长滩村位于台江县老屯乡巴拉河畔，距县城20公里，距乡政府驻地3.5公里，是台江县休闲观光农业示范园区核心区之一。该村辖3个村民小组，308户1100多人，均为苗族。因长滩大坝盛产稻米，巴拉河水产丰富，长滩素有“鱼米之乡”的美誉。村里独木龙舟文化源远流长，以龙舟作为纽带，邻里关系和睦，每年农历五月二十五至二十七，清水江流域都会举行隆重神秘的“独木龙舟节”，长滩独木龙舟队先后夺得中国龙舟邀请赛独木龙舟组冠军、贵州苗族姊妹节独木龙舟冠军、施洞地区独木龙舟赛冠军等多个奖项，因此长滩还有一个响亮的名号——“中国独木龙舟冠军之乡”。作为中组部、省委组织部帮扶联系点，长滩人改革图强、锐意进取，全村的产业发展和村容寨貌近年来发生翻天覆地的变化。

通过创新发展思路，探索出了“十户一体”民主治村的新模式，每个主体由10多户村民组成，村民自己选出各自主体中有威信、有带动能力的人做“户长”，最初“十户一体”在户长带领下分别承担自家房前屋后和村里划定公共区域的卫生保洁任务，而如今“十户一体”模式从环境治理延伸至党建、民主监督、产业发展、公益事业、卫生整治等各个方面，居住相邻、技能相似和产业发展方向相同的农户捆绑成发展主体，“十户一体”联产业、联管理，实现了党建联体、监督联体、产业联体、公益联体、卫生联体、诚信联体、治安联体、文明联体，使基层管理由“人治”向“自治”转变，有效组织和动员群众抱团脱贫、携手致富。马铃薯种植、樱桃种植、黑毛猪养殖、莲藕养鱼、刺绣、山羊养殖等产业已在长滩取得蓬勃发展。

目前长滩及周边村寨“农文旅”一体化发展正不断深入，旅游资源互补性强，邻近

图3-8　长滩村门楼

望虎屯村200余亩百合竞相盛开后，盛夏时分可到长滩赏荷。长滩已引种秋阳、秋艳、秋玉、秋日、秋星等优质荷花品种60余亩，荷叶层层叠叠，荷花错落有致、争奇斗艳，成为长滩村夏日里最亮丽的风景。与在稻田中用褐红、淡黄、灰黑、粉白色等五彩水稻特意种植“书写”成的“天下苗族第一县——台江”9个大字相映成趣，9个大字覆盖62块稻田，布局面积约合1000平方米，气势宏大。历史上长滩十分富庶，多富商士绅，现如今有保存完好清代徽派建筑4栋，遗址2处，上百年历史的苗族房屋17栋，还建有独木龙舟文化陈列室等，当地民族优秀传统文化得到了很好的传承和弘扬。

3.2.5 风物特产

3.2.5.1 土特产品

“苗疆牌”金秋梨，取得了A级国家绿色食品标识证书和省优质果品称号。

“银角牌”苦丁茶，荣获中国保健精品金奖、贵州省优秀新产品奖等8个奖项，产品远销海内外。

3.2.5.2 特色饮食

糯米饭，是苗族主食之一，在苗族人民生活中占有重要地位，是男女老幼喜爱的日常食品，不用佐菜也能吃下，不用筷子，手捏着吃极为方便。凡走亲访友或是逢各种节日，多用糯米做成各种食品，有白糯米饭、五颜六色的花糯米饭，还有枕头形和三角形的粽子、糯米粑等，多用竹制小篓或盒子装盛。

酸菜，台江县境苗族人民喜食酸辣味汤菜，家家户户都有酸菜、酸汤和酸辣菜，苗族的酸菜味鲜可口，制作方便。人们将收割下来的青菜、白菜、韭菜、萝卜等洗净晒干，切细，调制糯米粉、糯米饭或米汤、辣面、盐水等与菜拌匀腌于坛内即成。生食可作劳作午餐的下饭菜，冰雪封冻时节可用来煮汤。平时煮新鲜蔬菜或瓜豆，掺以酸菜或酸汤，食后既可健胃生津，又可清火祛热。暑天将酸菜煮汤或将生酸菜泡以凉井水，是十分可口的解渴饮料。

炒香虫，苗族因多居住在大山深处，这些地方都自然栖息着各种虫类。他们选取其中的小部分作为食品，如昆虫类的大马蜂、花脚蜂、七里蜂、小米蜂的幼虫。每当他们发现这类蜂群的时候，便追

图3-9 有“黑暗料理”之称的炒香虫

踪找到窝巢，在幼虫较多的时候，掏窝取虫。有的则是天牛和蜻蜓的幼虫，天牛的幼虫为蛀虫，有松蛀、青杠蛀、丝栗蛀和葛藤蛀等，烹饪时有鲜炒、煲汤、焙干香炒，味道特别鲜美，富含蛋白质，外地来的朋友初次品尝还是需要一定的勇气的，一旦食后往往欲罢不能。

冻鱼，苗家时令菜肴，在隆冬季节，人们从田、塘或河沟里捕来鲤鱼、鲫鱼、青鱼等，将鱼洗净去杂，放入清水锅里烹煮，待七八成熟后，陆续掺入豆腐、山药根、冻菌、生姜、夜寒苏根（或花）至汤白浓稠时，再放入食盐、花椒搅匀，稍煮一段时间即连锅一起，置于阴冷的凉台上。经过了一夜的低温冷却后，即冻成一整块，用铲或刀划成小块，搬上餐桌，其味鲜美可口。尽管现在的冰箱也能达到冷冻的效果，但却不及这自然冷却后冻鱼的口感。

腌肉，是苗家地道美食之一，先将鲜肉切成片，用糯米粉与适量的盐、辣椒粉调匀，再佐以花椒面等在肉上，一层肉、一层糯米粉重叠放入坛内封好，半个月后便可取出加热食用，酸爽可口，唇齿留香。

3.2.5.3 手工艺品

银饰、刺绣、蜡染、剪纸等，打造有“苗人匠心”工艺品品牌。

3.2.6 旅游接待

320国道贯穿台江县境50余公里，距省城贵阳218公里，距州府所在地凯里50公里。沪昆高速公路穿境而过，清水江航运上可达都匀，下至洞庭湖。县内有三星级饭店2家。

3.3 温泉之城——剑河县

剑河县被誉为“仰阿莎的故乡”，是“国家水利风景区”“全国平安建设先进县”“国家西部地区生态文明示范工程试点县”“全国卫生县城”，被誉为“中国最美风景县”，是国家48个重点集体林区和贵州省十个林业重点县之一，作为黔东南的生态屏障，苗岭国家地质公园核心区就集中在这里。剑河少数民族文化历史悠久、风情浓郁，走进剑河，可以浴有“苗乡圣水”之称的温泉、品鲜香的清江河鱼、观精湛刺绣工艺、赏神秘祈福舞蹈，感受一座富有浓郁民族特色又充满着朝气活力的年轻县城的独特魅力。目前正着力打造“一城、一泉、一山、一湖、一村”五张旅游名片，推动旅游全域发展。

3.3.1 自然地理

剑河县位于黔东南中部，全县总面积2176平方公里，为山地性高原，境内山林密布，溪流交错，森林覆盖率达72%，木材蓄积量953万立方米，境内最高海拔1623米，最低海拔348米，气候温和湿润，年平均气温17.7℃，境内有贵州唯一的亚热带森林氧吧，百里原始阔叶林，面积约200平方公里。清水江、南哨河、巫密河、八卦河和仰阿莎湖纵贯全境，大小河流有334条，河流总长910公里，年平均流量26.4亿立方米。仰阿莎湖集山、水、林、寨等多种景致于一体，水域面积达85平方公里。剑河自然资源丰富，盛产松、杉、樟、楠等林木，有秃杉、鹅掌楸、红豆杉、水杉、剑柏、银杏等国家珍稀保护树种；有64类183种野生动物，其中猕猴、娃娃鱼、穿山甲等是国家重点保护动物。有钩藤、杜仲、厚朴、天麻、灵芝、黄柏等中草药材1000多种，其中植物类897种，动物类127种，矿物类1种，总蕴藏量达10余万吨，被誉为“药材之乡”；矿产资源富集，主要有煤、金、锰、铁、锌、水晶等7个矿种。

3.3.2 人口区划

剑河县总面积2176平方公里，总人口28万，以苗、侗为主的少数民族人口占96%，县辖仰阿莎街道，革东镇、柳川镇、南加镇、南明镇、岑松镇、太拥镇、磻溪镇、久仰镇、南哨镇、南寨镇、观么镇11个镇以及敏洞乡，有180个村、居委会，县政府所在地为革东镇。

3.3.3 历史人文

剑河在元代为楠木洞，属思州军民安抚司。明永乐五年（1372年）置亦溪南洞蛮夷长官司，属思州宣慰司；宣德九年（1434年）改隶黎平府。清康熙二十二年（1683年）废亦溪南洞长官司；清雍正七年（1729年）始设治，置清江协，同时设厅；雍正十年（1732年）置清江镇；乾隆元年（1736年）分天柱县丞驻柳霁（现南加镇柳基村），仍属清江厅；乾隆五年（1740年）改柳霁县丞为柳霁分县；宣统元年（1909年）改称理民府，仍属清江厅。民国三年（1914年）袁世凯下令重定全国县名时，因清江与江苏省清江县同名，若改成清水则与甘肃省清水县相重，于是取乾隆《清江志》中“清江古名剑河”之语，改清江厅为剑河县，并一直沿用至今。

剑河少数民族文化绚丽多姿，苗绣、苗族剪纸、苗族多声部情歌、苗族服饰、苗族神话叙事歌《仰阿莎》、革东苗族飞歌、苗族银饰锻造技艺等项目先后被国务院公布为国家级非物质文化遗产。这里的少数民族村寨古色古香，点缀在高山密林之中，呈现一派人与自然和谐共生的景象。2011年，洞脚、小广村获贵州省“魅力侗寨”称号，

2012年，久吉、展溜苗寨被国家文物局公布为《中国世界文化遗产预备名单》。近现代历史上，坐落在仰阿莎湖畔的柳霁古城见证了清代苗族起义攻城的往事，是省级文物保护单位；在凯寨、大广坳的红军战斗遗址记录下了1934年红六军团西征先遣队的悲壮故事，至今广为传扬。

鼓社：苗族以血缘或地域聚族而居住，逐渐形成鼓社这一社会生产组织，沿袭至今，目前虽已失去其原有的生产组织作用，但仍传承祭祖、娱乐的功能，鼓主不享受任何特权，也没有任何报酬，在寨中享有较高的声望。而在侗族社区，类似的"鼓社"组织则称为"款"，是防御外族入侵和处理内部纠纷的社会组织。

剑河现代民间画：民间画俗称农民画，在岑松镇温泉村有着悠久的历史，据说已经流传200多年，在20世纪80年代末通过当时的县文化馆美术干部、乡镇美术教师不定期来到岑松镇温泉村等地组织村民和学生进行培训，现代民间绘画技艺得到进一步的提升，近30年来，参加创作培训的学员有300余人，创作作品近千幅，部分作品在省级以上报刊发表，并入选大型画册《中国现代民间绘画选萃》，多次获各级各类奖项，并被国内外艺术机构和私人收藏。1991年，剑河县被文化部命名为"中国现代民间绘画画乡"；2008年10月，被命名为"中国民间文化艺术（现代民间绘画）之乡"称号。

仰阿莎：汉译为"清水姑娘"，被誉为"苗族美神"，《仰阿莎》是黔东南苗族地区广泛传唱的一首苗族神话叙事歌，流传于清水江流域中游，苗族进入黔东南境内的历史较长，因生长环境不同、支系不同，因而《仰阿莎》的具体内容有多个不同的版本，其中剑河县境内下江苗（锡绣苗）聚集区流传的仰阿莎的故事充满了农耕文明时期浪漫的田园色彩。光名称就各有特色，有的地方称其为"仰欧桑"，有的叫"仰欧瑟"，等等。黔东南州歌舞团综合各地的传说故事进行了整理，通过重新梳理演绎，很好地诠释了仰阿莎善良圣洁的女神形象。传说仰阿莎从水井里出生，长大后变得非常美丽，鸟兽喜欢与她为伴，方圆百里的小伙子都十分倾慕她，主动追求她，但仰阿莎只和他们友好相处，却没有接受他们的爱情。后来天上的太阳看中了仰阿莎，看着在游方场上翩翩起舞的仰阿莎，太阳情不自禁跟她一起来踩鼓，最后两个人游方、恋爱，太阳最后迎娶了仰阿莎。太阳婚后整天忙于公务，冷落了美

图3-10　广场上仰阿莎塑像

丽的妻子，为处理部族的纠纷他去到了西方，一连六年都不能回家，仰阿莎就这样寂寞又痛苦地生活了6年，但她始终无怨无悔。但是内心邪恶的乌云却在太阳面前搬弄是非，说仰阿莎不甘寂寞，与家里的长工月亮渐渐好上了，太阳愤怒至极，于是决定返家一探究竟。在回家的路上，太阳看到了路旁的枫香树挂满了密密麻麻的彩色丝带，因为他走之前，仰阿莎曾与他约定，当思念太阳的时候，她就会在枫香树上挂一条彩带，好让在西方的太阳能够看见，但仰阿莎太思念太阳了，彩带不经意间挂满了枝头。太阳看到这些随风飘荡的彩带，想想自己的爱人对他的思念和祈祷，他生气自己为什么不信任仰阿莎，还误会她。愤怒的太阳于是失去了理智，放出万道金光，把进谗言的乌云杀死了，太阳的光芒使得大地燃烧起来，人们无论怎么办都不能灭掉。看着失去理智的太阳，水做的仰阿莎决定投入太阳的怀抱，拯救苍生，唤醒自己的爱人，乡亲们不希望仰阿莎牺牲自己纷纷拦住她，但仰阿莎为了天下的大爱，为了心爱的太阳，毅然投身过去，太阳苏醒了，大地也得救了，但是仰阿莎却烟消云散永远地离开了。

嘎百福：苗族的传统曲艺，现如今它的另一个功能是当地邻里间发生纠纷后的“劝和歌”。如果寨中有人发生矛盾，则由寨中有威望、会摆古、能唱歌的人邀约双方进行调解，以歌唱的形式进行说服劝解，消除矛盾。

跳桃花洞：傩戏的一种，属巫傩，每年农历七月十一至十五举行，由民间巫师主持，把跳桃花洞的人用帕子将脸罩上，然后由巫师焚香念咒，对其喷水，据说当事人随即如入桃花洞，弹跳而起，双手拍膝，念念有词，在场的人则向跳桃花洞者询问家中去世老人的过往情况，或是问自己的事业、姻缘，以此寻求心灵的慰藉。最神奇的是，有的人本来就五音不全，不善歌唱，但跳桃花洞时却歌如泉涌。随着经济社会的发展，人们看待这一现象也更趋理性，现在人们更多地把它当作一项娱乐活动，从中体验快乐。

锡绣：锡绣工艺工序繁多、做工讲究，苗族少女多从母亲那里传习而来。锡绣样稿不同于苗族其他刺绣种类所用的剪纸或手绘底稿，而是临摹传承，女子出嫁时，母亲将绣好各式传统图案的绣片作为陪嫁物相赠，世代沿袭。2006年，以锡绣工艺为代表的剑河苗绣被国务院公布为第一批国家级非物质文化遗产。锡绣工艺独特，技术性强，耗时长久，该支系的苗族少女在婚前多不参加繁重劳动，闲暇之余，三五成群聚在一起，精心为自己绣制嫁妆，仅饰品的前裙片与后裙片及背部饰件在图案和工艺流程上就不尽相同。前摆的制作是先在未经浸染的白色家机布上用黑色棉线将图案绣成，然后浸染浆制，最后将图案上的棉线挑出，再用锡丝将其穿扣并镶边而成；而后摆及背搭所用的面料则是用预染好的暗色调彩棉线按一定的图纹织成。底纹绣制分两道工序，先用单色棉线按传统图案刺绣，然后用彩色丝线在图案的空隙间补绣花饰，最后用锡丝沿单色线图案穿扣完成，其效果是在锡纹的间隙中还可见到丝线绣制的彩色暗花。锡绣所用的锡，

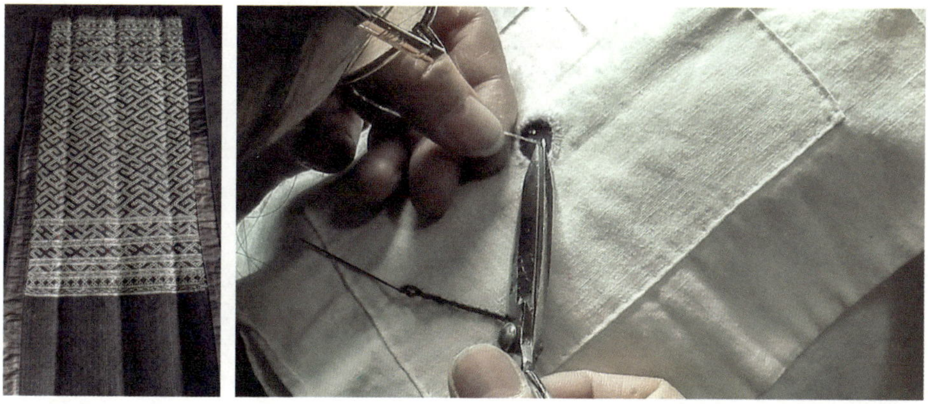

图3-11　土布与锡箔片的完美演绎——锡绣

早期人们多从货郎手里购置，现在有专门的锡业公司提供，使用前将锡锭热溶后浇在平整光滑的石板上，通过反复锤炼成薄片，然后剪制成锡丝，用穿扣的手法绣制图案。

红绣：顾名思义即以红色为主色调的绣品，用以红色为主的彩色丝线或毛线在预先浆染好的土制面料上绣制而成，同时还配以黄、绿、蓝、青、紫等颜色，白色镶边，满满地装饰于胸、襟、肩、背、袖及衣边和裙。与其他地区苗族服饰相比，红绣既红且满，特别是在裙饰上，前后片见不到一点面料的底色，因此色彩更显热烈而奔放。上装所饰多用方形块状图案经白色镶边组合而成，并与上衣缝贴在一起；而裙装上的绣件则较多使用菱形，为独立的绣片，系于腰间，随时可以撤解。红绣图案在内容上不尽统一，全凭想象描绘而成。传统刺绣一般使用丝、毛和棉三种线进行绣制，有的同时还缀以一些铜钱、羽毛或其他装饰品，其技法纷繁多变，就其最基本的技法可分为平铺绣、辫绣、挑花、锁丝绣、锡绣等，红绣的针法则基本上以“平铺”“挑花”为主。刺绣的内容主要源于自然界的花、鸟、虫、鱼、兽、山水、祥云等及神话传说中各类事物，再凭借想象通过具体图案或抽象的几何纹表达出来。

水鼓节：因节日里，人们会在水田中击鼓欢跳舞蹈而得名，其舞蹈形式俗称“水鼓舞”，起源于革东镇大稿午村村民们的祭祀祈雨活动。水鼓舞是一种以祭祀祖先，祈求风调雨顺、村寨平安的水、鼓、舞相结合的原生态舞蹈，已有600多年的历史。相传，很久以前，大稿午村久旱不雨，溪河干涸，庄稼绝

图3-12　苗家女绣红装

图3-13 苗族群众欢跳水鼓舞

收。村内有位叫翌仲的老人为寻找水源，来到现如今节日里起鼓的地方掘井取水，不慎被坍塌的山体掩埋。当晚他托梦给子女说，此地甚好，就让他在此长眠。第二天，晚辈们根据他梦中所托，带上祭品前去祭奠，在坍塌山体旁有一个泥潭，大人、小孩不由自主地跳入泥潭中嬉戏，就在这时，只见一条蛟龙从潭中飞跃腾空，随后乌云密布，普降甘霖。自此以后，每遇久旱不雨，当地村民们即相约至此焚香烧纸，戏水娱龙，逐渐成为当地的习俗。每年农历六月第一个卯日后的第一个丑日举行“起鼓”仪式。当日上午，当地众多中年男子身着女人衣裙，头戴破斗笠，倒披蓑衣，脚穿棕鞋，敲击木鼓，并牵着一只绿头公鸭、抬着箩筐、酒坛出发，逐户上门“走寨”，将各户捐赠的祭品和香纸收集起来后，众男子抬着收集到的祭品至村前的小溪举行“起鼓”仪式。“起鼓”仪式由村中一位德高望重、家中人丁兴旺的老人主持，“起鼓”时，寨老右手持刀，左手提鸭，念咒过程中将鸭宰杀，并将鸭血洒向四周，众人则在一旁酌酒、焚香、烧纸、虔诚跪拜，随后，参加“起鼓”仪式的众男子会煮食鸭肉。祭祀完毕，由两名男子将木鼓抬到水中木台上敲击，众人围之踩鼓。人们欢呼雀跃，嬉戏打闹，感念天恩，相互祝福，其间人们会用田泥涂抹对方，以示祝福。2009年8月，以大稿午苗族水鼓节为素材创作的《剑河苗族水鼓舞》获“多彩贵州”舞蹈大赛原生态舞蹈铜鼓奖，同年10月，被贵州电视台选送参加第五届CCTV电视舞蹈大赛获群文组金奖，2011年12月，应邀参加央视七套全国农民春节联欢晚会节目录制。其间曾先后赴加拿大、中国台湾和上海世博会演出。

苗族土布：土布制作技艺是苗族早期手工业文明的重要成果，它全面并原汁原味地再现了人类早期手工纺织业的发展过程。迄今生活在剑河的苗族女性，仍按照苗族民间传统，自幼便耳濡目染，从上辈女性那里承袭了传统的种、纺、织、绣、染等手工技艺，并于婚前自制好自己的嫁衣。传统的苗族服饰面料略有反光，呈紫红色，俗称“亮布”“茄叽布”，“茄叽”为苗语，意为化香树，因多为家庭自织，也称“家机布”。

高坝赶歌节：高坝位于磻溪镇东南部，处于剑河县、锦屏县、天柱县三县交界点，距磻溪镇政府所在地18公里，全村有两个自然寨160多户，700多人，基本上是侗族。

高坝赶歌节，在每年的七月二十举行，活动当天，湖南及锦屏县、剑河县、天柱县交界地区的一万多群众会聚集到高坝村。高坝歌场是中国北部侗族方言区民歌的发祥地之一，歌场位于高坝村“高坪颂”大草坪，草坪呈半圆形，长着柔软的马鞭草，坡后是连绵的风景林，环境清幽迷人。据说赶歌节已经延续了150多年，每次歌节开幕，都会以一曲《吴承祖与肖玉娘》向人们诉说高坝赶歌节的由来。相传清朝咸丰、同治年间，高坝后生吴承祖和姑娘肖玉娘是这一带著名的歌师，两人自小青梅竹马，成年后渐渐相恋，两人曾约定在七月二十当天成婚，但是正逢地方大军攻打锦屏、剑河交界的侗族地区，高坝人积极组织地方团款进行抵抗，吴承祖也因此加入到队伍当中。在参战之前，吴承祖和肖玉娘来到大塘定下了终身，但战斗过后，吴承祖却杳无音信，生死不明。到了七月二十那天，肖玉娘独自来到大塘边等待吴承祖，但终究没有等到，想到自己的爱人或许已经阵亡，她痛哭起来，忍不住唱起了悲切的情歌，寨子里的人非常同情她，也就纷纷围拢过来用歌声安慰她。之后，每年这个时候情比金坚的肖玉娘都要来这里歌唱怀念情郎，这一唱就是60年，姑娘小伙们陪她唱歌也逐渐成为习俗延续下来。为纪念这对有情人，每年农历七月二十都要“赶歌场”唱歌，这一天也成为男女青年谈情说爱的日子。

3.3.4 主要景点

3.3.4.1 剑河新城

2007年，随着三板溪水电站建设的推进，有着近300年历史的剑河老县城被回水所淹沉入江底，原县城1.57万居民及县直机关单位整体迁入革东镇，通过整体规划，高标准、高起点建成“现代化的极具苗、侗民族特色的山水园林旅游城市”，由此诞生了当时在中国最年轻的县城。新县城逐年发展变化，整体风貌不断提升，目前城区面积已拓展到5.06平方公里，苗侗民族风格的建筑整齐划一，青砖灰瓦、飞檐翘角的苗侗元素极具特色，是云贵高原的一颗新的明珠。剑河新城是中国最年轻的移民县城，近年来，剑河县按照“一流温泉、一座新城、一条清江、一片森林”的规划，围绕“极具苗侗特色的森林温泉湖滨旅游城市”建设具有民族特色文化旅游城市。

3.3.4.2 仰阿莎湖景区

仰阿莎被奉为苗族的美神，在清水江河畔流传着关于她动人的传说，因此三板溪电站蓄水形成的山区湖泊取名仰阿莎湖，主航道130公里，支航道120公里，平均水面宽360米，最宽水面1500米，总面积85平方公里。湖区风光有柳川水上游乐中心、巫包苗族红绣、绕号苗族锡绣、巫山峡谷、南寨白水洞瀑布、天堂界风光、柳基苗族古城、雷打塘、南加平湖、康中水上度假区、巫沙度假区、青山界风光等，是一个集民族风

图3-14　泛舟雷打塘

情、自然风光、水上游乐和人文景观于一体的休闲旅游胜地。

3.3.4.3 雷打塘

雷打塘位于剑河新县城东南116公里，距南加镇4公里、仰阿莎湖1公里，海拔559米，水域面积15.1万平方米。据地质部门勘察，雷打塘形成至今有4000多年的历史，因为一次巨大的山梁崩塌将溪流阻截而成，至今，塘边寨后山如刀劈斧削般的绝壁上断裂痕迹仍清晰可见。雷打塘由姑塘、嫂塘和狗塘组成，湖面宽阔，深不可测，在三塘毗连的沙洲水底，有五眼水量不等的冲天泉，平时因水面压力大泉水未能喷出水面，但可见湖面上有呈放射状的粼粼波光，涨水时三塘连成一片，枯水期又各自成塘。湖水长年不涸，遇旱不干，水患不溢，绝壁、梯田、绿树、木楼倒映湖中，湖水悠悠，微波荡漾，景色宜人。雷打塘有著名的四景，即浊涛雪兆、水上霓虹、湖中喷玉和塘中现物。其中最著名的是浊涛雪兆，在冬天下大雪之前，塘中水会由清变浑，当地有“嫂塘浑，下大雪；姑塘浑，结成冰”的说法，冬季下雪一周前，湖水必突然间浑浊起来，在湖水逐渐变清后，必然冰雪消融。当地百姓掌握了这一规律，每遇湖水浑浊，即抓紧备好过冬柴草，以安稳度过凝冻期。这奇特的自然现象，至今仍是一个未解之谜，当地也有学者从湖底的地质构成研究过，认为是湖中的鲤鱼搅动黄泥和沙石造成的。

延伸阅读

“雷打塘”传说：相传雷打塘原本是一个千户苗寨，寨中有个叫陶八的财主，为人狠毒，经常欺压乡邻，压榨百姓，大家生活十分艰难。陶八家大业大，挥金如土，老人住着“享福楼”，儿媳住着“清心楼”，女儿住着“绣花楼”，连看门的狗都有自己专门的住所，名为“报醒楼”。尽管生活优越，但家中并不和睦，儿媳和女儿之间不和，姑嫂间从不愿意主动沟通交流，都是叫狗来传递信息。天神看到千家寨的种种境况，十分生气，于是一天傍晚，他化身为一个衣着破烂、满身脓疮的老太婆到陶八家借宿，被陶八的下人打骂出来，还放狗咬他，问过九百九十九家后，没有一家愿意借宿，最后是一杨姓人家接纳了她，并为其熬药清洗脓疮，将其待如亲人，神仙很感动，对其家人说："今夜三更会电闪雷鸣，有暴风雨来临，你和家人切不可出门。"主人诧异："今夜星灿月明，并不闷热，何来大雨？"老太婆不再答话，只催其家人早歇。待到三更，果然狂风暴雨，电闪雷鸣。杨家人照老太婆的吩咐，闭目躺在床上只待天明。风停雨歇时老太婆已不知去向，杨家人推门一看，不禁大吃一惊，自己居住的房屋竟被狂风卷到了后山上（即为现在的"翻家寨"），原寨址已变成了三口汪汪大塘。如今，人们还在湖边发现有大量的瓷器、瓦砾、阴沉木及石碓、石磨、石粑槽等，正印证了这一带流传的"雷劈千家寨""塘中借碗"的故事。据此推测，4000多年前应确有传说中的"千家寨"。

3.3.4.4 百里原始阔叶林景区

景区位于剑河县南部，横跨久仰、南哨、太拥三个乡镇，蜿蜒百里，因此得名，其总面积约200平方公里，是迄今贵州省保护最完好、面积最大的亚热带原始阔叶林区。景区内古树参天、遮天蔽日、溪水清冽，民族村寨掩映其间，有国家重点保护的珍稀动植物40多种、野生动物50多种，有巫密河、太拥河、老山界、八万山和18平方公里的鹅掌楸自然保护区，久吉、反召以及久脸苗族分迁遗址等著名景点，是一片远离尘世喧嚣的神秘净土，适宜休闲度假，是康体疗养的天然氧吧。景区内百年以上的冠状树木成片成林，最为奇特的是尽管地势崎岖，但参天古树随处可见，无论悬崖峭壁还是巨石缝中，古树都能顽强旺盛生长。

3.3.4.5 八万山

八万山位于剑河县的西南部，与雷山、台江、榕江三县接壤，与雷公山自然保护区连成一片，是剑河百里原始阔叶林景区的重要组成部分，森林面积达13平方公里，林木繁盛，风景秀丽，瀑布叠生，野生珍稀动植物种类繁多。有林海日出、百米高瀑、千米斜滩瀑布、云锁群峰、摇钱神树等景观，四季景色各有特色，是避暑休闲的绝佳去处。

图3-15　百里原始阔叶林

3.3.4.6 老山界

老山界地跨雷山、榕江、

剑河、黎平四个县，主峰位于剑河南哨镇境内，海拔1589米，距县城约80公里，老山界山脊为长江流域和珠江流域分水岭，同时也是黎平与剑河的县界。老山界因原始森林茂密，且由来已久而得名，从界顶到山腰都是茂密的原始森林。从老山界的支脉算起，由十里青山、一夫峰、龙角峰、界板冷竹四大景区组成。密林深处藏有“十里青山”“一夫峰”“龙角峰”“界板冷竹”“峡谷青峰”“峭壁飞泉”“绿色蘑菇”“龙角二柱”“龙须二束”等景观，景中有景，景景相连，特别是奇境“一夫峰”，一峰从江边崛起，直耸云霄，扼于两江之要塞，有一夫当关万夫莫开之天险。老山界原始森林密布，植被垂直分布明显，山下以针叶林为主，半山腰以阔叶林和冷竹为主，1400米以上地区多为灌丛、草甸，仅木本植物就达370多种，其中鹅掌楸天然群落最具保护和科研价值，还有三尖杉、马尾树、钟萼木、桂南木莲、凹叶厚朴等珍稀植物，为生物多样性自然保护区。这里不仅有迷人的风景，还有着英雄的故事，1934年12月，中央红军第一方面军途经剑河，曾与南哨一带的地方武装进行激战，在当地苗族群众的掩护下，红军最后翻越了老山界成功突破包围。关于红军的故事在这里广泛流传，其中一个就是“苗人义胆埋忠骨”的故事，说的是一个来自江西的红军小战士，因身负重伤掉队，被南哨绅团民兵抓住后杀害并扔弃在路边，还严令周边的乡民不得给他收尸，后来是一个叫杨老苗的苗族老乡不惧生死把战士的尸体偷了出来，在清理衣物的时候从战士身上发现一块银元，杨老苗用来购买铜钱、香纸、祭品，邀上乡亲们把小战士掩埋在小九当北面的小山包，并给他举行了一个小规模的秘密葬礼。

3.3.4.7 剑河温泉旅游区

剑河温泉旅游区位于剑河县城6公里的320国道公路旁，交通便利，是贵州省重点打造的100个特色旅游景区之一，目前已建成温泉小镇，对温泉功能区进行扩建和完善，温泉小镇环境美、功能全、档次高，是剑河温泉提档升级的重要举措，也是剑河旅游的新亮点和新品牌。温泉小镇的核心区总占地约445亩，建有五星级园林温泉酒店、苗家温泉乐园、温泉风情街等，苗族文化风情与温泉文化元素在小镇深度的融合，集主题客栈、苗族裸汤、特色购物、民族演艺、地方美食、苗家汤宿和温泉博物馆等项目于一体，温泉康养已成为贵州大健康产业的重要组成部分。

早在1989年剑河温泉就已经开发成温泉浴场，原有温泉眼10余口，现存泉眼6口。泉水晶莹清澈，每秒流量10升，各泉眼温度不同，在38~50℃，温泉含微量放射性元素——氡，故称之为氡泉，为国内稀有的氡硫温泉，日涌水量1800吨，富含氡、硫、铁、钾、钙等40多种元素，其中氡含量1.99马赫 / 升，硫含量为2.56毫克/升，其理化指标与法国著名的维希温泉相似，适宜疗养健身，对消毒、美肤、祛疾有显著的疗效，自古就享有“苗疆圣水”之美誉，在当地有“泡温泉、浴圣水、享健康”的说法。

3.3.4.8革东寒武纪古生物化石遗址

革东镇八郎村古生物化石群遗址距今5.3亿年，属早、中寒武纪时期，是世界寒武纪生命大爆炸的三个遗址之一，化石群景区面积59000多平方米，是黔东南苗岭地质公园的核心区域，内含“两个世界级生物群”和一条潜在“国际层型候选剖面”，具有极高的科学研究价值，是全人类共同的珍贵遗产。动物群时代介于云南澄江动物群和北美布尔吉斯动物群之间，生物化石门类众多、数量丰富，有三叶虫、疑源类、双壳类、遗迹化石和棘皮动物、触手动物、多孔动物、刺胞动物、原体腔动物、腕足动物、软体动物等11个门类、168属、500余种，对我国乃至世界研究早期原生动物的产生、演化、扩散及生命的起源具有极其重大的意义，被国内外专家赞誉为“古生物化石的摇篮”。

3.3.4.9柳基古城垣

位于南加镇柳基村，柳基古城垣又名柳霁汛城或柳霁分县，是清朝雍正年间(1729—1734年)，政府对清水江流域的苗族大举用兵之后，为有效进行统治而设的一座分县城，雍正十二年(1734年)建土城，乾隆二年(1737年)改建石城，乾隆三年(1738年)竣工。据《剑河县志》记载，“闰正月二十二，李洪基率义军攻占柳霁城。代理通判、县丞沈士瀛及官军等被全歼”。据说，苗族义军攻打柳霁城是一场恶仗，现存残缺的城墙就是当时义军攻城的遗迹。城墙依山而建，南高北低，用方形大青石料砌成，周长1194米，墙高5米，墙基厚5米，墙顶部厚3米，可供士卒在墙头自由行走，可警戒、能作战。古城设有东、南、西、北四门，门中通道现在还可以看到装门板用的转轴圆孔、装栅门用的方形栅孔。南门通道口有一堵挡墙，需拐弯通行，古人认为若南门直通，则城内易有灾祸。整个城墙曾设有炮台6座，城内有清代古城历史事件碑文16块，有由北向南、由低向高的大青石质阶梯300米。柳基古城垣由于地处偏僻山村，受现代化建筑形式及生活方式影响较小，所受到的侵扰和破坏少，目前已成为省内保存历史风貌较多的苗疆古城。古城遗存的文物除了城墙、城门、炮台之外，还有慰文碑、县衙碑、甘棠遗爱碑等，有着较高的历史和研究价值，慰文碑还是省内难得的记录清代科考制度的实物资料。

3.3.4.10昂英

昂英位于太拥镇，地处雷公山国家级自然保护区腹地，剑河、台江、雷山、榕江四县交界处，有昂英、昂宿、桥水三个自然寨近200户，1000多人，这里原始森林密布，溪流纵横，瀑布成群，属雷公山国家级自然保护区核心区，秃杉、青钱柳等珍稀树种集中连片成林。昂英作为雷公山苗乡十景之一的“聚散遗址”，是苗族第五次大迁徙最后的集结地，在苗族古歌歌词中就提到先迁入昂英，而后分出了九股苗族支系，昂英苗语古称“西化”，意思是特别令人向往的地方。至今黔东南境内各县苗族、周边省份

图3-16　昂英秃杉王

以及缅甸、泰国的部分苗族在丧礼法事中，还保留着回归迁徙路线的礼俗，要请巫师将死者灵魂送回“九山”升天，即“过阴”，过不去的说明巫师道行不深，这“九山”就是现在昂英北面的山坡。在昂英有着浓厚的“龙”情节、“龙”崇拜，每年都会举行盛大的拜龙神、祭龙坟仪式，在龙坟还能清晰地看到“龙来龙献早，虎来虎献身”的碑文。相传当地苗族首领在一天夜里梦见薅菜冲龙潭里的一条龙为了争地盘与其他的龙在打斗，已经斗死了九十九条龙，其中有一条赤龙很厉害，估计斗不过它，请首领赶紧带人赶到榕江的崩坡塘来助它一臂之力。第二天首领带人到达崩坡塘，但湖面平静，不见龙的踪影，于是无奈返回。当晚那条龙又托梦来，说它已经战死，请首领带人把它抬回安葬，首领带人再次赶到崩坡塘时，从水里浮出一具犀牛尸体，人们认定它就是龙的化身了，于是就抬回家安葬在九山前，据科学考证，早在唐宋时期这一带确实有犀牛活动，也有传说当时的水里浮起的犀牛可能是神兽麒麟。现在每到祭龙的时候，人们会将精心制作的木雕双龙，供奉在大秃杉下面，焚香祷告，围着双龙跳芦笙舞。

3.3.4.11小广

小广侗语意思为“最大的寨子”，位于磻溪镇的西南面，由前锋、光芒、团结3个自然寨组成，有700多户，3000多人，自清乾隆时期以来一直是剑河县最大的侗寨，至今建寨已有600多年的历史，相传祖辈为躲避战乱从江西吉安迁入。据说，到小广要完成三件事才算不虚此行，一是看风景，二是闹婚礼，三是听侗戏，尤其是小广的婚礼，一年才一次，极为难得。整个寨子古色古香，房屋依山而建，布局合理而且清静典雅，房前屋后栽种有桃树、李树、杨梅树，寓意丰收在望、硕果累累，寨边有巨幅的古树，寨中小溪两岸有几丈高的芭蕉，恬静清幽，有“宜居村”之称。从古至今小广人十分重视村容寨貌，家家户户自觉爱护环境卫生，人们通过兴建石拱桥、石板桥、小石路把整个寨子都连起来，所以无论是晴天还是雨季，行走在小广寨中，“道不起灰、路不带泥”。由于地处南部方言侗族和北部方言侗族文化的交叉地带，在历史的发展过程中，外来文化沿清水江进入这一地区，多元文化在这里交融和渗透，又因特殊的地理位置，使小广形成了一个相对封闭而又独特、稳定的侗族文化圈，保留着极富传统、丰富多彩的民族民间文化，民风民俗淳厚古朴。有“采桑节”“采葛节”“吃细鱼节”等传统节日。节日里人们传唱侗族情歌、酒歌、叙事古歌。这些节日最为特别、最为热闹的就是“十月头卯迎新娘”，外界称之为“小广集体婚礼”，这种集体婚嫁习俗在这里世代相传。相传，以前寨子里规定同寨男女不能通婚，男婚女嫁都得远到天柱县的告怀、地亚等地，因山高路险，路途遥远，而且将来走亲访友也非常不便，经常发生以死抗婚的现象。后来，寨老告元包和海元岁提出了寨内通婚的意见，于是邀约大家集体商议，达成一致并修改村约，“只要不是近亲，邻里左右，寨内的适龄男女均可通婚”，并砍牛立誓，破除了同寨不通婚的旧习，促进了村寨和谐。就在当年，全寨的青年在农历十月头卯举行婚礼的就有72对，随后每年的这一天便成为小广嫁娶的佳期吉日。集体婚礼活动历时三天，热闹异常。我们今天倡导文明婚俗、节俭婚庆，早在几百年前，小广人就已经预见并提前践行了这种风尚。

小广的侗戏也是有声有色，侗戏平时不演出，只有在过年、过节时才演出。尤其是每年农历二月十九、六月十九和九月十九的庙会，集聚了邻县邻寨的几千人来观看侗戏表演。在开台演出之前要进行一些神秘的祭祀仪式和巫术表演，要杀一只公鸡祭祀先祖，同时焚香、烧纸以示驱赶了妖魔鬼怪，演出才可开始。演出结束后，同样还要设坛“清扫”演出场地。侗戏是外来的文化，但经过与侗族传统文化的融合发展，现在小广侗戏已自成一体，具有独特的韵味。小广侗戏有一整套独具特色的唱腔。侗戏的唱腔分为弹腔、汉腔、奏云飞、古奏吟、香罗代及快板、慢板等形式。在演出时，表现朝廷文官对话的场面唱弹腔，表现武官出场和相互较阵的场面时唱汉腔，表现游玩和娱乐时唱奏云飞和古奏吟，表现悲哀和诉苦时唱香罗代。侗戏演出的主要内容源于汉族历史故事和古典小说人物，如《三国演义》《薛仁贵》等。

3.3.4.12 基佑

基佑苗寨距离县城36公里，大寨和小寨共有202户，近1万人，基本是苗族，是黔东南州的“文明村寨”“卫生村寨”。在黔东南“山”“寨”是不分的，因为在早些时候，迁徙到这里的苗族人为了避难只能选择居住在深山，在剑河，许多的民族村寨也多是坐落在山林之中，所以寨子成了山的另一道风景。相传基佑的先祖就是从江西迁来的，“基佑”这个名称就包含了两层含义：一是西迁而来；二是苗族的一个小部落，“佑”有“小”的意思。整个基佑被参天的古树环抱，“树在房前、林在屋后”，天人合一。寨内古树繁盛，因为苗族人对古树有特殊的情感，既有自然的崇拜，也饱含了苗族人的感恩情怀，因为大山和茂密的树林让苗族人远离了战乱，能够平静地生活，所以逢年过节人们都会自发地拜树祭树，但凡有的家里小孩身体不好，大人就会在寨里选一棵高大茂盛的枫树来祭拜，等同于有的民族小孩认“干爹、干妈”的风俗，以此寄托希望庇佑小孩能健康成长。基佑的多声部情歌也十分特别，被誉为“大山里灵魂的歌唱”，徐沛东等著名音乐家都曾到过这里采风，专门对多声部情歌开展研究。寨子里有过“招龙节”的习俗，招龙的目的是请祖先神灵来庇佑山寨乡民，一般3~5年过一次，如果遇到自然灾害或是不吉利的事情，寨子里也会举办“招龙节”来驱灾避祸。招龙时，要用大水牛来祭祖，以表示诚心。寨子里节日很多，一般在撒谷种以后就要过节，家家户户要打糍粑；插完大秧时会过卯节，要蒸糯米饭；等到秧苗长到一寸长时，青年男女要过姊妹节，吃乌米饭了。

基佑至今仍保持着传统的种养殖习惯，因地理位置独特，自然环境良好，这里的农产品也独具特色，比较有代表性的就是香猪和朝天辣。这里的香猪个头偏大，不同于剑白香猪和从江香猪，肉质非常鲜嫩，十分畅销。这里的朝天辣，除了辣味纯正外，据科学检测，它比其他地方的同类品种还要多一味“香料”。寨内有一片枫树林，每年的3—4月，上千只白鹭不约而同聚集到这里，形成一道奇景，这期间人们喂养的田鱼有许多会被白鹭叼食，但当地人从不伤害它们，演绎一派人与自然和谐共生的景象，当地和周边的人们也逐渐乐于“春到基佑去看鸟”。

3.3.4.13反召

反召距离南哨镇政府有7公里，距剑县城68公里，是进入雷公山腹地的重要中转站，整个寨子有80多户人家，有近400人，其中95%是苗族，寨子位于尖峰岭下，巫密河畔，空气清新、环境优美，房屋依山而建、鳞次栉比，民族文化保存完好，还入选了国家级传统村落，是贵州省“四在农家·美丽乡村”的示范点，有“水墨反召”的美誉。反召的荷花池是寨子的一道重要的人文景观，人们希望子孙后代能像荷花一样高洁，清白做人，所以当地人把荷花池称为“正身池”。反召村世代团结和睦，邻里间极少发生纠纷事件，当地人淳朴善良、热情好客。

图3-17　水墨反召

发源于雷公山的巫密河绕寨而过，被反召苗族视为母亲河，河边有一棵千年榉树，整棵树朝河的一边倾斜，仿佛是代表反召人在给巫密河深深的鞠躬，因此老人们把这株千年榉树称为“谢恩树”。巫密河清澈见底、水流平缓、河岸宽阔，十分适宜开展露宿、垂钓、烧烤、游泳等娱乐项目。反召节日众多，节日里跳芦笙、斗牛，尤其是在河边沙坝的斗牛场斗牛能给人们带来有别于其他平地斗牛不一样的观感体验。

图3-18 隔岸远观巫沙苗寨

3.3.4.14 巫沙

剑河旅游可分为山线、水线和风情线，巫沙苗寨是剑河水线旅游的典型代表，苗寨位于仰阿莎湖支流南哨河东岸，是“百里原始阔叶林”和“仰阿莎湖”景区内一颗绿色的明珠，从南哨镇政府所在地走水路约3公里，陆路约8公里，有巫沙、九哨、巫哨溪三个自然寨。巫沙苗寨三面环水，在参天古树的遮蔽下，山景、湖景、雾景、寨景“四景合一”，被旅游学者称为“蓬莱仙家”。苗族人建寨十分讲究，直到今天中国乡村的风水奥秘仍是许多专家学者研究的课题，风水蕴藏着古人合理利用自然地理环境的科学和智慧。相传巫沙的先祖引狗撵山，发现了这条一斜伸的山岭，草长莺飞，而且后山有水源不断流出，水声如雷，一直流到岭下，认为这里适合居住，于是决定搬到这里。随后附近的寨子不断迁入，最多时有360多户。

稻草节是巫沙人感念自然恩赐、庆祝丰收的民族节日。每年农历九、十月份，每户都完成收割，打谷进仓，稻草成垛后，选一个吉日来过。节日里邻里间相互宴请，敬酒、对歌、行令，其乐融融，家家户户轮番请客，从上午可以一直吃到晚上。

3.3.5 风物特产

3.3.5.1 土特产品

剑河钩藤是日本和中国药典规定的纯正品种，2011年，获国家质监总局批准实施地理标志产品保护。钩藤产品量大质优，产量占全国的80%以上，是全国钩藤种植主产区。

剑白香猪是经过上千年自然和人工选育的优质种群资源，经国家畜禽品种审定委员会认定，具有很高的开发价值，2012年，“剑白香猪”被认定为贵州省著名商标。

此外还有个大、色鲜的剑河杨梅以及板栗、蜜桃等。

3.3.5.2 特色饮食

剑河酸汤鱼、蒿头、腌鱼、牛瘪、欧九菜、蛇酒等。

3.3.5.3 手工艺品

松香、铅笔、竹雕等；剑河锡绣、红绣、农民画等特色工艺品因做工独特、观赏性强而被欧美、日本艺术界竞相收藏。

3.3.6 旅游接待

320国道和玉凯高速公路从城边穿过，区位优越，交通便捷，距离贵阳210公里，距州府凯里市49公里，距温泉景区6公里，距八郎古生物化石群遗址5公里，距国家级㵲阳河风景名胜区70公里。50公里半径范围内有凯里高铁南站、三穗高铁站、黎平机场、凯里黄平机场等，与昆明、贵阳、长沙、桂林等省会城市形成了2小时经济圈。剑河是黔中经济区通向华中经济区的必经之路，位于贵州“一纵线（酉阳—榕江线）”和“二横线（沪昆线）”交通大动脉的交叉点，沪昆高速、思剑高速、320国道穿城而过，剑河至榕江、黎平高速开通在即，随着剑榕、剑黎高速的建成，剑河将成为黔东南州高速路网的重要枢纽。县内有三星级饭店2家。

第4章

侗族文化旅游

4.1 侗乡之都——黎平县

黎平县是黔东南州面积最大的一个县，以侗族文化和红色文化最为典型，自然风光优美，民族风情浓郁，红军长征时曾在这里了召开了长征以来的第一次中共中央政治局会议，史称“黎平会议”，为后来“遵义会议”的成功召开奠定了基础。这里有五项“世界吉尼斯之最”，分别有世界上最大的天然石拱桥——高屯天生桥，世界上最早的侗族鼓楼原型——述洞独柱鼓楼，世界上埋藏于地下最久、体积最大的阴沉木——杉木阴沉木，世界上最大的侗寨鼓楼群——肇兴鼓楼群，世界上人数最多的合唱——黎平机场通航庆典晚会上万人合唱侗族大歌。黎平素有“杉海粮仓油壶”“侗族大歌之乡”“鼓楼之乡”等称号，因其自然、人文旅游资源分布广、数量多、品位高，黎平还被列入全国首批“国家全域旅游示范区”创建单位。目前正紧扣“绿色崛起，后发赶超”主旋律，致力于打造“一城一地一品牌”。

图4-1　俯瞰肇兴侗寨

4.1.1 自然地理

黎平县地处黔、湘、桂三省区交界，属云贵高原向江南丘陵过渡地区，东南面与湖南靖州县、通道县及广西三江县交界，西南面与州内榕江县、从江县毗邻，东北临近州内的剑河县和锦屏县。境内多山，主要有低山、峡谷、丘陵等地貌类型，中部岩溶地貌发育，河流顺势向西南和东南呈带状流出，是长江和珠江水系的分水岭。全县面积为4441平方公里，为黔东南州内各县市之最，年平均气温16℃左右，最高海拔1589米，最低海拔高度137米，位于地坪乡井郎村南江河出省交界处，同时也是贵州省的最低海拔，全县平均海拔695米。全县有林地面积463.8万亩，森林覆盖率72％，活立木蓄积量1930万立方米，是贵州省10个林业县之一，林业是黎平的传统产业，早在清乾隆四年（1739年），黎平开始人工造林，乾隆四十二年（1777年），黎平境内“两岸杉木映印，一江巨筏长流”，木材贸易频繁。县内常见木本植物有76科224属521种，其中属国家重点保护的树种有：秃杉、篦子三尖杉、银杏、鹅掌楸、观光木、伯乐树、十齿花、伞花木、马尾树、马蹄参、香果树、穗花杉、黄枝油杉、柔毛油杉、华南五针松、凹叶厚朴、红花木莲、闽楠、青檀、白辛树、银鹊树、乐东拟单性木莲、任木等25种，有1220种野生中草药材，野兽种类为52属675种；黎平县属长江流域、珠江流域的分水岭，育洞河、双江河、南江河注入都柳江，属珠江水系；洪州河、八舟河、孟彦河注入沅江，属长江水系。水力资源理论蕴藏量达18.65万千瓦，可开发利用水能资源10万千瓦；至今已发现的主要矿种有金、磷、锰、煤、压电水晶、硅质原料、水泥用炭岩、饰面用石材、建筑用砂石等，矿床、矿点（矿化点）106处。

4.1.2 人口区划

黎平县辖德凤街道、高屯街道，中潮镇、孟彦镇、敖市镇、水口镇、洪州镇、尚重镇、肇兴镇、龙额镇、九潮镇、双江镇、岩洞镇、永从镇、茅贡镇、地坪镇、顺化瑶族乡、罗里乡、坝寨乡、口江乡、雷洞瑶族水族乡、德顺乡、大稼乡、德化乡、平寨乡等25个乡镇近400个行政村，约1500个自然寨，县政府所在地为德凤街道。全县户籍总人口55.68万，以侗族为主，汉、苗、瑶、水等多民族杂居，其中侗族人口35.9万人，占总人口的70%，是全国侗族人口最多的县，因历史和地理因素，黎平县成了侗族的中心地区，被誉为“天下侗乡第一县”。

4.1.3 历史人文

黎平，又名黎阳，素有“黔东咽喉，军事要塞”之称，黎平古城至今有1300多年历史。黎平在唐代为龙标县治地，当时称为五脑寨。宋太平兴国二年（977年），黎平境内开始设置土司即福禄永从长官司，治所在今黎平永从。宋以来，因地处战略军事要地，连年征战、兵祸不断，北宋丞相司马光和巡抚副使龙禹官上书神宗皇帝：“蛮地古州（驻地今黎平罗里）山珍物丰。蛮民聚党作乱。”宋神宗随即下令攻打当地土司杨承磊，龙禹官统领宋军在黎平城不远的侗寨屠杀千余人，并把寨子改称“平越寨”。元世祖至元二十年（1283年），改称黎平。明代初期，黎平上黄农民吴勉起义，以“上天授意”为名自称为“铲平王”，率20万农民起义军攻占古州、靖州一带，明廷命楚王朱桢、汤和率兵围剿，战争长达10年之久；为巩固封建统治，明永乐十一年（1413年）设黎平府，辖五开卫等14个长官司。清雍正五年（1727年），由五开卫改设开泰县，同时铜鼓卫改设锦屏县，隶属黎平府。民国二年（1913年），原府、州、厅一律改为县，废府设黎平县和洪州分县（驻地今黎平水口）。1934年年末，红军长征到达黎平，在这里召开了著名的“黎平会议”，确立了红军长征北上进军的军事战略路线。黎平虽然几经战火洗礼，但众多的文物古迹仍得到了很好的保护，成为黎平重要的旅游资源和文化财富。

延伸阅读

土司：是中国封建社会管理边疆的官职，元朝开始设置，多用于封授给西北、西南地区的少数民族首领。“土司制度”是封建社会统治阶级用来解决边境少数民族地区的民族政策，主要目的在于羁縻勿绝，效仿唐代的“羁縻制度”。在政治上用以巩固其统治，经济上仍允许保留原来的生产方式，满足于征收纳贡。

黎平是东下湖广、西进云贵的交通要塞，也是清水江、都柳江两大河流的分水岭。这里盛产杉木及木耳、牛皮及珍贵山药材等，自宋代以来，一直流传着“黎平山珍，芳名千里”的说法，历代商贾云集，商业繁荣，当时人称“小南京”。外地商贾及当地居民常年把山区的茶油、核桃、香菇、天麻、杜仲等山珍药材，从水路经清水江、洞庭湖运到上海，黎平古城之名也因此为外界所熟知。黎平盛产木材，目前出土并保存有5000多年前的阴沉木。清代中期，两湖、两广、江浙及四川、江西等地的客商在黎平均建立了自己的商会。现存清代嘉庆两湖会馆，建筑面积3400多平方米，遗物众多，仅禹王宫内悬挂的“探花及第”“状元及第”等各种牌匾题词就有80多件，反映了当时商业的繁荣和文化的兴盛。

延伸阅读

阴沉木：阴沉木因地层变动木材长久埋于土中而形成，我国民间素有“纵有珠宝一箱，不如乌木一方”“黄金万两送地府，换来乌木祭天灵”的民谚。在古代，达官显贵、文人雅士皆把阴沉木家具及出自阴沉木雕刻的艺术品视为传家、镇宅之宝，辟邪之物。阴沉木在各地均有不同的名称，东北松花江流域称之为“浪木”“沉江木”，四川称其为“乌木”，而西方人则称之为“东方神木”。1992年6月，在黎平县敖市镇玉田湾发现一棵杉木阴沉木，阴沉木基径2.36米，生长年轮1402±35年。据中国科学院考古研究所碳

14法测定，此木已埋于地下3591±85年（即公元前1641±85年），是迄今我国乃至世界出土保存的树体最大、埋藏年代最久的杉木遗体。生长及埋藏至今约5000年历史，列入吉尼斯世界之最，杉阴沉木现存放在两湖会馆的禹王宫内。

黎平会议：1934年12月15日，中央红军占领黎平，18日，中共中央政治局在黎平召开会议，通过重新确立军事战略路线，为遵义会议的成功召开奠定了基础，被称为遵义会议的“预备会议”。黎平会议的重要意义在于：一是它是中共中央从江西中央苏区突围之后召开的第一次政治局会议，在中央全会闭幕期间，这是党内最高级别的会议，决定了当时红军长征战略转折的大政方针。因此会议做出的决议、决定等至关重要，直接决定着中共中央和红军的命运和未来。二是它第一次否定了博古、李德顽固坚持的错误战略方针。长征开始后，中央有两个不切实际的路线：不肯扔掉“坛坛罐罐”，突破国民党军第四道封锁线时问题才得以解决；不肯改变北上湘西与红二、红六军团会合的战略方针，一路上争论不休，黎平会议第一次明确地予以确定，并以中共中央政治局的名义、以决定的形式否定了博古、李德的错误军事路线。三是第一次结束了从1931年11月赣南会议以来，毛泽东在中央领导层受到排斥的地位，开始形成了中央绝大多数领导人，包括过去反对他的人，赞同支持和拥护他正确主张的局面，为遵义会议最后确立毛泽东同志在党中央的核心领导地位奠定了坚实的基础。黎平会议对于中国革命重新走上正确道路，避免再走弯路，在毛泽东的正确领导下迅速发展壮大，减少中国人民在黑暗中摸索抗争的时间具有重要意义。四是会议作出了关于在川黔边建立新根据地的决定，尽管后来因情况变化不能实现，但其所提出的战略方向、任务和目标，对于团结全党全军力量，鼓舞斗志，消除失败主义和游击主义的危险倾向，坚定红军理想信念，树立革命胜利信心具有重要作用。五是黎平会议是中国共产党独立自主地解决自己重大问题的一次伟大尝试，开创了我党历史上敢于否定共产国际及其代表对中国革命错误指导的先例，是我党走向成熟的重要转折。

4.1.4 主要景点

黎平县地处黔、湘、桂三省交界处，为侗族人口聚居最多的县，是中国侗族文化生态旅游区中心。境内旅游资源富集，植被覆盖率高，古树名木保护较好，生态环境极佳，有“颐养胜地”的美誉。境内自然景观类型多样，有喀斯特地貌景观，江河、溪流等水域景观，亚热带喀斯特森林景观，丘陵草原景观等，民族传统村寨，乡野田园及革命历史遗址、古建筑等比比皆是，侗、苗民族风情浓郁。黎平侗乡风景名胜区于2003年被国务院列为国家级风景名胜区。

4.1.4.1黎平古城

黎平古城属府城，始建于明洪武年间，位于县人民政府驻地德凤街道，东城门洞、南城门洞等古城墙至今保存较好，巍然矗立，目前府城整体正在进行修复重建；城内古建筑众多，随处皆是古代遗迹，有二郎坡、马家巷、双井街等明清时期民宅建筑，两湖会馆、胡荣顺商号、九如堂等清初的商行、铺面，何公祠、南泉山古寺、西佛崖、十万坪古战场等宗教、军事古遗迹风采依旧，历朝历代的文化记忆在古城内得到了很好的留存。古城南有南泉山脉，北有北门山脉，形成上至五开下至罗团，长达10余公里，宽约3公里的船形盆地，城中的龙溪河，现称福禄河，沿着北门山脚流入清水江。城内还有五座连绵的山峦，名为五脑山，天然形成“五开回龙”的奇景，最为神奇的是，古人根据五脑的地形，参易经、勘风水、观星宿、行八卦推算设计，开凿了七十二眼井，整个城的布局俯瞰就是一幅巨大的罗汉图，这在国内均属罕见。七十二眼井和灵秀的福禄河水滋润了这一方生灵，黎平历代人才辈出，在明清时期，就出了30多位进士，236位举人，其中较为著名的有明代翰林大学士兼兵部尚书何腾蛟、吏部尚书梅友月等。

两湖会馆修建于清嘉庆二年（1791年），是当时湖南、湖北客商休憩、交流的场所。黎平原隶属湖广，后属贵州，加之黎平物产丰富，两湖、两广地区在黎平置业经商的人非常多，漂泊在外游子为了却思乡之苦，同时便于同乡在异地能够相互扶持、互为照应，因此合议修建会馆。会馆占地面积3479平方米，建筑面积741.9平方米，现有禹王宫、佛殿、庑厅、阁楼、洞庭宫、水榭等建筑，1984年成为县级文物保护单位，现为省级文物保护单位。

4.1.4.2翘街

“翘街”因地势两头高，中间低，状如长久使用后微微翘起的扁担而得名，2011年被列为“中国历史文化名街”，是贵州省重点打造的100个特色旅游景区之一，2016年被评为3A级旅游景区。翘街位于县城东面，东起城垣东门，南至二郎坡荷花塘，又称东门街，全长近1公里，街巷内明清建筑群鳞次栉比、保存完好，有著名的中共中央政治局黎平会议会址、毛泽东旧居，中央红军教导师、中央红军干部休养连，李德、博古、凯丰住所和红军召开群众大会旧址等。古建筑中四合院、风火墙等错落有致，风火墙翼角飞翘，彩绘细腻精美，房屋门窗装饰考究、图案逼真、造型独特。街面用石条和鹅卵石铺设，有众多小街小巷，比较著名的有马家巷、姚家巷、张家巷、双井街、左所坡等，街巷建筑古色古香，散发着浓厚的历史文化气息。

1934年12月18日，中共中央政治局在黎平召开会议，确定了向贵州转兵的战略决策，避免了红军陷入重围的危险。黎平会议是长征以来具有决定意义战略转变的关键，为遵义会议的召开做了重要的准备。黎平会议会址原为“胡荣顺商号”，是一座三进前低后高的明清建筑四合院，占地1000平方米，四周建有风火墙，内为套木结构。20世纪80年代初开始作为党史陈列馆，目前被列为国家级重点文物保护单位，是全国青少年爱国主义教育基地以及对外展示和传播红色文化的重要窗口。

4.1.4.3 肇兴侗寨

肇兴侗寨坐落于群山环抱之中，古人选址建寨极为讲究，侗寨所处区域中间凹陷，四周为高山，房屋建筑呈长方形分布，以条块状聚落，远看似船形，环境清幽。寨内吊脚楼鳞次栉比，随处可见戏楼、鼓楼、风雨桥、歌坪，全寨共1100余户，4500余人，是全国最大的侗寨，有“侗乡第一寨”之美称，寨中的五座鼓楼、五座戏台和五座风雨桥，集中展现了悠远厚重的侗族文化。侗寨最典型的标志就是鼓楼，往往一座鼓楼代表一个家族，由族人捐资修建，鼓楼既是维系家族情感的纽带，同时也是家族兴衰的集中体现，在侗族南部方言地区，人们对鼓楼无比崇敬，有“先有鼓楼后有寨”之说。肇兴侗寨多为陆姓，分为五大房族，人们将五座鼓楼分别命名为仁、义、礼、智、信，因分居五个自然片区，当地人称之为“团”，人们至今仍以仁团、义团、礼团、智团、信团鼓楼来区分所属房族。2005年，肇兴在由《中国国家地理》主办，人民网、新浪网、腾讯网、中国网、凤凰网、南方网等全国34家媒体协办的“选美中国”评选活动中入选“中国最美的乡村古镇”，2007年，中国时尚旅游杂志社与美国国家地理杂志社共同评选出“全球最具诱惑力的33个旅游目的地”，肇兴侗寨作为贵州省唯一景点入选。目前肇兴侗寨已被列入贵州省重点打造的100个特色旅游景区之一，在2016年年初，肇兴侗文化旅游服务标准化试点作为贵州3个项目之一列入国家级服务业标准化试点。

图4-2　游人在肇兴侗寨嬉水

图4-3　四时不涸的堂安古泉

距肇兴侗寨5公里有一座堂安侗寨，是中国与挪威王国在贵州共建的四个生态博物馆之一，侗寨宁静古朴，保留着鼓楼、戏楼、吊脚楼民居、石板路、古墓葬群、古瓢井以及水碾、石碓、纺车等标志性侗族文化符号的实物，是人类“返璞归真，回归自然”的典型范例，被誉为“最朴素的侗寨”。有着极高的侗族风情研究、侗民族旅游资源开发和人类生态保护价值。

4.1.4.4 南泉寺

南泉寺位于县城南1.5公里南泉山中，据《黎平府志》记载：“南泉叠嶂丛林，明建三寺于山，游人络绎不绝，为最名胜。南泉山行道，皆以鹅卵石铺就，纵横曲折，从山脚逶迤而上。山腰行道旁有一平地，竖碑一方，上刻‘南泉福地’，顺道直至大佛殿，殿前侧面有一八角亭，亭外有四方水池三眼，一供饮用，二备盥洗。泉水清澈，四季长流。”南泉山是黎平及周边各县各族人民的朝圣之地，尤其是节日里，寺庙内外人头攒动、香火鼎盛。在南泉山脚下建有南泉山公园，是黎平城区最大的公园，是广大市民和游客休闲、娱乐、健身和朝觐的理想之地。

4.1.4.5 天生桥

天生桥即天然石拱桥，明代地理学家徐霞客将此类景观定义为“石梁”，早在清朝《黎平府志》中就有记载：“天生桥崇严直跨两岸，中有一硐，双江口诸水径此，达高屯可以行舟。上则仍然平地也，往返甚便，不假修筑之力故名。”天生桥位于城东北12公里，高屯街道湾寨右侧，是世界上最长、最大的天生桥，

图4-4　黎平高屯天生桥

由地下伏流侵蚀石灰岩地貌形成，历来为黎平的游览胜地。桥身长达350米，桥拱的跨度，最长处达118.92米，最小处有88.5米，被收录到《吉尼斯世界纪录》。

4.1.4.6 飞龙洞

飞龙洞与世界之最的高屯天生桥景点同为一体，属于喀斯特地貌奇观，极具观赏价值。洞长5000余米，洞内石柱、石笋造型各异，形态逼真，暗河涌动，波光粼粼，可乘船游览。洞中又有洞，移步换景，主要景观有天地厅、石琴厅、霸王厅、海底世界、灵霄宝殿、天河厅、天书厅等。在进入飞龙洞的1公里步道，四周可以观赏恬静的田园风光和幽静的自然景观，生长着青冈栎、皂角树、香叶树、香椿树、黄檀树等几十种珍贵树木。飞龙洞绿树成荫，树冠成顶，洞口藤蔓攀爬，尤其是在夏天，洞口会自然吹出冷气，凉风习习，天然调节气温，是休闲避暑的绝佳之地。

4.1.4.7 八舟河风景名胜区

八舟河风景名胜区位于高屯境内，高屯一面依山，两面傍水，风景秀丽，地势险要，因古为屯兵之所，故得名。四季景色各异，风景如画，红军长征曾经过这里，留下了许多动人故事，至今还保存有红军桥等长征遗迹。景区距县城16公里，风景区加外围保护地带，总面积约40平方公里，景区以高屯镇驻地为中心，西起红族水电站，北至下乌鸦，面积15平方公里。外围保护地带，包括东风林场、桂花台茶场、农牧场和八舟河、福禄江的上源地带，面积约25平方公里。八舟河的源头是八舟电站大坝，因原先这一区域由八个沙洲组成，如八叶轻舟浮于河面，故得名八舟河，岸边的仙人岩，高数十丈，陡崖绝壁。

少寨溶洞位于景区内少寨山，共有3个洞，在少寨山脊右边叫绾凤洞，在左侧为绾鸾洞，两洞相通，故称“姊妹洞”。绾凤洞洞口椭圆宏阔，入洞20米处又分东、西两洞，洞内溪水潺潺，多钟乳石，形态各异，有的神似层层梯田，有的则似柱、似笋、似佛、似仙，景观奇绝、千姿百态，故又名“仙人洞”。绾鸾洞洞口狭小，进深有500多米，洞内钟乳石造型奇特，惟妙惟肖，似宝塔、似鼓楼、似猕猴、似雄狮，整个

图4-5　高屯红军桥

溶洞群，洞中有洞，洞洞相连，洞内地形复杂，适宜探险猎奇，消闲避暑。

4.1.4.8 黎平国家森林公园

黎平国家森林公园总面积365平方公里，其中德顺楠竹林场太平山景区面积305平方公里，东风林场景区面积9平方公里。公园内山峰重叠、竹木如海，森林覆盖率达94.5%，海拔在500~1256米，最高海拔1256米，年平均气温16℃左右。适宜的气候条件和多样的地质地貌类型孕育了公园丰富的物种资源，尤其是太平山景区范围内人迹罕至，受到的人为破坏极少，保留下大片的原始森林，仅以乔木为主的森林植物有76科，224属，521种，蕴藏着大量的珍稀树种和名贵药材，众多珍稀野生动物在这里繁衍生息。

森林公园内有东风林场树木园、杉木种子园、秃杉种子园、鹅掌楸培育园等，自然资源丰富多彩，山水风光秀美多姿，河流、瀑布浑然天成，日出、云海气象万千，太平山脚的民族村寨风情浓郁，太平山上还保留有佛教文化遗址等。森林公园资源富集，多样性、互补性强，是休闲度假、观光健身、科普探险的理想之选。

4.1.4.9 地坪风雨桥

地坪风雨桥位于黎平县地坪镇，始建于清光绪八年（1882年），是贵州风雨桥中唯一的国家重点文物保护单位，1997年还被邮政部设计为邮票发行。在2004年风雨桥曾一度被洪水摧毁，目前的风雨桥为2007年重建而成，桥长56.6米，桥廊最宽处6米，通道3.9米，桥高4米，桥楼最高11.6米，最低7.2米，整座建筑不用一钉一铆建成。侗族人对风雨桥有着特别的情感，据说，风雨桥被洪水冲毁后，当地的侗族同胞沿河寻找散落的木构件，一梁一木地收集风雨桥的各个零件重建风雨桥，演绎了一段轰轰烈烈的护桥传奇，贵州省政府对护桥做出突出贡献的村民还记了二等功，2010年国家文物局为重修地坪风雨桥这一事迹专门立碑纪念，表彰地坪侗家人保护遗产的感人事迹，号召世人呵护文化遗产、传承侗族文化。

图4-6 地坪风雨桥

4.1.4.10 岩洞侗寨

岩洞村隶属岩洞镇，距黎平县城28公里，寨内民族文化浓郁古朴，东接肇兴和地坪，南连从江县往洞增冲鼓楼等景点，西邻茅贡乡高近、地扪、腊洞等“侗戏之乡”，北与黎平古城、高屯天生桥等相通。岩洞侗语为“韭菜”之意，相传先人们迁徙到这里时，发现这里的韭菜长得十分茂盛，人们认为韭菜是吉祥之物，韭菜繁盛的地方一定土地肥沃，于是祖先就在这里定居下来。岩洞四周青山如屏，古木参天，是侗族文化传承汇聚的核心地带，是侗族大歌的原生地，清代侗歌宗师吴朝向就出生于岩洞镇宰拱，在岩洞处处可见老人教歌、青年唱歌、少年学歌的和谐场景。寨中侗族人擅长手工艺品制作，其中用楠竹制成的蒸笼、饭笼、提篮等别具一格，既实用又具有较高收藏观赏价值，侗族刺绣美丽大方，形态逼真，岩洞侗族服饰精美绝伦，是侗族地区服饰的典型代表之一。

延伸阅读

述洞独柱鼓楼：俗称“现星楼”“杉树鼓楼”，位于黎平县岩洞镇述洞村，距黎平县城35千米，2013年，被国务院公布为全国重点文物保护单位。独柱鼓楼始建于明崇祯九年(1636年)，鼓楼的原形是一棵大杉树，由此发展而来，为穿檐式木结构，七层檐四角攒尖顶。相传当地的侗族人常到这棵大杉树下纳凉、闲谈、议事，一天村寨聚集近百人于此树下，突然间下起了大雨，村民们一时无法回家避雨，相互间只得围驻在这棵大树下暂避暴雨，暴雨停后，大家惊奇地发现自己身上所穿的亮布衣裤没有褪色，就连头上的发辫也没有被雨水弄湿，于是村民们突发奇想，将这棵大杉树去掉一些枝叶后搭建成了现在的这座鼓楼。

4.1.4.11 地扪侗寨

地扪，是根据侗语音译的地名，直译为泉水源源不断的源头，意译为村寨发祥、人丁兴旺的地方。据地扪侗族古歌口传，唐朝时期先人就在此建寨，至今已有1000多年的历史。地扪侗寨隶属茅贡镇，距县城46公里，全村共有500余户，2300多人，全部为侗族，仅次于最大的肇兴侗寨，村寨内建筑依山傍水，是侗族地区民族风情文化保存较为古老完整而且最具有典型代表性的侗族村寨，是著名的侗戏之乡。寨内建有地扪侗族人文生态博物馆，成了展示侗族文化，传播侗族文明，加强对外交流合作的重要平台，也是人们研究侗族人文生态，学习侗族语言，了解侗戏、侗族音乐以及侗族传统工艺的工作基地。美国《国家地理》杂志于2008年5月出版了中国特刊，刊登了美国著名华裔女作家谭恩美在地扪侗寨的体验文章——《时光边缘的村落》，引起极大反响。

4.1.4.12迎龙风雨桥

迎龙风雨桥位于黎平县茅贡镇东部高近村，始建于清乾隆三十年（1765年），古朴美观、造型独特，是侗族传统建筑的瑰宝，村中人视为风水桥。1998年中国邮政曾以该桥为图案发行一枚纪念邮票，名为“田间风雨桥”，享誉海内外。桥以青石板铺设步道，单块青石板长5.5米，宽1.2米，厚20厘米，桥上楼亭为木质结构，共16根柱子支撑，每根柱子落地处都有石雕鼓盘作为基脚，雕刻有狮子等灵兽。清道光二十六年（1846年）风雨桥进行重修，镌刻有碑文纪念，1980年高近村民众自发捐款捐物再次重修。

寨中有一座古戏台，是目前侗族地区所发现保存最古老的一座戏台，戏台始建于清乾隆年间，距今已有200多年的历史。古戏台格局和清代的京剧戏台相仿，包括三部分：主戏台、厢房和看戏场。对于研究侗戏历史和侗族社区歌舞文化具有十分重大意义。

4.1.4.13西佛崖石刻

西佛崖是明末抗清英雄何腾蛟墓地，历来是黎平名胜。民国十六年（1927年），湘军上校周曰痒率部进驻黎平，瞻仰何腾蛟墓，为其民族气节所折服，当即题写下“浩气常存”四字，并请当时黎平书法家李伯先生代书，出资雇请工匠摹刻于西佛崖。四个大字为横行楷书，笔力遒劲洒脱，阴刻于石壁上，每字见方60厘米，两侧直行小楷阴刻，上首“民国丁卯冬月立”，下首落款：“陆军上校湘西周曰痒”。整个摩崖题刻长2.75米。摩崖石刻至今完好，是何腾蛟墓地的附属文物之一，被列为贵州省的重点文物保护单位。

延伸阅读

何腾蛟（1592—1649年），字云从，贵州黎平府（今黎平县）人。南明王朝重臣，被封太师，1645年任湖广总督，曾与李自成农民军旧部合作，共同抵御清军。1647年清军攻陷湖南，他退至广西，守全州，击退了清军。1648年反攻，收复湖南大部。后在湘潭兵败被俘，拒绝归顺清王朝，以绝食相抗，于清顺治六年（1649年）在长沙被杀害。

4.1.4.14天香谷

天香谷芳疗植物现代农业园区是一个以芳香植物种植、加工、休闲观光、度假养生为主的特色产业园区，主要围绕“芳香”产业进行研发。其主要区域位于黎平水口镇和肇兴镇，是“现代农业＋产成品加工＋旅游养生”的复合型产业示范园区项目，园区总面积13.5平方公里，覆盖整个南江河及双江河流域，核心区位于水口镇河口村，距厦蓉高速水口公路出口仅为0.5公里，是神秘的北纬25° 南亚热带过渡区域，是中国香俗文化的诞生地，主要有芳疗植物品种培育、示范种植、产品加工、科技培训、体验营销等多种功能布局，是芳疗产业一体化协同发展聚集区。

目前完成了大马士革玫瑰、艾纳香、大果木姜子、香茅草等芳香植物的引种试验，已建成智能育苗中心、香工厂、教培及民族文化体验综合体、1100亩GAP示范种植基地、肇兴今宕宫香文化旅游综合体、百香圃等项目建设，已引进了亚临界流体萃取与分子蒸馏技术联动提取分离植物提取物深加工等先进工艺技术；已获得“改善肾阳不足的复方精油及其配制方法”等5项专利。未来将打造“世界知名、中国最大、贵州唯一”的集香种植、香贸易、香加工、香文化体验和芳疗养生为一体的香产业园。

4.1.5 风物特产

4.1.5.1 土特产品

“黎平香禾糯”是重要的中国本土农作物品种遗传资源，保护范围为黎平县岩洞、双江、地坪等18个乡镇，2009年获地理标志产品保护。

黎平“雀舌茶”因形状小巧似雀舌而得名，冲泡后香气独特浓郁，色绿、味醇、气香，汤色清莹，以叶底细嫩成朵而闻名，经国家农业部茶叶质量监督检测中心鉴定，属国内优质名茶，获第四届“中茶杯”全国名优茶评比特等奖。

除此之外还有茶油以及芳香植物系列产品等。

4.1.5.2 特色饮食

腌鱼、牛羊瘪、米粉、油茶等。

4.1.5.3 手工艺品

侗布、蜡染、竹编（饭卣）、侗族织锦、刺绣、木雕等。

4.1.6 旅游接待

黎平县是贵州省东线旅游的窗口，贵广高速铁路经过黎平县双江、肇兴、龙额等乡镇，厦榕高速、三黎高速、黎洛高速开通，让进入黎平变得十分方便快捷。黎平县城距省城贵阳467公里，距州府凯里271公里，距枝柳铁路靖州站81公里，距广西桂林320公里，距潕阳河风景名胜区242公里，黎平机场位于高屯镇，距县城直线距离9公里，公路里程20公里，按4C级运行标准建设而成，机场跑道长2200米，宽45米，两端各设300米安全区，可起降波音737、空客A320等大型客机。黎平机场是贵州省继铜仁凤凰机场、兴义机场、安顺黄果树机场后贵州省第4个民用支线机场，2005年

11月6日正式通航。

旅游食宿条件较为完善，有厚德南泉山大酒店、黎平大酒店等接待条件较好的酒店。

4.2养心圣地——从江县

从江县自然地理环境独特，素有“秘境”之称，民风淳朴，旅游资源丰富，被誉为“长寿之乡”“大歌之乡”“香猪之乡”，被联合国粮农组织授予“全球重要农业文化遗产保护示范地”称号。这里的村寨沿袭着千年的传统习俗，有的安逸恬静、神秘莫测，有的悠闲惬意、歌声如海，这里有被文化部命名为“中国民间艺术之乡”的高增乡小黄村，被称为“世外桃源”，能够计划平衡人口出生性别的神奇侗寨高增乡占里村，有被誉为“最后一个枪手部落”的岜沙苗寨，有被列为全国重点保护文物的往洞镇增冲鼓楼；从江椪柑享誉全国，瑶族药浴能够去疾健体、延年益寿；这里民族风情浓郁，节日众多，有花炮节、斗牛节、盘王节、椪柑节等。

4.2.1自然地理

全县总面积3244平方公里，山地面积2963平方公里，占总面积的91.34%，地势以都柳江为横轴朝两翼不断抬升，耕地面积3.1万公顷。境内地形地貌复杂多样，植被丰富，森林覆盖率67%，为生物多样性创设了有利条件，自然资源丰富。从江最高海拔1643米，最低海拔153米，年平均气温16.3℃。县内河流属珠江水系，干流都柳江由北向南横贯全境，县内河段长为66公里，水能蕴藏量22.9万千瓦，初步探明的矿产有硅、铜、锰等20余种。

4.2.2人口区划

从江县辖19个乡镇，有丙妹镇、贯洞镇、西山镇、宰便镇、下江镇、洛香镇、停洞镇、往洞镇、加鸠镇、斗里镇、庆云镇、东朗镇12个镇，高增乡、加榜乡、谷坪乡、加勉乡4个乡，翠里瑶族壮族乡、刚边壮族乡、秀塘壮族乡3个民族乡，县政府驻丙妹镇。截至2015年年末，共有人口35.24万，其中苗、侗、壮、瑶、水等少数民族人口有33.44万人，占比94.9%。

4.2.3历史人文

从江在元朝为福禄永从、西山大洞等处，属思州军民安抚司。明洪武三年（1370年）置福禄永从长官司，属思州宣慰司，永乐五年（1407年）置西山阳洞长官司，属思州宣慰司，正统六年（1441 年）改福禄永从、西山阳洞蛮夷长官司为永从县，属黎平府。清康熙二十二年（1693年）废西山阳洞长官司，乾隆三十六年（1771 年）以贵阳府通判驻下江，改为黎平府下江通判，置下江厅。民国二年（1913年）改下江厅为下江县，与永从县同属黔东道，民国三十年（1941 年）并永从、下江二县为从江县，始现从江之名。

从江民族文化古朴厚重，有天人合一的“树葬”，有神奇的养生药浴，天籁般的“侗族大歌”以及许多独具特色的民风民俗。

瑶族药浴：瑶浴是从江瑶族人在长期的耕作、狩猎过程逐渐独创的一种养生洗浴方式，具有神奇理疗保健功能，世代相传。据初步统计，“瑶族药浴”药方有188种，可治疗47类疾病，其中追风伞、半边枫、九龙藤、血藤、节节草等30多种中草药是保证瑶浴功效的重要部分，2008年，“瑶族医药（药浴疗法）”，入选第二批国家级非物质文化遗产名录。洗瑶族药浴既可舒筋活络、消除疲劳、抵御风寒，又可健身洁体、祛风除湿，起到防病治病的目标，特别是对防治风湿、伤风感冒以及妇科、皮肤等疾病十分有效。

延伸阅读

“瑶族药浴”：相传，瑶族因迁徙避祸多居住在高坡之上，由于山势海拔高，常年云雾缭绕、湿度较大，极易引发风湿、伤寒等疾病，加之缺医少药，在这样的环境下，一旦生病则可能危及生命。为了生存，瑶族先人尝试利用大自然中的各种植物进行治病防病和保健养生，逐渐形成了注重防病保健和康体养生的生活理念。据民国《从江县志概况》记载：“板瑶好清洁，家必备一浴桶，劳作回家必药浴一次，因处深箐，又好清洁，故长寿者居多。”千百年来，生活在深山密林中的瑶族人，对原始森林中的野生藤木有较强的感知和较深的研究，并利用它们成功地抵御了病毒侵害，“瑶族药浴”就是瑶族人民千百年来与青草藤木朝夕相处，经过几千年历史，几十代人的实践与应用，不断完善创新而沿袭至今的千年古方，他们在大山深处采集吸收了日月精华的草叶加水熬煮，置于木桶来浸泡洗浴。据说，“瑶族药浴”的配方传女不传男，且瑶族世代不与外族通婚，所以神奇的“瑶族药浴”配方是一个永远解不开的谜。当地瑶寨通常都建在半山腰，寨子四周多茂密的森林，每家每户房前屋后都栽种着竹子、茶树等各种树木，每家都用竹筒将山泉引进家中，家中都有杉树加工而成的浴桶，每当有客人进寨，热情的乡亲们总是备好药浴先请远方的客人洗浴解乏，这是瑶族人接待嘉宾的最高礼仪。由于瑶族同胞长期保持着药浴的习惯，因此瑶寨里男女老少身强体壮，极少患病，且长寿者多，其人均寿命比周边不沐药浴的村寨都要高。妇女从怀孕之日起，会自己采摘6种保胎的药草来洗浴，每天坚持洗，直至分娩，当地人称为“保胎浴”。更令人惊奇的是“月子浴”，现代医学要求妇女分娩后要洗淋浴，不得坐浴，以免细菌感染，而瑶族妇女分娩后20分钟，便可坐入浴桶洗浴，这种药浴由15种药草配制而成，能够有效帮助产妇生殖系统保健及加快子宫收缩，产妇经过10天的洗浴后，即可进行一些简易的劳动，提前出月子。更为惊奇的是，整天劳作于大山之中的瑶族妇女，几乎没有患妇科病，这即使在医学发达的现代社会也不得不说是个奇迹。在瑶寨，人的一生与药浴密不可分，婴儿出生，家人便会配制四五种药草熬煮成药水给婴儿洗浴，可以有效预防初生婴儿常见疾病，每天洗1~2次，而当瑶人过世，不论长幼，均要用一种药草煮水洗浴净身，据当地老人讲，洗过之后才能超度亡灵。

侗族大歌节：多声部无伴奏的侗族大歌是广泛流传于贵州、广西南部方言侗族地区的一种歌唱形式，于2009年被列入人类非物质文化遗产保护名录，历代众多的歌师口口相传，又不断地改进创新，形成各具特色的侗族大歌曲调，因其声调和演唱方式不同，又形成了多个流派。侗族大歌在从江历史悠久，根基扎实，因而自成体系，有小黄侗族大歌、朝利侗族大歌、庆云侗族大歌、西山侗族大歌、巨洞江上侗族大歌等，构成从江多彩多姿的侗歌大舞台。为传承弘扬侗歌文化传统，在2003年11月28日，从江县举办了首届侗族大歌节，以后在每年的11月都要举办侗族大歌节，是从江境内最隆重的节日。节日里，除了演绎侗族大歌，其他的民族民间绝活都会在节日里竞相登台展示，节日内容丰富多彩，成为发掘和弘扬传统民间艺术，提升地方旅游形象的重要名片。

从江侗乡稻鱼鸭系统：黔东南被誉为“有机第一州”，各类有机产品有着悠久的历史和极高的品质，随着人们对生活质量的高要求以及舌尖上安全的重视，近年来黔东南的有机食材备受青睐。从江侗族长期保留着“饭稻羹鱼”的生活传统，稻鱼鸭系统距今已有上千年的历史，最早源于人们引溪水灌溉稻田，随溪水而来的小鱼生长于稻田中，侗人在秋季一并收获了稻谷与鲜鱼，经过长期传承演化而成稻鱼共生系统，后来又在稻田择时放入鸭苗逐渐形成了在水稻田中“种植一季稻、放养一批鱼、饲养一群鸭”的农业生产方式，同年稻、鱼、鸭共同丰收。每年春天，在谷雨前后，侗乡人在稻田中插完秧，就把鱼苗放入秧田，等到鱼长到两三指大，8厘米左右长的时候，再把鸭苗放入稻田。水田和稻花为鱼和鸭的生长提供了生存环境和丰富的饵料，鱼和鸭在觅食的过程中，既为稻田清除了虫害和杂草，大大减少了农药和除草剂的使用，同时鱼和鸭的来回游动，无形中帮助稻田松了土，鱼和鸭的粪便又是水稻上好的有机肥，保养和育肥了地力。2011 年，从江侗乡稻鱼鸭共生系统入选全球重要农业文化遗产（GIAHS）保护示范地，2013年，入选第一批中国重要农业文化遗产。

延伸阅读

有机食品：是指严格禁止使用农用化学品、基因工程产品，倡导使用自然和生态平衡的方法从事生产和管理并按照国际有机农业技术规范从事生产所获得并通过认证的一切农副产品及其加工品，包括粮食、食用油、菌类、蔬菜、水果、干果、奶制品、禽畜产品、水产、调料等。有机食品在不同的语言中有不同的名称，国外最普遍的叫法是ORGANIC FOOD，也有称生态食品、自然食品等。有机耕作指整个农场作为一个整体的有机组织，而相对的化学耕作则依靠了额外的施肥，而且不能自给自足，也不是个有机的整体。

4.2.4 主要景点

4.2.4.1 小黄侗寨

小黄侗寨距从江县城27公里，全村共717户，3500多人，素有“侗歌之乡”的美誉，四周青山环抱，寨中溪水蜿蜒，几百栋吊脚木楼依山傍水而建，是一个有山、有水、有歌声的祥和侗寨。同时小黄还是远近闻名的“侗歌窝”，这里人人都爱唱歌，寨子里仅歌队就有61支，歌堂有61个，“小黄侗族大歌”享誉国内外，也因此被文化部授予首批“中国民间艺术之乡”。1996年7月，4名小黄姑娘曾随中国民间艺术团赴法国演出，纯朴优雅、精湛卓绝的侗族大歌演唱轰动了艺术之都巴黎，被世界音乐专家誉为“清泉闪光之音乐”。2005年7月，在“黄果树”杯首届“多彩贵州”歌唱大赛中，由小黄村十姐妹演唱的侗族大歌荣获民间唱法最高奖“金黔奖”。2006年8月，在第12届全国青年歌手电视大奖赛中，由小黄村等13名侗族姑娘组成的“蝉之歌”组合代表贵州参赛，完美演绎侗族大歌的柔和婉转、意境深远，获得了“原生态唱法银奖”和“观众最喜爱的歌手奖”两个大奖。

4.2.4.2 龙王潭瀑布

龙王潭瀑布又名龙王滩，位于往洞孔寨村，距县城90多公里，龙王潭两岸，悬崖峭壁，林木繁盛，遮天蔽日，环境清幽。据清光绪年间《黎平府志·艺文志》记载：“龙王滩在九洞贡寨、哄寨河合流下，漕滴洞上，距城一百三十余里，府辖地。两岸环拱，滩口直泻，如飞云密雨，晓雾迷漫；斜阳照处，又如蝾虹腾曳。滩下阴气惨冽，寒浸肌肤。下流一石，形如釜，阔数丈。石下即深潭，水色澄碧，静而不动。土人常见有龙出没其间，因以名之。岸上突起石峰，巉岩剑削，嶐耸巍峨，高数仞，人迹不能至，猿猱千许，穴之如安乐窝。漕滴洞寨，山水环集，四面峰峦，河水曲抱，上下仅有只路入其中，形势可战可守。龙王滩及其外势，若论山川险要，此为渠魁。”龙王潭瀑布高68米，分为三级，第一、第二级相距约10米，第二、第三级相距约60米，每级各有一潭，第一级瀑布下有一个1000余平方米的深潭，平均水深6米，最深处约27米。相传曾有神龙潜居潭底，适时行雨，“龙王潭”因此得名。

4.2.4.3孔明山

孔明山苗语称为“窝振”，位于从江县加鸠和东朗境内，距县城124公里，主峰海拔1427.4米。据《黎平府志》记载，诸葛亮（字孔明）征南时，曾驻兵于此，因此得名孔明山。孔明山东西长约20公里、南北宽约10公里，山势广阔，山顶呈平台状，四周为起伏连绵的小山岗，虚实逶迤，犹如八卦图。山中动植物资源丰富，生长栖息有麝羊、狗熊、白野鸡、猕猴、野山羊、雪鸟、锦鸡、大鲵等珍稀动物。林木生态系统层次分明，较高的树种有红麻栎，最高可达30米，一般的也在20~25米，处于中间高度的是各种乔木，大小高矮不一，各类藤蔓缠绕其中，藤木交错；最下层为箭竹，也俗称“九月竹”，竹密成林，山坳中野草丛生，人很难穿行。相传因诸葛亮曾在此驻军，现山中还遗存有将军岩、练兵场、孔明塘、清心泉、花街路等古迹以及各类碑刻，据说清心泉原为天然喷泉，喷出的泉水高超过1米，1958年，与中国科学院考察队同行到此的苏联地质专家叫人将泉眼挖大，喷泉逐渐变成了水流较缓的涌泉，给孔明山增添了几分清新和灵动，山泉水质清冽，富含矿物元素，既消暑生津，又可预防疾病。

4.2.4.4银潭侗寨

银潭侗寨坐落在幽深的山谷之中，距从江县城20.5公里，全村共240多户、1300余人，基本上是侗族。寨子四面环山，山上林木葱翠，村寨周围生长着140余棵一级珍稀濒危保护植物红豆杉，随处可见绿冠盖顶，寨内建有遥遥相望的两座鼓楼掩映其中，山景、树景、物景浑然天成，呈现一派田园诗画般的宁静祥和。银潭侗寨不仅景色宜人，现在寨中还经常能见到纺线、浣纱、捶布、编织、舂米等传统的生活和劳作习俗，行走在寨中，不经意让人追忆过往、忘却忧愁、乐在其中，如同身处“世外桃源”。银潭侗寨民族风情浓郁纯正，节日活动丰富多彩，节日里会上演斗牛、抬官人等传统习俗，青年男女则在节日里展开一系列浪漫的社交活动，有的相约在红豆杉下荡秋千，有的相约田间诉衷肠，青年们通过对唱情歌表明心迹，一幕幕甜蜜爱情的故事在节日里轮番上演，俨然成为节日里最为亮丽的景观，也因此衍生了银潭侗寨独具特色的婚俗。

4.2.4.5 岜沙苗寨

岜（当地方言读“bia”，第一声）沙是侗语地名，苗语称“分送”，汉译为“草木繁盛的地方”，岜沙苗寨位于县城丙妹镇西南7.5公里，现有居民2000多人，是从江县首批开发的旅游景区之一，全国农业旅游示范点，被誉为“中国单身者十大旅游胜地”“人一生必到的55个旅游目的地之一”。数百年前岜沙先民即到此分姓择地而居，刀耕火种，世代生息繁衍，因自然环境和原始崇拜等因素，岜沙民居，当地苗族的装束和发饰与其他村寨截然不同，独具特色，现在仍然保持着树葬、镰刀剃头、秋千传情等传统习俗。因自然和历史原因，岜沙是全国唯一被公安部门批准使用土制火枪的地方，因此被誉为“最后一个枪手部落”，在特定的时间，岜沙汉子被允许用火枪来打猎，贵客临门时，都会鸣枪以示欢迎。岜沙男子装束奇特，头部四周剃光，头顶挽着发髻，身背腰刀，手牵猎狗，肩扛火枪，身穿左衽圆铜扣黑色高腰衣，黑色大直筒裤，宛如古代武士的装束。男子成年时都会举行隆重的成人仪式“镰刀剃头”，剃头结束后，即接过火枪，寓意从此刻起就开始担负起了保家卫国的重任。岜沙不论是建筑、装扮还是传统习俗，似乎与当下的现代文明相距很远，有学者曾评价“走进寨子，犹如穿越了时空隧道回到了两千多年前”，在工业文明浪潮的席卷之下，岜沙的文化传统和生活生产习俗愈发显得珍贵，近年来备受游人追捧，是科考游、修学游、体验游、休闲游的理想目的地。

岜沙人敬树，孩子出生时家人就会为他栽一棵树，视为“生命树”，人去世后，子孙为他种上一棵树，意为“常青树”，逝者则埋入树下，视为“回归大地”，生命在两棵树间轮回，其他民族清明时节在坟前祭扫，岜沙苗族则在树下祭祖。除此之外，这里历

图4-7　岜沙汉子与岜沙习俗

来都有植树造林的良好传统，村规民约中对砍伐林木均做出了严厉的处罚规定：偷伐风水林、棺材木、建房木，除了退赃以外，还要罚三个一百二（即罚120斤米、120斤酒、120斤肉）。因村民世世代代恪守禁止乱砍滥伐的规定，同时禁止车辆到岜沙购买柴薪，人们自觉形成了保护生态环境的传统和习惯。岜沙人相信“万物有灵”，凡寨边的巨石、古树、桥梁，以及家中健硕的水牛等都是圣灵之物，都作为崇拜对象，要加以保护，不敢损毁、损伤，并虔诚地进行供奉。人们敬奉土地神，凡全寨性的斗牛、打猎等活动，都要祭祀土地神，祈求保佑获得胜利。在岜沙也有一些禁忌，如60岁以前忌打草鞋；50岁以下，特别是父母健在的篾匠忌编簸箕、筛子；已结婚没有儿子之前忌编撮箕、鸡笼；新媳妇进门时，家人要回避，忌与新媳妇会面等。

4.2.4.6 月亮山

月亮山位于从江县境西部，主峰在有着“太阳山麓乡镇”之称的加鸠镇境内，距县城150公里，海拔1490米。月亮山方圆百里，山岭起伏，峰峦连绵，是从江、榕江和黔南州荔波、三都四个县的界山。月亮山生长着大面积的原始常绿落叶混交林，有各类植物2000多种，动物500多种。有国家一级、二级保护树种红豆杉、秃杉、香果树、楠树、榉树、鹅掌楸、刺楸、马尾树、红花木莲、舟柄茶、木瓜红、钟萼木、银鹊树等。国家一级、二级保护动物有蟒、金丝猴、穿山甲、黑熊、大鲵、草鸮、虎皮蛙、红（白）腹锦鸡、蛇雕、猫头鹰等。因原始森林保持完好，人迹罕至，许多物种在这里得到了很好的保存，相传，在20世纪还有人曾发现并捕捉到“月亮山野人”。月亮山还是一座有着光荣革命史迹的名山，1930年，李明瑞、张云逸等人率领红七军第一、第二纵队活动在黔桂边界，曾宿营于山上；1948年，徐惠文、邝先知等领导布依族、苗族、水族人民在月亮山进行了顽强的抗暴斗争，许多的红色经典故事在月亮山腹地的村寨中广为传颂。

4.2.4.7 增冲鼓楼

增冲鼓楼因存于距县城80多公里的往洞镇增冲村，故得名，鼓楼建于清康熙十一年（1672年），是全国现存最古老的侗寨鼓楼，被列为全国重点文物保护单位，占地面积115平方米，高约26米，鼓楼外形为杉树造型，全部以当地产杉木为建筑材料，为13层重檐，双层宝顶，枋穿斗连，不用一钉一铆。

鼓楼内设有楼梯，登梯可至楼阁，楼阁正中放置一面长2米、直径0.5米的牛皮大鼓，古时主要用于信息传递和战事预警，因为楼内置鼓，因此得名“鼓楼”。鼓楼由4根粗大的主柱支撑，柱高15米，柱脚直径为0.8米，穿枋与4根主柱穿斗组合，形成高耸的主体楼架；距主柱3米的外围竖立有8根檐柱，高3.6米，8块大穿枋与内4柱穿斗连接呈辐射状的楼架；底部平面呈正八边形，整座建筑物以此平面为基础，逐层由瓜柱支撑，短枋穿斗连接构成檐层，由下至上逐层向内收，每层都铺盖青瓦，立有八角飞檐。第一层高4.5米，第二至第十一各层之间为1.5米等距离，顶部两层斗拱结构置有凌空宝顶；八方斗拱精巧的布设木格，密密麻麻如同蜂窝，逐层往外挑，形成下小上大的八角形托座，支撑着八角飞檐。顶端用葫芦状彩陶堆叠，中穿桅杆，稳固矗立，直指苍穹。鼓楼各层分水瓦脊采用猕猴桃藤浆与石灰拌和的黏合剂叠瓦而成，表面刷石灰浆，洁白耀眼，久不褪色。檐角微曲上翘，泥塑各类鸟兽。封檐板面彩绘龙、凤、鱼、虫等图案，檐下点缀着精雕木花，古朴庄重。鼓楼底层开有三扇大门，地面铺设青石板，正中挖一火塘，四壁悬挂对联、匾额，门楣上的“万里和风”牌匾为清道光十年（1830年）信地侗寨所赠，充分体现了侗寨之间的和睦和侗族人民的情谊，是侗族地区安定祥和的重要建筑。1997年国家发行的《侗族建筑》纪念邮票一套四枚，增冲鼓楼就入选其中。

4.2.4.8 高增侗寨

高增侗寨距离县城9.6公里，是高增乡政府驻地，距今已有600多年的建寨历史，是古称“二千九”侗族聚集区中最大的侗寨，全村448户，2000多人，基本上是侗族。村寨环境优美，寨旁有小溪流过，花桥、鼓楼、戏台、古榕树等交相辉映，风景如画。高增侗寨有四座鼓楼，高的重檐17层，近30米，高度较低的也有13层，高20多米，鼓楼内雕梁画栋、熠熠生辉，彩绘图案精巧，栩栩如生。高增人喜欢侗戏，村内尚存百年以上古戏台三座，每逢节日都会上演侗戏，侗戏剧目众多，题材广泛，当地群众一直以来都有唱戏、看戏、听戏的习惯。高增的自然环境和气候条件好，人们常说这里的水土养人，因此古今以来有“美女之乡”的美誉，这里的女子不仅姿色美，服饰也是精致大方，特别是女子的节日盛装，可以说是侗族社区中最雍容华贵的服饰，有的全身的银饰重量就有10多公斤。这里节日众多，正月有燕子节、“吃相思”，二月“祭香婆”，三月要祭祖，四月种棉节，五月过端午，六月洗牛节，七月吃新节等。

4.2.4.9 占里侗寨

占里侗寨位于高增乡，距县城约25公里，全村现有180户，700多人，多为侗族。寨子环境优美，干栏式吊脚木楼依山而建，鳞次栉比，寨中鼓楼耸立，寨前河流清澈，一排排禾晾错落有致，金秋时节壮观的晒禾与四周青山相映成趣，成为占里一景。占里祖先理念十分超前，很早就已经意识到人口增长与有限耕地的矛盾关系，古歌就曾传唱“家养崽多家贫困，树结果多树翻根，养得女多无银戴，养得男多无田耕”“一棵树上一窝鸟，多了一窝吃不饱”，用歌声教化乡民要控制人口增长。在占里，先进生育文化是当地的一大特色，被誉为“中国人口文化第一村”。

中华人民共和国成立以来，占里创下了两个令世人惊叹的纪录：人口自然增长率

图4-8 占里之秋

几乎为零，近百年来至今为止仅增加人口20余人；刑事案件发案率为零。据说，在占里，一脉相传的药师掌握着一种能够控制出生性别的神秘草药，俗称“换花草”，由已婚妇女向药师求药，占里人靠它创造了生育奇迹，凡吃了这种药的家庭基本上能控制生育的是一男一女，据现代医学研究，人体酸碱度与生育性别有一定的关联，或许这正是药草的神秘之处。而知道“换花草”配方的只有一位被称作“药师”的女性，配方历来是“传女不传男、传女不传媳”，一般是母女相传，若“药师”的女儿早殁或因其他原因不能继承，会在自己的表妹中找一人相传。

4.2.4.10 銮里侗族文化风情园

銮里侗族文化风情园位于从江县銮里大道銮里风雨桥旁，是“贵州省100个重点旅游项目”“黔东南州20个重点旅游项目”之一，是“中国从江·侗文化产业园——七星侗寨”旅游区首站，也是从江的旅游接待集散中心。风情园总占地面积约350亩，总投资约5.6亿元，建有侗族文化广场、游客集散广场、民间艺术广场、美食休闲广场4大主题文化广场，融合了养生、休闲、娱乐、康体等多种功能，是对外集中展示侗族文化的重要窗口。

4.2.4.11 加榜梯田

加榜梯田位于从江县西部月亮山腹地的加榜乡东北面，距县城80公里，被专家学者誉为“中国最好梯田之一”，梯田中散落着一栋栋独具风格的吊脚木楼，相映成趣。梯田紧靠加车河，常年雨水充沛，清晨层层云雾会笼罩梯田和苗寨，若隐若现，宛如仙境。梯田风光四季各有特色，无论是注水灌田、插秧入田还是田野丰收，都是一道饱含深情的风景，深受广大摄影爱好者的追捧，他们有的会选择长时间蹲守，用镜头捕捉最美好的时刻，记

图4-9 加榜梯田晨雾日出

忆最纯洁的画面。

4.2.4.12 从江鼓楼

从江鼓楼坐落在县城都柳江畔的生态文化广场，于2005年建成，是中国目前最高的鼓楼，有“侗乡第一鼓楼”之称。广场上有两株百年榕树，依旧枝繁叶茂、生机勃勃。鼓楼占地470平方米，高46.8米，共29层重檐，平面为八角形，双层宝顶，整座鼓楼由当地杉木建造，结构不用一钉一铆，均为卯榫相接而成，鼓楼由32根柱子支撑顶立，其中楼中四根大柱胸径之大极为罕见，每根柱子须由两个成人才能将其合抱。楼内有环梯可直达楼顶，鼓楼内外均有彩绘，图案考究，造型精美，惟妙惟肖。

4.2.5 风物特产

4.2.5.1 土特产品

椪柑，芸香科植物，果实11月中、下旬至12月成熟，较耐贮藏。1989年获“农业部优质农产品”称号；1993年在泰国曼谷“93中国优质农产品及科技成果设备展览会”上获金奖；2006年从江椪柑通过“绿色食品”认证，已取得中国原产地标记注册认证商标。

图4-10 烤香猪

朝天辣，因趋光性较强，辣椒长在枝顶尖上，果尖朝上，故称“朝天辣”。朝天辣具有多种维生素，据现代医学研究证明，人体每天适量摄取，可起到防癌、美容、减肥等功效。从江傍洞的朝天辣因个小、色鲜、辣味适中，而且有特殊香味，被誉为“香辣王”。

香猪，是在从江县特定生态环境下经过百年的自然及人工选择而形成的特小型猪种，以其“体型矮小、肉质香嫩、基因纯合、纯净生态”4大特点而著称，香猪体躯短圆，背毛为黑色，稀疏但有光泽，为纯净无污染的绿色食品。饲养香猪以放养为主，养殖过程注重动物福利，完全为生态养殖模式，不喂任何配方饲料及添加剂等，因品质可靠、肉质纯正，目前从江香猪已取得中国原产地标记注册认证商标。

延伸阅读

动物福利：最先由国外学者提出，它包括五个基本要素：生理福利，就是要让动物

图4-11　侗乡晒禾

免受饥渴；环境福利，要让动物有自己的居所；卫生福利，尽可能地减少动物的伤病；行为福利，给予动物充足的空间自由地释放天性；心理福利，减少动物的恐惧和焦虑，在福利条件下饲养的动物往往具有较高的品质。

香禾，已入选贵州省名特优粮食作物，在侗乡享有“一亩稻花十里香，一家蒸饭十里香”的美誉。以品质好、营养丰富而著称。香禾蒸煮的米饭软而黏、油质多、不黏手，清香可口，食而不腻。

4.2.5.2特色饮食

烧鱼，即将鱼置于火上烧烤的一种特色饮食。先用小木棍或竹条把活鲜的鲤鱼从鱼嘴里穿插至鱼腹，放在火边慢慢地烘烤，通过不断翻转烧至呈金黄色，然后掺拌田边的野韭菜、折耳根（鱼腥草）、大蒜、花椒、辣椒等作为辅料，是一道纯正的绿色佳肴。

腌鱼，通过将新鲜鲤鱼除杂后放入木桶或坛中腌制而成，可以直接食用，不需任何加工，原汁原味。也可用火烤炙，皮脆骨软，味纯留香，回味无穷。

侗果，旧时曾是侗族人在传统节日上祭祀的常用供品，同时也是待客茶点，流行于黔东南境内从江、黎平、榕江、锦屏、剑河等县。经长时间不断的改进提高，目前已发展为当地苗、瑶、水、汉等各民族地区家喻户晓，人人喜食的佐餐小吃。

乌米饭，在《本草遗拾》中有“甜藤捣汁，和米粉作糗饵食，甜美、止泄”的记载。甜藤作点历史悠久，侗族继承其制作传统方法并将之发扬光大，使之流传至今。先将杨桐树的嫩叶及枫树嫩叶洗净放置水桶中，加入井水，一夜工夫，水就变成墨黑，然后用纱布滤去杂质后，将糯米倒入如墨的汁液中浸泡，待糯米泡涨且变得乌黑发亮后，用筲箕将泡染好的糯米沥干上甑蒸熟即可。蒸熟后的乌米饭色艳味美、油光透亮，清香中夹杂着一股淡淡的草药味，风味独特。因杨桐叶本身就是一味草药，故食用乌米饭能起到清热解毒、利尿消肿、健脾补肾的功效。

油茶，是侗族地区群众日常生活、招待宾客和祭祀祈福都会制作的一种独特饮食，许多搬迁到城市居住的侗家儿女依然有着“吃”油茶的习惯和习俗，但凡祭祀祖先、乔迁新居或是婚庆寿诞等活动都要煮上一锅油茶款待客人。其制作流程是先将大米入锅炒煳，然后加入茶叶和水煮沸，因此当地也称“糊米茶”，食用时可加入糍粑等各种配料，香气四溢，开胃生津。一般茶的选用有两种：一种是经专门烘炒的末茶；另一种是刚从茶树上采下的幼嫩新梢，人们常称为野茶叶，俗名母猪藤，属多年生草本植物，味略感苦涩，是侗族民间常用的药材，具有清热解毒、消炎去肿、补气助食、提神醒酒等作用。

图4-12 侗家油茶

煨酒，是从江加榜、秀塘、刚边、宰便壮族村寨特有的佳酿，一般存酿两年方可饮用，曾被《舌尖上的中国》倾力推荐。“煨”顾名思义就是放在炉火旁熏烤，用来烘烤的材料十分讲究，通常选取的是麻栗树、茶籽壳、芝麻秆、樟脑根等对人体有益的柴薪，以此确保煨酒的养生保健品质。通常在重阳节前后人们把新糯米洗净、蒸熟后再加入酒曲和酒叶草，在木盆中发酵后，放入锅内熬煮，直到酒糟融化后倒入酒坛，然后用棕叶将坛子密封置于火边煨烤12小时后取出冷却，最后用木柴灰和泥拌成泥浆，把坛口糊好，放到常年保持在20℃的火炕上存放慢煨。煨酒香浓可口，酒液绵柔有黏性，工艺考究、存放时长，被视作待客的上品，有“壮乡女儿红”的美称，因启坛时间不同，有“年酒”“客酒”“保家酒”“祖宗酒”“婚姻酒”等。

4.2.5.3 手工艺品

根雕、花带、刺绣等，打造有侗品源蜡染、彦婷民族服饰等品牌。

4.2.6 旅游接待

距省会贵阳450公里，距州府凯里252公里，距广西柳州280公里、桂林286公里，贵广高铁、厦蓉高速过境，贵广高铁在从江境内设站，乘坐高铁从广州到从江的时间仅4小时左右。县内有三星级饭店1家。

4.3 萨玛福地——榕江县

榕江县山清水秀、景色宜人，是“贵州省旅游优先发展区”“红色革命老区”和“贵州省体操之乡”。境内有绵延十余里浩瀚的车江古榕群，有集侗族历史与文化于一体的载入吉尼斯世界纪录的三宝鼓楼，在这里每年都会举行盛大的萨玛节，祭祀侗族大祖母，这里还建有全国乃至世界独一无二的苗王庙，有红七军军部旧址、镇台衙门、两湖会馆、福建会馆等，苗山侗水风景名胜区被列为国家级风景名胜区。以三宝侗寨为核心的都柳江民族文化旅游线和以茅人河为核心的环雷公山苗风侗韵旅游线历来备受游客青睐，目前已逐渐形成了“都柳江精品线”“古榕群”“苗王庙”“两汪超短裙苗族风情”“晚寨琵琶歌”等旅游品牌，有学者曾评价榕江“风情浓郁、璞玉浑金、无迹不古、山水独秀”。

4.3.1 自然地理

榕江县位于黔东南州南部，地跨珠江与长江两大流域，南北长93公里，东西宽66.5公里，总面积3315.8平方公里，东邻黎平县、从江县，西与雷山县、三都县接壤，北接剑河县，南接黔南州荔波县。地处云贵高原向广西丘陵过渡的边缘地带，地势自西北向东南倾斜，河流深切，中间地势低落，山地特色明显，气候土壤适宜多种林木生长，森林资源丰富，是贵州十大林业县之一，也是全国杉木生产区之一，活立林蓄积量968.13万立方米，森林覆盖率达75%，最高处为平阳高岳山，海拔1704米，最低处为古州永福电站坝址，海拔213米。气候温和，雨量充沛，无霜期长，年均气温18.1℃。空气质量优良，年、日平均值均达到国家二级标准，地面水质达国家环境质量二级标准。全县有植物2000多种，其中400多种有较高的实用价值，野生植物285科678属1400余种，珍稀树种青钱柳被列入国家一级保护植物，二级保护的20种，三级保护的18种；动物资源丰富，有1600种，野生动物500余种，珍稀保护动物55种，鱼类150余种；地下矿产资源有金属矿锑、铁、金、汞、锰、铅等8种，有非金属矿硅石、石煤、高岭土、沙石等，硅石储量16.68万吨；有大小河流67条，总长1303公里，水资源理论蕴藏量25.99万千瓦，可开发10.37万千瓦。

4.3.2 人口区划

榕江县辖19个乡镇，有古州镇、忠诚镇、寨蒿镇、平永镇、乐里镇、朗洞镇、栽麻镇、平江镇、八开镇9个镇，崇义乡、计划乡、平阳乡、两汪乡4个乡，三江水族乡、仁里水族乡、定威水族乡、兴华水族乡、水尾水族乡、塔石瑶族水族乡6个民族乡，县政府所在地为古州镇。2015年年末，全县总人口36.68万，其中，侗、苗、水、瑶等少数民族人口约29.75万，占总人口的81.1%。

4.3.3 历史人文

榕江旧称古州，为江南八百州之一，地处湘黔桂三省接合部中心地带，自古有“黔省东南锁钥，苗疆第一要区”之称，因境内榕树繁茂、江水纵横而得名。榕江在春秋战国时期属楚国，长期为中央王朝羁縻之地，由土司管理。元至正二十年（1360年）置古州八万洞总管府，后改军民府，属思州安抚司。明洪武三年（1370年）置古州蛮夷长官司，属思州宣慰司，二十六年（1393年）置古州卫，永乐六年（1408年）设古州司流官吏目，永乐十二年（1414年）以古州蛮夷长官司属黎平府。清雍正五年（1727年）设开泰县承分驻古州，七年（1729年）设古州镇，置古州厅，以黎平府同知驻其地，八年（1730年）置古州厅，隶黎平府，设流官管理，开始由中央王朝直接治理，乾隆元年（1736年）置古州兵备道；二年（1737年）移开泰县承分驻朗洞。民国二年（1913年）改厅为县，因县城古榕树繁多，而且是都柳江、寨蒿河、平永河三江的汇聚之地，因此改称榕江县，隶黔东道，1923年，直隶于省，为省辖一等县，1924年隶属贵州省第十行政督察区（区署驻黎平），1925年隶属第八督察区（区署驻独山）。中华人民共和国成立后隶属独山专区，1952年属都匀专区，1956年黔东南苗族侗族自治州成立，划属黔东南州，1959从江县并入，1961 年从江县重新从榕江县分出单设。

众多民族在榕江这片土地上共生共荣，历史悠久，文化源远流长，三宝千户侗寨、摆贝苗寨、空申超短裙苗寨、晚寨侗寨等民族村寨风情浓郁，民族民间艺术别具一格。全县拥有文物130多处，其中古迹11处，古墓13处，遗存及纪念建筑16处，鼓楼花桥24处，2008年国家文化部授予榕江县“中国民族文化艺术之乡”。侗族文化古朴浓郁，当地侗族群众擅长唱侗歌，歌声悠扬婉转，人们以歌传情，以声传神。侗族小伙爬窗探妹时要唱情歌，行歌坐月谈情时要唱坐夜歌，此外还有侗族拦路歌、侗族大歌、晚寨侗族琵琶歌、侗族酒歌等，歌声成了侗寨重要的交际方式。

延伸阅读

“爬窗探妹”：是榕江七十二寨侗族地区青年男女自由恋爱、追求幸福的最古老、最奇特、最有趣的习俗，有“悬在窗台上的恋情”的美誉，很多侗乡青年男女就是通过这种形式开始交往，产生感情，最后喜结良缘。因此，七十二寨侗族世代家庭和睦，夫妻感情牢固，很少有人离婚。

根据当地习俗，青年男女对歌，谈情说爱，不能在屋里，要避开女方的父母和兄弟，如果男子进到屋里，被女方父母和兄弟们看到，便是对他们不礼貌，往往认为这对青年男女不明事理。因此，小伙子们只好在夜晚，拿着牛腿琴、琵琶唱着侗歌走街串寨，若发现哪家有姑娘在窗子探望，挥手打招呼，青年后生便扛着木梯子来到吊脚楼木屋檐下，把梯子架到姑娘的卧室窗外，然后爬上去，贴着窗子唱歌，示意姑娘来窗边对歌。当然，若此时青年小伙“爬窗探妹”被姑娘的父母或兄弟遇见，其父母、兄弟也会默许，会选择悄悄避开离去。爬上窗子后，青年后生最先唱的歌称为“喊姑娘歌”，歌唱内容谦逊有礼，男子用诙谐有趣的方式表明心迹；“对唱歌”内容十分丰富，整个过程可以说是柔情绵绵。如果男女双方唱到心醉人迷，投情意合，感情交融，互相爱慕时，还要互相赠送信物。

榕江是省内开展的体操运动较早的地区，群众基础好，有浓厚的体操运动氛围，在国内各类少儿体操竞赛中成绩突出。2007年8月，贵州省少儿体操锦标赛在榕江举行，榕江组队代表黔东南州参赛，共取得14枚金牌。榕江先后有12名运动员进入省队，其中4名进入国家队，林莉、肖莎多次参与国际赛事，均取得较好的成绩，在2004年雅典奥运会上，林莉完成了“反握向前回环成倒立，未经换握地单臂转体360成扭臂握”的高难度动作，被命名为“林莉转体”，成为2004年奥运会上中国队唯一被国际命名的动作。省体育局2004年授予榕江县“贵州体操之乡”、2007年授予“贵州省优秀体育后备人才基地”。

萨玛节：萨玛节是贵州南部方言侗族地区现存最古老而盛大的传统节日，是侗族母系氏族社会时期风俗的重要遗存，流传于榕江县、黎平县、从江县及周边的侗族地区，主要以榕江县车江侗族萨玛节为代表，主要在车江大坝的三宝侗寨举行。节日里人们手牵手，跳“哆耶”舞祭祀萨玛，早在宋代陆游《老学庵笔记》就曾记载：“侗人至一二百人为曹，手相握而歌。”在2006年5月20日，侗族萨玛节民俗经国务院批准列入第一批国家级非物质文化遗产名录。“萨玛”又称萨岁，是侗语译音，“萨”即祖母，“玛”意为大，萨玛可汉译为“大祖母”，她被视作整个侗族，特别是南部方言地区共同的祖先神灵的化身，人们认为祖先至高无上，神威巨大，能赋予战胜敌人、战胜自然、战胜灾害的无穷力量，赢得村寨安乐、五谷丰登、人畜兴旺，因而对之虔诚崇拜，奉为侗族的社稷神。当地有句俗话，“客家庙大，侗家萨大”，在侗族人民的心中，萨玛是他们最大的神。为了祭祀萨玛，人们在寨子中间的土坪上垒起土堆，作为露天祭坛，清代光绪年间，逐渐为萨玛修祠建庙，三宝各村的露天祭坛先后建为“然萨”（祭坛和供奉的场所，侗语，“然”是房屋，汉译为“祖母的房屋”，也称萨玛祠、圣母祠）。与其他民族最大的不同是，萨玛祠内没有神像，只有神位，神位上竖着一把半张开的大黑伞，伞下垒有一堆石头，那即是萨的象征，象征着侗家人在萨玛英灵的保佑下幸福安康、团结坚强。每年农历正月、二月都要在“然萨”举行盛大的祭典，场面庞大而壮观，代代相传，形成了今天的“萨玛节”。同时，萨玛又是传说中的古代女英雄，在侗族古代社会的政治、军事、文化等方面占有重要地位。人们对她无比崇敬，将她视为能带来平安吉祥的神灵，尊称她为“萨玛”。

图4-13　萨玛节

延伸阅读

“萨玛”：相传“萨玛”幼名“婢奔”，成人名“杏妮”，其父母随避难的乡亲逃到今贵州南部，他们在黎平、从江两县交界的大团寨住下。父母被丹阳的汉人大财主李董顺加害致死后，杏妮来到六甲寨与舅父居住，并与当地青年石道结为夫妇。为躲避李董顺的欺压，夫妇两人来到螺蛳寨安身，后仍被李董顺找上门，夫妇两人不堪欺辱，遂率众反抗。李董顺在州府做官的儿子李顶郎上书朝廷，诬称“峒蛮”造反，朝廷随即派大军前来镇压，由于众寡悬殊，杏妮最后在龙额“弄堂概”处跳崖身亡。从那时起，杏妮被侗族人民所敬奉，被尊为神，在侗族南部方言地区几乎每座侗寨都建有圣母“萨岁”坛纪念她，初建庵坛时，均要到“萨岁”灵山即“弄堂概”或六甲寨“圣母萨坛”取土，意为寻根问祖、接“萨”灵归位。时至今日，侗族圣母“萨岁”杏妮的故事在侗乡广为传颂。

茅人节：苗语称为“捞沙丽”，又称作“爬茅人坡”“插茅人”，是两汪乡空申、空烈等地超短裙苗族古老的情人节。相传，古时两汪一带短裙苗族有同寨男女不通婚的习俗，婚姻均由父母包办，姑娘多不得已要远嫁他乡，许多青梅竹马的同寨青年男女被迫分开，因此抱憾终身。远嫁的姑娘在每年阳春三月均要返回娘家帮忙春耕，劳作之余，她们便带着“三月粑”邀约寨里的未婚姑娘和小伙子到山上唱歌，用歌声抒发与心上人被迫分离，远嫁他乡的伤悲，并劝告未嫁的妹妹不要远嫁，唱到情深之处常常是泪如雨下，泣不成声。为了表达对家乡和情人的依恋，她们用新长出嫩绿的枝叶和茅草扎成高低大小不等的“茅人”草把，捆在杉树杆上，插于最高的山顶上。一般插七根、九根、十一根或十三根，插单不插双，按中间高两边低排列，中间最高的象征大姐，两边的象征妹妹，寄托姐妹情意。

由于社会的不断进步，同寨的苗族男女现在已可以通婚，姑娘们再也不用远嫁了，但这一古老的恋爱习俗却一直沿袭下来，逐渐演变成青年男女交友择偶的情人节。每年农历三月至四月栽秧前，寨子里成年男女皆可结伴上坡游玩，对歌，扎茅人，玩“茅人坡”成了榕江境内短裙苗族青年人的一种重要的婚恋活动。现在茅人节的内容和目的也更加广泛，除择偶外逐渐成为一项有趣的社交活动，姑娘们或已婚妇女都可以参加，她们精心打扮后，会提着小篮子以采蕨菜为由上山，小伙子或已婚男子则身背柴刀或斧头上山砍柴，大家在“茅人坡”相会后，即对歌传情，根据不同的表达目的，歌的内容也不尽相同，有“见面歌”“赞美歌”“盘查歌”“思念歌”“求爱歌”“盟誓歌”“送别歌”等。

图4-14　三宝侗寨里珠郎娘美塑像

珠郎娘美：是根据清乾隆年间发生在从江、榕江的真实爱情悲剧改变而成的侗族大歌剧，后改编成侗戏剧本，广泛流传于黔、桂、湘地区，被人们奉为经典。2008年6月7日，经国务院批准“珠郎娘美”列入第二批国家级非物质文化遗产名录。

延伸阅读

珠郎娘美：相传在清道光年间，口寨有一位聪慧漂亮的侗族姑娘，名叫娘美，在与口寨遥遥相望的朵帕寨上，有个聪颖俊秀的孤儿名珠郎，小名秀郎。两家田地相连，在共同的劳动中，两人相识相恋。因旧时有“还娘头”的习俗，意思就是娘美要嫁给娘舅家人，娘美不愿意，后来被她母亲锁在房中不准出来，准备强行让娘美完婚。距舅家来娶亲的前三天深夜，娘美趁母亲熟睡后，打破窗户，跳出房间，与在外等候的珠郎相会，两人抱头痛哭，他俩决定远走他乡，以“逃婚”的方式，反抗封建包办婚姻，两人摸黑爬上九十九垴，历尽千辛万苦，终于走到七百贯洞，贯洞寨的乡亲非常同情两位年轻人，并接纳了他们。可是，当地的财主银宜因迷恋娘美却起了歹心，因寨上人都说娘美比他小老婆孟亮漂亮十倍，银宜便想霸占娘美为妾，于是，他假装热情邀请他俩到家中做客，并与珠郎结拜为弟兄。最后是贯洞的“款首”蛮松给银宜出了一条毒计，即利用聚众“起款”（“款”有结盟之意，为旧时侗族社区的议事组织）的机会，让珠郎吃“枪尖肉”，趁机杀害他，娘美孤身一人必然会投奔银宜。这场阴谋如期进行，珠郎被逼上江箭坡参与“聚款”，在吃“枪尖肉”时果真被刺死。

娘美得知珠郎遇害，痛不欲生，直奔江箭坡并找到珠郎的遗骨，并从现场遗物中确信是银宜害死的珠郎。她返回贯洞寨上，猛烈击鼓，寨上人听到鼓声，纷纷向鼓楼集中。娘美假意当众宣布：“我的爱人珠郎已被人杀害了，现在我找到了他的尸骨，谁愿意帮我埋珠郎，我就嫁给谁！”银宜一听大喜，连忙抢先答应帮她埋珠郎。寨主当众说：“鼓楼议事，不可儿戏，既然一个愿埋，一个愿嫁，这事就这样定了。”议事完后，娘美要银宜只身跟她上山，娘美让银宜在珠郎吃“枪尖肉”的地方挖坑，他挖了一尺深就不想挖了，娘美说：“死于刀枪的人要深葬才好，再往下挖三尺。”当挖到三尺多深的时候，银宜累得喘不过气。就在他弯腰想休息时，娘美迅速拿起锄头，朝着银宜的脑袋打去，直到银宜不能动弹了，她才把坑口两边的泥土往下刨，银宜葬身在他自己挖的深坑里。娘美为珠郎报了仇，她背着珠郎的遗骨，顺着两人当初逃婚的山路，一路哭着回到三宝侗乡，亲手将珠郎的遗骨安葬在朵帕寨旁，让自己能时时陪伴着他。

三宝侗寨的乡亲们，在古榕下为珠郎娘美立了雕像。2003年4月18日，珠郎老家——王岭寨上的乡亲们，为珠郎墓立了石碑，珠郎娘美故事将千古流传。

4.3.4 主要景点

境内苗山侗水风景名胜区，面积210平方公里，风景区内山水相映，人文景观、自然景观相互融合，苗侗民族和谐共生，展现出了一幅美妙的山水人文画卷，于2009年被国务院公布为国家级风景名胜区。苗山侗水风景名胜区分为两片区6景区。第一片区包括古州、车江、忠诚和宰荡4个景区，第二片区包括“七十二寨”侗乡和龙塘2个景区。

4.3.4.1 西山苗王庙

西山苗王庙位于榕江县城关西面卧龙岗上，是古州苗族人为纪念开辟苗岭荒山的始祖而建，历代香火鼎盛，是中国乃至世界鲜有的供奉苗族始祖的庙宇，是榕江县内一大人文胜景。

4.3.4.2 三宝侗寨与古榕群

三宝距榕江县城约3公里，属古州镇，因寨子由上宝、中宝、下宝三个侗寨组成而

图4-15　三宝侗寨古榕群

得名“三宝”，是贵州省重点打造的100个特色旅游景区之一。寨内沿河为茂盛古榕树群，寨中建有三宝鼓楼，有21层，高35.18米。每年在这里都会举行隆重的“祭萨”活动，鼓楼旁还建有萨玛祠和“珠郎娘美”塑像、观景亭等。三宝侗寨沿寨蒿河而建，在过去河岸经常因为洪水被冲毁，极大地影响了当地侗族人民生产生活，于是人们将榕树栽种在河的沿岸，经过数百年的精心培植，榕树长大后形成了一条天然的护河长堤，同时也造就了一条清幽的沿河林带，仅百年以上树龄的榕树就有近200株，是世界上罕见的古榕树群，成为三宝侗寨最为亮丽的一道风景。古榕属桑科榕属，别名细叶榕树，为极具观赏价值的常绿乔木，古榕最密集的地段为车江荫塘寨到章鲁寨约一公里的河岸，有50株左右，这里的古榕树大多树高20余米，胸围3米以上，根系相连，枝叶相依，如同一把把巨大的绿伞，遮天蔽日，向河心处伸展。

4.3.4.3 红七军军部旧址

红七军军部旧址位于县城内古州中路西侧，原为清代古州镇镇台衙门，即“古州镇总兵署”，为四合院建筑，呈长方形，占地面积2900余平方米，四周为青砖空斗封火墙，现存门楼、前厅、后厅、左右厢房、后院和南北耳房，有天井2个，是贵州境内唯一保留完整的清代军事机关，现改建为红七军军部旧址博物馆。1929年12月11日，邓小平、张云逸、雷经天、韦拔群等领导广西警备第四大队、教导总队和右江农军在百色起义，建立中国工农红军第七军，张云逸任军长，邓小平任中共红七军前敌委员会书记、军政治委员。1930年春，红七军从广西出发转入贵州作战，于4月30日攻克榕江县城，这次战役也是红七军成立后取得的第一个大胜仗，进城后红七军便将军部设于镇台衙门内，军长张云逸和总指挥李明瑞在这里主持召开军事会议，接见各界人士，宣传党和红军的方针政策。次日正逢“五一”，当天在镇台衙门广场召开庆祝“五一国际劳动节”军民联欢暨祝捷大会，进一步扩大了红军在贵州边境地区的影响。

4.3.4.4 茅人河

茅人河位于雷公山国家级自然保护区和榕江古榕风景名胜区内，是贵州省重点打造的100个特色旅游景区之一，因两汪短裙苗族每年农历三月举行的神秘浪漫的“茅人节”而得名。茅人河发源于雷公山原始森林，河两岸植被原生性强，保存完好，河水清澈见底，山水风光秀丽迷人，河岸村庄依山傍水而建，整条河段全长25公里，起始为榕江县平阳乡南丹湖电站至两汪乡所在地。河段落差适中，适宜漂流，茅人河漂流全程11公里，约2小时，从乌沙溪口开始起漂，整个漂流河段有缓流、险冲，但河塘不深，有惊无险，终点到达超短裙故乡——两汪。茅人河仍保留着原始的自然生态，适宜探秘、垂钓、探险、避暑、养生，溯溪而上适宜徒步休闲，除了欣赏优美的自然景观外，还可以领略到平阳乡小丹江和两汪乡短裙苗族等村寨浓郁的民族文化、体验淳朴纯正的

图4-16　夕照茅人河——“日子夕矣，牛羊下来”

苗寨风情。

4.3.4.5 乌公侗寨

乌公侗族属四十八寨侗族支系，乌公侗寨是榕江四十八寨的典型代表村寨，距县城60公里，距寨蒿镇政府所在地11公里，寨子四面群山环抱，植被茂密，河水从寨前蜿蜒流过，适宜居住，宛若桃源胜景，是避世静心的优选地，被贵州省侗学会评选为第一批27个“魅力侗寨”之一。从观景台放眼望去，整个寨子四周皆为树竹掩映，寨内干栏式吊脚木楼鳞次栉比、错落有致。寨里节日众多，有“六月六”、吃新节、侗年、“济间”节和烧鱼节等。稻田养鱼是当地侗乡的传统习俗，烧鱼自然成了当地侗族的传统美食，节日前人们会开田放水，捉鱼，在水稻收割后便开始欢度烧鱼节，全寨男女老少在野外生起篝火烧鱼，用烧鱼、米酒等祭祀鱼神，祈祷来年鱼粮丰收。值得一提的是，乌公人极具开拓创新精神，安徽凤阳在1978年率先在全国实行了家庭联产承包责任制，据说乌公侗寨在20世纪70年代初即实行这一做法。

4.3.4.6 小丹江

小丹江位于雷公山主峰南麓榕江县平阳乡，地处雷山、剑河、榕江三县交界，距雷山县城63公里，距榕江县城103公里，全村共有317户1400多人，分为大寨和小寨，其中苗族人口占85%。村寨依山傍水而建，一条发源于雷公山深处的丹江河蜿蜒绕过寨脚，这里还有世界上保存最完好的原始森林，村寨四周皆郁郁葱葱，环境清幽，被誉为人与自然和谐的典范。小丹江苗家人世代居住于此，过着与世无争的生活，风雨桥雄奇秀美，寨门牌楼雕梁画栋、精美雅致。如今为更好地接待八方宾朋，在村边建起了豪华典雅的全木宾馆，小丹江人热情好客，礼仪庄重，但凡宾客而至，会以芦笙歌舞相迎，邀请客人畅饮香甜的米酒。这里的苗族信仰“龙”，传说他们的祖先就是龙神，后人每年农历二月（即龙天）在这里举行盛大隆重的“招龙节”。小丹江有众多自然和人文景观资源，如四道瀑、七姊妹打岩的传说遗迹、老人与虎的故事遗址、茅人河漂流等，特别是小丹江四道瀑为许多人所熟知，是探险露营的首选理想之地，瀑布分成四道，瀑布周围森林密布，溪水清澈，四季不干涸，植物种类繁多。

4.3.4.7 阳开苗寨

“阳开”为苗语音译，意为“苗族的田地”，阳开苗寨位于月亮山腹地的计划乡计划村，距离榕江县城78公里，全寨有70多人。80多年前，阳开的先民垦荒至此，为便于耕种劳作，人们在梯田旁的开阔地带修建了房屋，历经数十年人口繁衍，逐渐成寨，至今无论是生产生活还是娱乐节庆都沿袭着80年前的方式和习惯，神秘古朴。这里民风淳朴，人们恪守先辈们制定的村规民约，从未发生过治安案件；尽管地处偏远山区，但这里土地富庶，水源充足，粮食及鱼肉产量能够满足当地生活所需，也因此寨子即使不与外界联系，生活依旧能自给自足、悠然自得。这片神奇的净土在2016年被外界所发现，法国的一档真人秀节目《相约未知地带》选中了这处秘境作为拍摄地，法国知名节目主持人弗雷德里克·洛佩斯和著名喜剧演员克洛维斯·科尔尼亚克在阳开苗寨深度体验了一回苗家人生活，他们与当地村民同吃、同住、同劳动，一起下田、一起收割、一起过节、一起欢笑，外国朋友即将离去的时候，大家依依不舍，洒泪话别，他们在阳开苗寨经历的全过程被真实地记录下来，2016年4月12日，法国知名电视纪录片《相约未知地带——贵州篇》在法国电视二台开播，吸引了法国520多万观众观看，引发了巨大反响，阳开苗寨与世隔绝般奇妙的生活，与当地人的善良质朴，引起了跨域国界、种族的共鸣，吸引着众多的国内外游客前来猎奇探秘。

4.3.5 风物特产

4.3.5.1 土特产品

榕江香羊，为榕江县特有的地方山羊品种，已列入《西南四省区畜禽品种遗传资源多样性补充调查报告（贵州篇）》，有易饲养、适应性强、耐粗饲、抗病力强的特点，背毛以白色为主，其次为黑、褐麻色、麻黄色，极少数为黑白花，毛短粗，比贵州省其他山羊的毛都粗，公羊头顶部多有卷毛。最大的特点就是个体矮小，但膻味轻，小而

图4-17　榕江卷粉

香，以其肉质细嫩，鲜香可口而闻名。

西瓜，据《榕江县志》记载，清光绪年间榕江古州一带就已经种植西瓜。榕江西瓜以个大皮薄、香甜爽口，而且耐储耐运，曾多次进入中南海作为国宴果品。

脐橙，榕江脐橙个大色鲜、蛋白质含量高、富含多种维生素，曾先后荣获“贵州省优质农产品”和“首届贵州名特优农产品展销会名牌农产品”等称号。

4.3.5.2特色饮食

羊瘪，又称“百草汤”，将香羊胃液熬制成膏状，与羊肉和内杂同时烹煮，有健脾开胃、清热解毒、理气润肺的功效。

卷粉，用劲道的米皮（肠粉）裹上四季豆或莴笋和肉等炒好的馅料，包成像寿司一样的卷，再配盐、醋、酱油、蒜、豆腐乳、酸辣椒、花椒粉、香葱等作料，直接放置于碗中即可食用。

芋头糕，用芋头为原料制作而成，可拌上酱油和辣椒食用。

三月粑，又名甜藤粑，取三月藤榨出的水制作的糕点。三月藤本生有甜味，故而做出来后又甜又香，甜味完全来自藤的汁液，属纯天然绿色食品。

腌生，凉拌食品，特别之处在于用的不是太浓的醋和香料将黄瓜、海带、莴笋、木耳、海白菜等分别泡好，吃的时候可配上辣椒蘸水。

侗果，侗族美食，球状，里面类似空心。外面呈古铜黄，香脆可口，入口即化。

濑粉，属于蒸粉类，由米浆在大锅里蒸煮，待成型后直接卷入碗内。在碗内添加已烹饪好的黄焖牛肉、狗肉、鸭肉等佐料。

寨蒿月饼，已有200多年历史，纯传统手工制作，制作原料除了白糖从外地购进之外，使用的芝麻、花生、糯米等均出产自寨蒿，目前仍保持着木炭烤饼的做法，香味纯正，绿色健康。

4.3.5.3 手工艺品

蜡染、土布、刺绣、竹编等。打造有牧梭土布、“月亮故乡”文创等品牌。

4.3.6 旅游接待

榕江县城位于都柳江畔，处于贵阳与桂林的中点上，距两地空间距离约为190公里，区位条件好。厦蓉高速公路与贵广高速铁路过境，分别从县城的南北经过。贵广高铁在榕江设停靠站，榕江至贵阳或桂林在1小时以内，至广州4小时左右，良好交通条件使榕江成为贵州东南最大的人员、物资集散地。县东北方向有黎平机场、西南方向有荔波机场，距离都在100公里范围内。水运发达，历来为黔桂两省的水上枢纽，是贵州省对广东、广西交往的门户，船舶顺江而下可直达广州。境内的旅游接待酒店极富侗族文化韵味，是体验原生态民族文化的理想居所。

4.4 贵州侗乡大健康产业示范区

贵州侗乡大健康产业示范区，于2015年4月20日经省人民政府正式批准在黔东南州设立，是全国首个以民族文化旅游和健康养生深度融合发展的省级示范区。其核心区位于黔、湘、桂三省区接合部的从江县洛香镇、贯洞镇和黎平县肇兴镇，规划控制面积约98平方公里；联动区为除核心区外的从江、黎平、榕江、锦屏四县的主要景区、景点、休闲养生基地、医药产业园及绿色食品基地；辐射区为天柱、丹寨、镇远、施秉、黄平、雷山、台江和剑河等全州范围内的景区、景点和基地。侗乡示范区围绕建设“贵州国际智慧生态健康城”的发展目标，以健康养生为主题，以民族文化为引领、以旅游养生产业为主导，以“医、养、健、管、游、食”六大产业为支撑，将大健康、大数据、大旅游、大农业、大文化深度融合，重点发展高档医疗服务、医疗旅游、健康养生服务、健康教育、旅游商业、民族美食、远程医疗、保健食品、农业产业园和现代物流园等产业。

示范区核心区的功能布局为“一城五带十园”。“一城”是文化旅游健康养生综合服务城。“五带”是民族文化旅游体验带、民族文化创意产业带、健康养生产业带、医疗

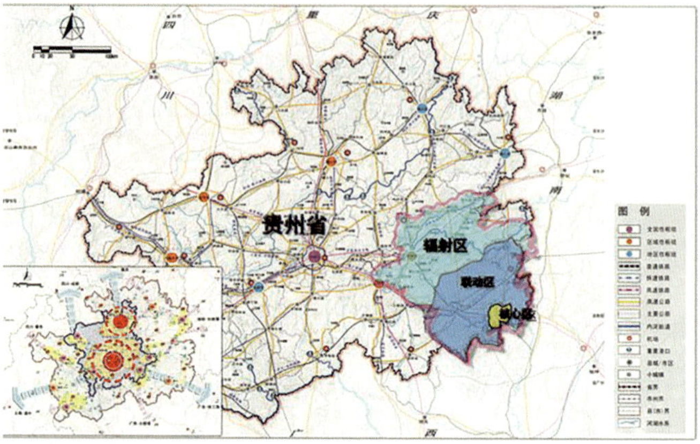

▲ 大健康产业示范区在贵州省体系中的位置

图4-18　大健康示范区分布

医药产业带和有机食品产业带。“十园”：大健康医药产业园、民族工艺品创意产业园、侗乡大健康产品交易及现代物流园、民族体育竞技产业园、生态农业休闲观光园、侗城美食博览园、狮子岭森林康养示范区及康体健身园、侗族文化博览园、康复疗养中心及健康医疗园、大健康文化教育园。

第5章

历史文化旅游

5.1 太极古城——镇远县

图5-1　傍晚时分古城远景

镇远是黔东南历史文化和山水风光旅游的重要区域，历史悠久、旅游资源丰富，交通条件优越，是贵州省重点打造的100个特色旅游景区之一，是黔东南文化旅游的标志性品牌，2009年荣获“中国最美的十大古城”称号。镇远有八张国家级旅游品牌，即中国历史文化名城——镇远，国家级风景名胜区、国家级水利风景区潕阳河，国家级重点文物保护单位青龙洞古建筑群，日本在华反战同盟“和平村”旧址，镇远城墙，全国农业旅游示范点铁溪景区，国家级非物质文化遗产“赛龙舟”以及报京“三月三”讨葱节等。镇远古城位于潕阳河畔，山势环绕，北岸为旧府城，南岸为旧卫城，两座城池皆为明代所建，现尚存部分城墙和城门，河水以“S”形蜿蜒穿城而过，从远处观看，府城卫城神似太极两仪，也因此得名“太极古城”，因山、水、城浑然一体，有“东方威尼斯”之称。目前对外开放旅游的历史文物名胜有200余处，自然风光景观景点300余处。

5.1.1 自然地理

镇远县位于贵州省东部武陵山区，东邻湖南新晃，南界三穗、剑河，西毗施秉，北接岑巩和铜仁市石阡，是贵州的东大门，素有“滇楚锁钥、黔东门户”之称，2017年被全国爱卫会评为国家卫生县城。全县总面积1878平方公里，森林覆盖率47.55%，东西长58.8公里，南北宽54.7公里，东部狭长而西部较宽，略呈三角状。最高海拔1400米，最低海拔380米，平均海拔高度在900~1200米，地形为南北高中间低、由西北向东南倾斜，属贵州高原向湘西丘陵过渡的斜坡地带。四季气候分明，冬无严寒，夏无酷暑，年平均气温为16℃左右。境内河流属长江水系，大小河流有60多条，总长693公里，水能蕴藏量10.55万千瓦；镇远属中亚热带绿阔叶植被，木本植物有94科，247属，

552种，国家重点保护树种有银杏、南方红豆杉、香樟等；药用植物有125种，有天麻、党参、半夏等。国家级重点保护动物有猕猴、穿山甲、红腹锦鸡等。县境内探明不同级别储量的矿床24个，矿点54个，有色金属、建材用非金属等矿产资源具有明显优势，其中铝、铅、锌、钒、重晶石、水泥灰岩等矿产资源储量较为丰富，资源潜力大，铝土矿储量8897吨，钒矿产储量4100多万吨。

5.1.2人口区划

镇远县辖12个乡镇，有蕉溪镇、㵲阳镇、都坪镇、青溪镇、金堡镇、江古镇、羊场镇、羊坪镇8个镇，尚寨土家族乡、大地乡、涌溪乡、报京乡4个乡，县政府所在地为㵲阳镇。2015年年末，全县总人口27.6万，其中苗、侗、土家等少数民族人口13.17万，占总人口的47.7%。

5.1.3历史人文

镇远从春秋开始建置，自秦昭王三十年（公元前277年）设县开始至今已有2000多年的历史，历史人文旅游资源丰富厚重。镇远在秦代属黔中郡。汉属陵郡，无阳县地，隶荆州。宋大观元年（1107年），置安夷县，属思州，宣和四年（1122年），废安夷县作堡，隶黔州。元至元十四年（1277年），置镇远沿边溪洞招讨使司，属思州军民安抚司，二十年（1283年），改置镇远军民总管府，二十一年（1284年）改安夷县为镇安县，至正二十二年（1362年）改称安夷县，至正二十五年（1365年）六月。明洪武四年（1371年），降镇远府为镇远州，五年（1372年），改隶属湖广行省，二十年（1387年），思南道宣慰司治迁镇远城，二十二年（1389年），思南道宣慰司治迁德江，镇远州另置镇远卫指挥司；明永乐十一年（1413年），废思州、思南二宣慰司，改土归流，分其地置镇远府，颜泽首任知府，建府署、创府学，与镇远州同治，隶贵州布政使司，十二年，以镇远金容金达长官司属镇远州；明正统三年（1438年）四月，省州入府，与镇远卫同城；明弘治十一年（1498年），改金容金达蛮夷长官司为镇远县，设流官，属府附郭；明嘉靖二十六年（1547年），知府程火节建府城；明万历二十九年（1601年）十一月，镇远卫改隶贵州都司，三十一年（1603年）改隶湖广都司。清顺治十五年（1658年），赵廷臣设镇远镇总兵署；清康熙二十一年（1682年）裁卫入县，三十八年（1699年）移县治于卫城，府县分治；清雍正七年（1730年）在镇远设分巡贵东道，治卫城，雍正十二年（1734年）设县丞一员，驻邛水，称邛水县丞，清乾隆四年（1740年）升镇远协为镇远镇，清宣统元年（1909年）并县入府。民国元年（1912年），贵州省军政府镇远军政分府成立，府不领县，各府、县、州、厅直隶于省；民国二年（1913年）9月，废镇远府，在镇远设黔东道，领镇远等27县，贵州省划分等级县，镇远县为一等县；民国九年（1920年）撤贵东道，镇远县直隶于省；十九年（1930年），镇远县设7区：称中区、东正区、南区、西区、北正区、北分区、东分区，民国二十年（1931年），镇远县设5区41乡。1949年11月8日，镇远县解放，隶镇远专区，1956年4月8日，根据国务院批复，撤销镇远专员公署，建立黔东南苗族侗族自治州，7月23日黔东南苗族侗族自治州正式成立，首府设在镇远县，1958年州府搬迁至凯里。

古城地处入黔要道，历史上众多著名人物曾在镇远留下足迹。据说印度前总理尼赫鲁少年时随师传经布道，就曾到访镇远青龙洞，留下深刻印象，在一次国际会议上还特别向当时的周恩来总理了解镇远的情况。20世纪70年代初，有“战备路”之称的湘黔铁路工程设计方案上报国务院，周恩来总理在审定方案时，就提出线路必须要经过镇远，镇远也因此成为黔东南各县市中开通铁路最早的县。

不同地域文化在此汇聚，中原文化、荆楚文化、巴蜀文化、吴越文化、闽粤文化、土著文化等相互融合，使镇远成为多民族、多宗教、多文化的博物馆，留下了160多处珍贵文物古迹，镇远在1986年被国务院列为国家历史文化名城。

歪门斜道：镇远民居建筑最典型的特征，顾名思义就是设计中将大门与道路错开。凡开在小巷道旁的各家大门绝不会与小巷平行或垂直，小巷也决不与大厅正对，而是有意地将门的朝向转一个角度，斜着朝向街道，即所谓斜道。之所以这样设计，一是因为房屋依山，可以尽可能增加建筑数量和居住人数；二是门不对行道，寓意“财不露白”；三是讲究风水，“以南为尊”能显出富贵之相。

赛龙舟：每年农历五月初五，古城都会举行端午龙舟节，全县各乡村群众和四面八方的游客全涌入古城看龙舟竞渡，十分热闹。镇远赛龙舟历史悠久，相传在汉朝时期，镇远民间就有了自发组织赛龙舟，以此纪念爱国诗人屈原，同时祈求风调雨顺，至宋朝时就已经十分兴盛，到了明代，镇远即享有“龙舟之乡”的美誉。到20世纪90年代中期以后，镇远端阳龙舟节正式命名，逐渐成为镇远代表性传统盛会。如今的镇远龙舟赛，既保存了传统龙舟文化的厚重，又展现了新时代的风貌，被列为国家级非物质文化遗产。镇远龙舟以队员居住地段来划分龙头标

图5-2 端午龙舟竞渡

志，红龙、青龙、紫金龙、黄龙、白龙、菜花龙等龙船分别代表镇远古城不同社区的龙舟队，如青龙代表周大街、黄龙代表兴中街、红龙代表顺城街、白龙代表和平街等。古城内的每条街都有自己特殊的龙船故事，龙船以圆木雕绘，昂首翘尾，尽显雄姿。镇远龙舟赛每年设竞赛奖、龙头奖、龙袍奖、号子奖等。

谭钧培（1828—1894年）： 清代云南巡抚兼云贵总督，是镇远历史上走出的最大的官员，是今㵲阳镇大菜园人，1859年乡试中举人，1862年进士、庶吉士、授翰林院编修。从1869年任江西道监察御史开始，谭钧培先后任过江苏常州府知府、苏州府知府、代理徐州道尹、安徽凤颍六泗、山东按察使、江苏布政使兼署漕运总督、江苏巡抚等职。

周达文： 中共早期重要人物和中国共青团的创始人之一，1903年1月3日出生在镇远。先后在北京俄文法政专门学校，以及莫斯科东方大学、中山大学、列宁学院等处学习和工作，担任过重要的党内外职务，受到中共中央、苏共中央和共产国际的器重,《斯大林全集》中的《给丘贡诺夫的信》就是写给他的。1920年4月，他随家迁居北京，不久进入北大预科班，1921—1924年在北京俄文法政专门学校上学，加入李大钊等革命先驱发起成立的马克思学说研究会，参加在北京大学召开的北京社会主义青年团成立大会，1923年由中共北京地委书记范鸿劼等人介绍加入社会主义青年团，随后又由中共创始人李大钊和范鸿劼介绍加入中国共产党。1924年10月，周达文受党中央指派，赴莫斯科东方大学学习；1925年6月回国，按照中共中央的指示，先后在上海和北京等地工作；1927—1932年，周达文先后是列宁学院的学生、研究生和教员，并担任该校支部局委员和中国部主任等职；1937年7月14日，因被王明和康生诬陷，苏联内务人民部以“托洛茨基右派反苏组织成员”的罪名，将周达文逮捕，1938年4月13日，苏联最高法院军事法庭判他死刑，因坚持真理、反对王明宗派主义和“左”倾错误而冤死异乡。1957年8月3日，苏联最高法院正式为他平反。1986年，中共中央组织部正式批复为他恢复名誉，在镇远的故居建立纪念馆。

5.1.4 主要景点

5.1.4.1 㵲阳河风景名胜区

㵲阳河风景名胜区位于镇远、施秉、黄平三县境内，包括㵲阳河三峡、云台山、铁溪、镇远古城等景点，融自然山水、名胜古迹、民族风情为一体，面积400平方公里，是国家级风景名胜区。其中㵲阳河三峡是整个景区的精华所在，主水道长35公里，以峡奇、峰险、水绿为主要特点；云台山位于㵲阳河上游，为“中国南方喀斯特”世界自然遗产；铁溪为㵲阳河支流，两岸原生植被丰富，奇峰异石耸立于河谷之中；镇远古城位于㵲阳河下游，城内聚集有青龙洞、和平村、吴王洞、四宫殿、天后宫、古城垣等人文景观；青溪铁厂，在张之洞、李鸿章“洋务运动”时期兴建，造轮船下洞庭入长江，对我国近代民族工业的发展产生了积极影响和推动作用，它是贵州历史上第一个规模大、实力强的近代工矿企业，“天字第1号”钢锭现仍存放在镇远，同时青溪也是贵州青酒集团所在地。

在㵲阳河上，近年还发现了被列为世界最高级别的“极危生物”，有“水中大熊猫”之称的生物——桃花水母，时常能看到大片半透明形如桃花又似降落伞的桃花水母，时而浮上水面、时而沉下水，众多桃花水母出现在镇远境内的㵲阳河中，极其罕见。有研究表明，桃花水母已有5亿年以上的生存历史，是一种濒临绝迹、古老而珍稀的腔肠动物，也是最原始、最低等的生物，由于其对水质要求极高，所以在水污染严重的地区已经绝迹。

5.1.4.2 青龙洞古建筑群

青龙洞古建筑群坐落在镇远城东山势挺拔、峭壁悬崖的中和山上，建筑、巨岩与洞穴合为一体，融合了道、儒、佛三教文化，1988年被列为全国重点文物保护单位。青龙洞位于中和山山崖南段，历史上也称“真武观”“玄妙观”或“青龙寺”，是古建筑群中的道教文化圣地，实为佛道结合，道观为主。青龙洞现有山门、吕祖殿、观音殿、玉皇阁、望江楼、正乙宫、斗姥宫和察房、厨房等建筑物。紫阳书院位于中和山石崖中段上部半崖平台，地处中元禅院与青龙洞之间，是青龙洞古建筑群中儒家文化的代表建筑，现有大门、圣人殿、老君殿、考祠、三角亭等建筑物，均建于台地外侧山崖边缘。中元禅院，又称“中元洞”，为青龙洞古建筑群中三教并存之一的佛教圣地，现有山门、大佛殿、藏经楼、望星楼、独柱亭、洞门牌坊和六角亭等建筑物。江西会馆即万寿宫，在明清时期为镇远经商的江西籍人迎客会友、议事集会的地方，是镇远“八大会馆”之一，位于中和山石崖中段下部，南邻青龙洞，北接中元禅院，上有紫阳书院，为一组典型的江南徽派风格封闭式的高封火墙四合院组群，从南至北有大门牌楼，前院戏楼耳房、厢楼和杨泗将军殿，中院客堂即抚府客厅，后院许真君殿及其北侧的客房和文公祠等。

图5-3 青龙洞夜景

5.1.4.3 “和平村”旧址

“和平村”是原国民政府军政部第二日军俘虏收容所，在这里建立了日本在华反战同盟。“和平村”旧址设在镇远卫城十字街东侧五云山下，是原镇远总兵署中营衙门，面积50000平方米，前有巷道北通卫城上北门，面临㵲阳河，后依五云山，至今仍保留着当年“和平村”半圆拱形大门和高墙，为更好更直观地开展爱国主义教育，目前已恢复了当年的“新生班”“研究班”“训练班”“哑子室”“职员室”。“和平村”先后关押日军俘虏六七百人，受中国共产党抗日民族统一战线政策和优待敌军俘虏政策的影响和感化，在“在华日本人民反战同盟西南总部”负责人、反战作家鹿地亘、池田幸子夫妇的积极组织下，镇远收容所一部分有觉悟的日军俘虏志愿成立了“在华日本人民反战同盟和平村工作队”，为世界反法西斯战争做出了积极的贡献。和平村见证了中华民族在世界法西斯战争中做出的积极贡献，充分展现了中华民族宽容、博大的胸襟。

5.1.4.4 周达文故居

周达文故居又称“周公馆”，曾是中共镇远地下支部旧址，位于镇远县卫城和平街南侧，为光绪初年周达文祖父周炳元修建的住宅，周达文父亲周瑛于1905年留学日本，回国任国民政府驻日参赞、领事，后为外交官。周达文故居占地1250平方米，是一座四合院，四周为高大的风火墙，内设前后天井，建有前厅、后厅和厢房。前厅大门挂有伍修权同志书写的“周达文故居”金字匾额。正堂中央安放着周达文大理石塑像，左边为居室，有古式木床、木柜等；右为展览厅，通过大量的实物和图文，较详细地介绍和展示了周达文生平和中共镇远地下支部的工作情况，还展出了斯大林写给周达文的信、周达文的自传和中共镇远地下支部成员的照片等。

5.1.4.5 铁溪景区

铁溪位于镇远古城北部，全长21公里，是全国农业旅游示范点。因河床的特点和流经地段的不同，因而当地人对它的称谓也有所不同：源头至马路河村一段，称“甘溪”；马路河村至龙池一段，称“马路河”；龙池至黑塘沟口一段，称“龙塘河”；黑塘沟至新桥溶洞一段，称“翁子河”；新桥溶洞至铁溪口一段，称“铁山溪”。特别是铁山溪所流经区域，有幽谷、奇洞、群山和飞泉，原生植被茂密、珍稀动物众多，环境清幽，风景秀丽，是避暑休闲的绝佳目的地。铁溪的美在四个方面，分别是一个神奇的传说、一片原始的森林、一个奇特的钟乳岩洞和一汪宝蓝色的池水。人们把孕育蓝色池水的地方称为“龙池”，水平如镜，深不见底，池水如大海一般的湛蓝，被誉为“云贵高原小九寨”。清代文学家吴敬梓在其名著《儒林外史》的第四十三回“野牛塘将军大战，歌舞地酋长劫营”里，浓墨重彩地描写了铁溪“龙神嫁妹”的故事，就发生在这里。

5.1.4.6 石屏山

石屏山位于县城㵲阳河东侧，属祁连山系，山势起伏，险峻雄伟，因其北面的大山石崖绝壁高耸，“端直苍阔如屏风”，如同一扇大屏风傲视古城，因此得名“石屏山”。整座山东西绵延2200米，主峰海拔668.1米，为镇远古城一景。相传古时曾有先民建国于石屏山上，至今仍能见到当年的遗物、遗迹。

5.1.4.7 报京侗寨

报京古称“京档洞”，是北部侗族地区最大的村寨，位于镇远县城东南部37公里，是报京乡的中心寨，周围有松柏、极有、白岩、龙奔等十几个侗族村寨。在过去因为此地交通闭塞，极少受到外界侵扰，故保留了较为古老的生活方式，独特的侗语、独特的服饰以及独特的侗族习俗。民族节日“三月三”被列入国家非物质文化遗产，节日中独特的“讨葱”习俗，一直延续至今，“喜欢你就送你葱”已成为青年男女心照不宣的爱情信号。在2012年年末，报京遭遇大火，如今重建后的报京侗寨风情依旧，修葺一新的建筑呈现出了另一番活力和韵味。

5.1.4.8 镇远府城垣

镇远府城垣位于镇远县城北石屏山山顶上，建于明代初期。府城垣北跨石屏山顶几个山头，东起石屏山东段的悬崖顶段，顺山势起伏延伸向西直至天后宫西侧，南面临水，水势成为天然屏障。府城垣全长3000米，高5米，宽2.8米，沿北侧砌成垛口，共有间隔一致的垛口76个，每个垛口0.7米左右，上有2米宽人可行其上。城墙中段有方形炮台一个，炮台西南50米为城垣最高点。海拔688米处有士兵守宿指挥堡一间，东西长9米，南北宽3米，占地27平方米。城墙全系正方青石细凿砌筑，凝结材料为糯米石灰砂浆，基石全为长条细凿青石垒砌，每边中部均有长方形台阶进入堡内。据考证，砌筑城垣所用石料，全从山下采集，凿成料石，然后一块一块运上山，整个工程之浩大，令人叹为观止。经过600多年风雨侵蚀，露出部分的石面全部呈青黑色，与城垣周围石质各异。旧时人称“屏山为城，水为池，金汤之固，其无逾于斯乎”，被史学专家誉为“南国苗疆的塞外长城”。据当地老人说以前府城垣平均高度9米，但是因当时大兴围山造田，府城垣的岩石部分被拆下用于修葺田坎，导致府城垣严重的毁坏。从城墙东侧俯视，古城及青龙洞古建筑群尽收眼底，是一处绝佳的观景地。

5.1.4.9 高过河景区

高过河景区位于镇远北部羊场与尚寨乡交界的洞塘，景区内山势险峻，河谷深幽，森林茂密，人迹罕至。以龙江河的上段高过河为轴线，向西北蜿蜒11公里，河流落差近200米，可观赏景点多达50多处，是夏季休闲避暑的好去处。高过河水流潺潺，经山涧、过空谷，一路欢歌，被誉为“一条会唱歌的河”。2008年由贵州青酒集团投资对景区进行升级打造，目前已成为人们“历奇探险、漂流避暑、休闲度假”理想之地，特别是高过河漂流，因河段起伏跌宕、惊险刺激，被广大游客誉为“勇者之漂”。

图5-4 高过河漂流

5.1.4.10《古韵镇远》

《古韵镇远》是镇远斥资打造、杭州千易文化创意有限公司担任策划制作的一台大型歌舞剧。整台节目紧紧围绕古城历史文化充分挖掘内涵、拓展外延，分为远古走来、威镇远方、中和且平、南方丝路、舞水欢歌五个篇章，融观赏性、知识性、趣味性和娱乐性为一体，真正通过一台戏让人了解镇远、感悟镇远，是镇远对外宣传展示的闪亮名片。

5.1.5风物特产

5.1.5.1土特产品

镇远青酒、苗乡腊肉、天印贡茶、姜糖、木锤酥、猕猴桃片等。

5.1.5.2特色饮食

陈年道菜，已有500多年的生产历史。相传，因最初由镇远青龙洞中的道士所创，故称“道菜”，由于储藏越久，品质越佳，味道越美，因而又称“陈年道菜”。道菜专选取当地生产的头大、叶长、苔短的特等青菜作主料，经过选料、搓盐、翻晒、揉搓、剔筋、甑蒸、喷酒等14道工序，精心加工制成，多年陈窖的道菜，格外鲜嫩爽口，令人难忘。镇远陈年道菜既可佐餐下酒，又可炒菜煮汤。用道菜炒肉、蒸肉别有风味；用其煮汤也十分鲜美。如果用道菜和生姜、红糖煎汤饮服，还有治疗感冒和腹泻等疾病的功效。

社饭，用野葱、花生、糯米、腊肉、干豆腐等为原料做成的，主要在清明时节制作。

此外还有黄糕粑、糯米粑、凉粉、霉豆腐、绿豆锅巴粉、灰浆粑、米豆腐等。

5.1.5.3手工艺品

吉祥物镇远娃、银饰、苗绣等。

5.1.6旅游接待

镇远交通方便，区位优越，湘黔铁路、株六复线、320国道、沪昆高速公路、思剑高速公路穿境而过，距离凯里黄平机场50公里；距离铜仁凤凰机场90公里，距离湖南芷江机场170公里，距离贵阳机场270公里。县内有日月大酒店1家四星级饭店，府城宾馆等4家三星级饭店。

5.2 石砚之乡——岑巩县

岑巩历史悠久，境内古迹众多，自然风光秀丽，民族风情浓郁，旅游资源十分丰富，2017年岑巩县城被全国爱卫会评为国家卫生县城。有被誉为“人间天上”，神奇秀美的省级风景名胜区——龙鳌河；有形态万千，令人眼花缭乱的万佛长廊溶洞奇观；有追忆往昔、引人凭吊的明末佳人陈圆圆墓；有千古之谜、令人称奇的中木召古夜郎国遗址。思州石砚作为岑巩最具代表性的民族工艺，年代久远、文化厚重，因做工精细、质地精良，有“国之宝”的美誉，“砚遇思州”的旅游品牌形象逐渐深入人心；民间文化保存完好，思州傩技傩戏惊险刺激、神秘莫测，集观赏性、体验性、宗教性为一体，被誉为“戏剧活化石”“东方神秘”。

5.2.1 自然地理

岑巩县地处黔东南州东北部，位于湘黔两省三地（黔东南、铜仁市、湖南怀化市）交界处，面积1486.5平方公里，大部分地区海拔在400~700米，最高处为北部小顶山，海拔1360米，最低处为龙鳌河马公塘，海拔330米，森林覆盖率为56.2%，气候温和，年平均气温16℃左右。县境内河流属长江流域沅江水系，㵲阳河为岑巩与镇远界河，㵲阳河的一级支流龙江河与车坝河两大干流呈东南走向，河流总长度107.5公里，径流总量8.19亿立方米，县境内有大小河流33条，主要河流有龙江河、龙鳌河、㵲阳河三条，水能资源蕴藏量8.4万千瓦，可供开发的有2.29万千瓦，已开发1.33万千瓦，占可开发量的58%。境内寒武地层占总面积的84%，富藏优质石灰石，平均氧化钙含量为55.54%，仅水尾镇境内的矿带面积就达10.2平方公里，储量1.2亿吨。地下还蕴藏有铀、铅、锌、汞、钒、硝、石灰石、大理石、金星石、重金石等矿藏10余种。

5.2.2 人口区划

全县辖思旸镇、水尾镇、天马镇、龙田镇、凯本镇、注溪镇、平庄镇、大有镇、客楼镇9个镇，天星乡1个乡，羊桥土家族1个民族乡，县政府所在地为思旸镇。截至2015年，全县总人口23.3万，居住着苗、侗、仡佬、土家等30个民族，少数民族人口比例达49.36%。

5.2.3 历史人文

岑巩，古称思州，是荆楚夜郎文化融合地，是贵州省政治、经济、文化的早发地之一，史学界素有“先有思州，后有贵州”的说法。岑巩在春秋时期属楚，隶属黔中郡。汉属武陵郡。晋永嘉元年（307年），思州脱离中央王朝统治，南北朝为“五溪蛮”地。隋开皇五年（585年），置清江郡清江县，十九年（599年），置巴东郡务川县。唐武德元年（618年），置羁縻思州，思州之名开始出现。元代至元十二年（1275年），置沿江（边）史抚司，隶思州宣抚司。明初沿袭元代建制，洪武元年（1368年），分置思州、思南二宣慰司，辖24个长官司（县）；永乐十一年（1413年），废两宣慰司，分置思州、黎平、新化、石阡、思南、镇远、铜仁、乌罗8府，建立贵州布政司统辖。清代仍设思州府。民国元年（1912年），仍称之为思州，民国二年（1913年），贵州民政长唐继尧请废府、州、厅制，改思州府为思县，隶黔中道，民国十九年（1930年），呈报思县为岑巩县，开始出现岑巩县名。

思州傩戏：在古代对傩有许多的记载，《论语》中提到：“傩，却之也。”《后汉书·礼仪》称：“大傩，谓之逐疫。”著名学者余秋雨曾定义傩即“人遇到了灾难，向神灵求助”，在过去漫长一段时间，人们通过表演傩戏进行祈福祭祀，消灾去邪的活动。傩戏表演装扮严肃、造型夸张，融合了说、唱、跳等技巧，集天文地理、医学医药、民族宗教等多种文化于一体，被誉为“现代戏剧的活化石”。傩戏剧目繁多，内容丰富，古朴神秘，仅傩戏人物面具就有上百种，因其功能和目的不同，分为巫傩和军傩。贵州境内的明代军事城堡至今仍保留的地戏表演，就是具有代表性的军傩形式，娱乐性强，岑巩的傩戏则主要为巫傩。据《思州历代名师录》记载，东晋年间中原傩戏文化传入思州，以神秘莫测的民间绝技著称，傩技傩戏种类众多，有刀功、火功、水功等，传统表演节目有“上刀山”“过火海”“脚踩红犁”“口衔

图5-5　傩技——口衔红铁

图5-6 傩技——上刀山

红铁”“喊竹”和“口吞竹筷”等，有些技艺甚至根本无法用现代医学和科技去解释，观后令人难以置信、叹为观止，也因此被誉为“东方的神秘”。

思州石砚：我国“八大名砚”之一，也称为思砚或思州砚，其制作工艺有着上千年的历史，早在唐代就享负盛名。北宋大文豪苏东坡誉之为“珙璧”，清代曾作为康熙皇帝御砚，是当地历代官府进奉朝廷的珍贵贡品，中华人民共和国成立后，周恩来总理等国家领导人对思州石砚给予了极高的评价。思州砚因其石质细腻，经磨耐用，且内含金星纹理，又名金星石砚，曾有文人赞道“水石殊质，云滋露液，浑金璞玉，惜墨惜笔”。如今的思砚仍保持着传统的制作工艺，通过融合现代工艺美术技术进行设计制作，其造型更加精细奇巧，结构也更加复杂严谨，成就了当下砚之上品。目前市面上常见的有“双龙抢宝”“单龙戏珠”“双凤朝阳”“龙凤呈祥”“鸳鸯戏水”“犀牛望月”“喜鹊闹梅”“青松白鹤”“松鼠偷葡萄”“鲤鱼跃龙门”以及“龟砚”“蛙砚”“金鱼砚”等60余种款式造型，广受爱好书画人士和收藏爱好者欢迎。

5.2.4 主要景点

5.2.4.1 马家寨

马家寨位于岑巩县水尾镇，距镇政府所在地4公里，距岑巩县城46公里，是明末一代佳人陈圆圆魂归之地。马家寨民居建筑为典型中原地区建筑风格，与周边苗寨、侗寨建筑风貌截然不同，因考虑战时防御功能，寨中房屋修建以“九宫

图5-7 思砚——龙凤呈祥

八卦阵”形排列，布局严谨，内通外连，外人不易进出，既便于藏匿又可突袭御敌。尽管名为马家寨，但这里的居民却不姓“马”而是姓“吴”，据说为清代平西王吴三桂的后人，如今已有吴氏后裔2000多人。清代康熙皇帝平定“三藩之乱”后，因担心朝廷灭族，吴三桂妾室陈圆圆和副将马宝携吴氏族人逃难隐居于此，因担心家族身份泄露引来杀身之祸，故而隐姓埋名，为了让家族子孙能铭记真实血脉，在每一代吴氏后人中挑选精明能干的一人，对其口传家族历史，是为“秘传”，直至中华人民共和国成立前后，这一秘密才公布于世。寨子两侧葬有陈圆圆墓、吴三桂墓、马宝墓等吴氏祖墓，墓地规模庞大，形制奇特，排列有序，体现封建社会森严的等级秩序。马家寨背靠狮子山，山后为秀美的龙鳌河，寨前有大片的田园，建有近千亩花卉及精品蔬菜种植观光基地，游马家寨，既是一次传奇探秘之旅，同时也是亲近山水、乐享田园的理想之选。

5.2.4.2 陈圆圆墓

陈圆圆究竟魂归何处，史学界对此一直持有争论，有“云南说”“上海说”“苏州说”等，经考证，目前已经认定明末清初一代佳人陈圆圆就葬于今岑巩县水尾镇马家寨，其他地方的陈圆圆墓或为其衣冠冢。为保护陈圆圆墓，雍正年间立碑之后未进行重修，而对吴启华墓、马宝衣冠墓做了修复。吴启华墓联书，“隐姓于斯上承一代统绪，藏身在此下衍百年箕裘”；马宝衣冠墓联铭载，“重垒土茔人祖即已祖，复修石台若翁如吾翁”。据吴氏族人相传，陈圆圆晚年住在天安寺，又名平西庵，在今大有镇桐木寨，死后从桐木寨抬至马家寨安葬，并留有皇伞、御字薄（家谱）、大刀、金银器等物件，至今马家寨还流传着“七颗针的寿鞋”“吴启华藏达木洞”“襄子家屋场”“马宝护送

图5-8　陈圆圆隐姓埋名碑

陈圆圆”等故事。陈圆圆墓位于狮子山绣球凸上，墓坐东朝西，泥土封堆，1984年曾发掘清雍正六年（1728年）隐姓埋名碑，碑面高0.73米，宽0.48米。阴刻铭文是："故先妣吴门聂氏之墓位席”。因时局的因素，陈圆圆墓碑上没有直书其真名，是为了对外保密而有意隐讳。据吴氏秘传："吴门”二字，暗指陈圆圆籍贯苏州，对外界公开则释为吴家。使用“聂”字简化字，因“陈圆圆本姓邢，六岁后跟着姨父姓陈”。“邢”有右耳旁，“陈”系左耳旁，“聂”字双耳代表陈和邢两姓，一字双义。“位席”二字，“位”，特指帝王或诸侯之位；“席”，即大的意思，蕴含吴三桂封圆圆以正妃之意等，墓碑铭11个字连贯起来可以解释为“苏州氏陈圆圆王妃之墓”。

5.2.4.3 龙鳌河

龙鳌河位于岑巩县水尾镇与羊桥乡之间，距岑巩县城49公里、铜仁玉屏火车站25公里，其核心景区长16.5公里，有三条公路直达，交通十分便利。整个景区以龙鳌河自然风光为主体，融合了马家寨和鳌山景观，集峡谷、河流、瀑布、田园、青山、古刹和古村落于一体，山清水绿，洞幽景奇，有着“人间天上”的美誉。龙鳌闹海、二泉映月、轿子岩、情女恨江、观音坐莲、金猴守寨、仙人架桥、圆圆出浴、青蛙闹春、凤凰展翅、将军把关、天狗望月等景观惟妙惟肖，主要景点有二道瀑、落箭塘、隘门渡、象鼻山、龙鳌飞水、水帘洞天、灵芝王、九叠泉、秘宫门、银河飞瀑、生肖岩、天书岩、望马山摩崖天书、小字碑、花滩水库风光与大明洞、金银洞、峰洞、十里桐花等，堪称“人间藏秀”。在军屯河与龙鳌河交界处，有落差38米、涌口为10米左右的飞水大瀑布，有“龙鳌飞水”之称，被誉为“白龙过江”，是龙鳌河一处闻名的绝境，蔚为壮观。行走在景区内，一步一景，曲径通幽，乍一看“山重水复疑无路”，进一步“柳暗花明又一村”。龙鳌河以其独特的魅力吸引了众多海内外游客。1985年10月，中国人民大学教授、中国红学会会长冯其庸先生游

图5-9 龙鳌飞水

览龙鳌河时，为其题词“人间天上”；入录英国《国际名人录》的著名学者李鸣高先生1995年10月亲临龙鳌河后，赋诗赞道：“奇哉龙鳌河，彩练落九天；有山皆怪兽，无壑不飞泉。凫浮白浪里，鱼戏碧波间；花开冬树暖，云涌夏日寒。秀比漓江水，美似武陵源；黔灵挥巨笔，仙境出高原。”

5.2.4.4 中木召古庄园遗址

古庄园位于大有镇中木召自然寨，距岑巩县城23公里，1985年11月2日，被省人民政府列为省级重点文物保护单位。庄园主人以及其建造年代历史上均无文字记载，成为未解之谜，但在民间傩文化《通天桥》中提到“汉室元年建我夷国，砌石建都中木召，设四十八屯，共四十八姓，号封四十八万夷蹼兵屯，王名四十八庄，神号夜郎之鬼国也。拜陈法祖为夷濮夜郎军师也，百战百胜，血言立天，百万夷民平安之也”。从中可以推断庄园曾为少数民族部落的都城，与古夜郎国有着密切关联。

整个庄园的设计布局得体，建筑工艺精巧，遗址占地面积34000多平方米，大部分已被清理使用，还有部分遗址仍掩藏于厚土之下，庄园遗址中的木构楼阁已多次被焚毁并进行了改建，但城墙、基石、门栏、石柱基等仍遗存下来，地面树木繁盛，荆棘丛生，松树、柏树、枫树巨冠盖顶，树干粗壮需几人才能将其合抱。从显露的遗迹来看，庄园四周曾有围墙，内有7条巷道，14堵巷墙，6进房屋基地，24套楼阁石基。所有地面为人工凿制的青石板铺设，部分庭院以正方形厚砖铺地。据专家测算，此庄园为一次性建成，工程浩大，建造过程中包括取石、运石、砌石、雕刻、修建等，需用100万~200万个工日，假设4000人对其进行修建，要花费10~15年时间。古庄园遗址的后山原名大竹山，庄园前的大田坝称军田，并有一条护城河绕城而过，西南面的大片土地称军土，有牛场坝、马道子、过马河、成佛岭、苗坟坡、盐库、蜡库、店铺、古花园、药院、金鱼池等遗址，还有古人墓、苗坟等墓葬。西南2公里为释迦牟尼洞，踏过120步石垛即登入洞门；古庄园有6条青石板铺砌的古驿道通向四面八方，东可达湖南新晃，东南往铜仁玉屏，南至镇远、三穗，西达古思州城，西北往铜仁石阡，北至铜仁各县。在庄园南面的鲁溪屯及汤江溪风景区，科考人员还曾发掘了著名的“思州铜鼓”，由此进一步印证了古庄园在当时举足轻重的政治、经济地位。

5.2.4.5 白岩悬棺

悬棺即“悬棺葬”，是当地少数民族特有的葬俗，因棺椁放置在龙江河畔思阳镇桐木村白岩山上向阳且开阔的崖壁上而得名。白岩山距思州古城5公里，白岩高72米，宽350米，顺着水势形成了2500平方米弧形悬崖石壁，白岩石壁上有悬棺洞穴18个，其中4个明显为人工凿穴，呈“口”字形，据考证为仡佬族祖先葬式，悬棺放置的时间距今千年以上。1980年8月，贵州省博物馆专门对悬棺进行清理，得到悬棺葬具2具，现存于贵州省博物馆。白岩悬棺为二次葬，棺用香椿树整木剖成，棺盖作人字形，呈屋脊状，长0.63米、高0.14米、宽0.33米，斜边长0.2米，横断面为等腰三角形。棺材全为原色，不涂油漆，用斧劈凿造，至今依然能清晰地看到斧痕印记。棺内随葬品仅有龟壳及麻布圆领衣服，棺盖用竹钉固定，逝者放置的方式是人头朝里，脚朝河边。

初夏傍晚时节，在龙江河与白岩上空，有时还会呈现海市蜃楼奇观，十分神奇，当地人深信这是先人们选择魂归于此的原因；在白岩东头缝石壁处曾出土铜锣，如何深藏于窄洞内，至今无法解释，耐人寻味；在西北300米处曾发现有中生代侏罗纪恐龙化石，距今已有7000多万年，是为境内一大发现，引得众多地质研究学者和旅游探险爱好者前来科考、猎奇。

5.2.4.6 万佛长廊溶洞

溶洞位于平庄镇、凯本镇交界的将军山雷公圩，长16000多米，洞内有12个大厅，大洞套小洞，小洞通大洞，尤其钟乳石造型独特，栩栩如生，有的似佛似仙，宛如天庭聚会，进入溶洞中给人以超凡脱俗之感。因地理环境独特，人们在溶洞内还发现了古生动物化石，洞内环境幽暗、水质清冽、常年恒温，是大鲵（俗称“娃娃鱼”）生长的绝佳环境，生长有许多的野生娃娃鱼，人们时常能听到其叫声。

5.2.4.7 客楼万亩桃花

客楼镇位于岑巩县西北部，距县城约74公里，因地势平坦，有“高山平原”之称，目前全镇种植水蜜桃近1万亩，建成“农家桃园”景点50余个，其中200亩连片示范种植的7个。每年3月客楼镇大龙塘现代科技示范园的万亩桃花争相绽放，姹紫嫣红，吸引大批游客赏花踏青，2016年首届“溯龙江墨韵，游桃源胜境”桃花节在客楼举办，“春到客楼来看花”的品牌效应也日益凸显。

5.2.5 风物特产

5.2.5.1 土特产品

思州绿茶、思州文旦柚、岑巩饼柿、水晶米等。

思州水晶米，在贵州省稻米食味鉴评和理化指标测试两项指标均获过贵州省第一，于2003年获得贵州省无公害农产品产地环境认定，2004年通过了无公害大米产品认证。

5.2.5.2 特色饮食

灰碱粑，又名灰浆粑，以粳米、草木灰按特定工艺加工制作而成，使用草木灰作辅助原料，并利用了草木灰的碱性作用，故得名。

黄糕粑，岑巩当地著名的风味小吃，用糯米粉和黄豆浆，拌以沸水、红糖、白糖或糖精，将糯米粉揉成面团后，按箬叶的大小将面团分割成若干小团，用两片箬叶“十”

字状叠放，包成四方形，再用棕叶丝或稻草捆住箬叶。

血豆腐，顾名思义是用猪血和豆腐混合后制成，味美色鲜、香醇可口，是当地人过春节时喜爱制作的一种美食。其制作方法是将新鲜的猪肉和豆腐混合后，拌以食盐，然后将被鲜猪血染透的豆腐团捏成苹果大小的小团，放入垫有稻草的竹筛内，且只放一层，不能重叠，以防变形，然后置于火炕上熏烤，烤制时人们通常喜欢与腊肉、香肠放置在一起，至血豆腐表层呈黑色变硬时即可。制成的血豆腐外呈黑色，切开后内呈淡红色，带有很多小孔，是血豆腐中的水分蒸发后形成的，增加了其韧性和嚼劲。

米豆腐，制作时用石灰水将大米（主要是粳米）浸泡后，用清水洗净大米，然后用石磨或粉浆机将大米磨成米浆，倒入铁锅中用文火煮熟并抖成面状，倒入瓷盆中冷却即可，通常作为凉食，冬季天气寒冷时，也可用沸水煮热后食用。食用时，将其切成长方条状或四方块状，拌以葱花、香油、食醋、味精、酱油、焙黄豆、折耳根等佐料。

5.2.5.3 手工艺品

思州石砚，又名金星石砚，工艺精湛，图案精巧，设计的龙凤虫鱼款式多样，人物山水古朴典雅。2003年11月20日，思州石砚被评为全国十大名砚，并荣获“国之宝”荣誉称号。

此外，还有竹编、傩戏面具等。

5.2.6 旅游接待

岑巩县交通便捷，区位环境优越，是连接东西部重要枢纽，是华东、华南进入大西南的主要通道，是贵州“东联”战略的前沿阵地。西南大动脉湘黔铁路(株六复线)、320国道、上海至瑞丽GZ60号高速公路穿境而过，县内实现乡乡通油路。距离贵阳龙洞堡机场290公里，距离凯里黄平机场200公里，距离铜仁凤凰机场80公里，距离湖南芷江机场90公里。县内有三星级饭店1家。

5.3 中国漂城——施秉

施秉县旅游资源自然禀赋好，山水奇秀，景观富集，是贵州省东线旅游的重要地区。㵲阳河国家级风景名胜区规划的625平方公里中，施秉县就占了420平方公里，可以分为上㵲阳、下㵲阳、杉木河、云台山、黑冲5个游览区，有举世闻名的世界自然遗产云台山，有被誉为“中国第一漂”的杉木河漂流。自然资源灵秀多姿，文化资源悠远厚重，既适宜朝圣追昔，又可健身探险，是山奇水美的旅游胜地。

5.3.1 自然地理

施秉县位于黔东南州西北部，总面积1531.8平方公里，位于黔中山地向湘西丘陵平原第一大梯级过渡的斜坡上，地形由西北向东南逐渐降低，境内山脉纵横，最高海拔1869.3米，最低海拔486米，平均海拔800米左右，森林覆盖率达55.05%，年平均气温15℃左右，气候宜人，四季分明，冬暖夏凉。境内山势起伏、水美物丰，人与自然和谐相处，大自然的鬼斧神工造就了云台山、㵲阳河、杉木河等自然景观。有10公里以上、流域面积20平方公里以上河流34条，水能资源蕴藏量7.74万千瓦。境内主要矿产有重晶石、大理石、石灰石、硅石和磷、钒、锌矿等；县内生物种类繁多，有木本植物47科113属216种，草本植物36科92种，野生动物25属59科170多种。施秉中药材资源异常丰富，目前采集的药材标本近千份，重点品种200多种，县内中药材种植达10多万亩，品种30多个，其中太子参、头花蓼、何首乌3个品种已通过国家GAP认证。

5.3.2 人口区划

施秉县辖城关镇、双井镇、牛大场镇、杨柳塘镇4镇，白垛乡、甘溪乡、马号乡、马溪乡4乡，共64个行政村10个社区，县政府所在地为城关镇，居住汉、苗、侗、彝等30个民族。截至2015年，全县户籍总人口17.4万，少数民族户籍人口9.8万，少数民族占总人口的56.3%。

5.3.3 历史人文

因境内有巴施山和秉水，取山水之名故称施秉，在旧时称“偏桥”。施秉在殷周时属鬼方。春秋属牂牁。战国时属大夜郎国。秦代属象郡。汉代、三国、晋、宋时，西北属牂牁郡，东南属武陵郡。元至元二十年（1283年），置偏桥中寨蛮夷军民长官司，属思州安抚司。明洪武五年（1372年），以偏桥中寨故地置偏桥长官司，以施秉前江故地置施秉长官司，属思州宣慰司，明正统九年（1444年）置施秉县。清康熙二十六年（1687年），裁偏桥卫入施秉县，移县治于偏桥卫城，雍正七年（1729年），以旧县治胜秉（又名老县）设施秉分县，置县丞驻节。民国二年（1913年），隶属于黔东道（驻镇远），民国三年（1914年），改胜秉县丞为胜秉分县，仍属施秉县，二十六年（1937），隶于第一行政督察区（驻镇远）。1949年11月，施秉解放，1956年，由镇远专区隶于黔东南苗族侗族自治州，1958年，撤施秉县建置，并入黄平、剑河两县；1962年，恢复施秉县建制至今。

施秉历史和民族文化绚丽多姿，独具特色。

一年过三次姊妹节：姊妹节是清水江流域苗族社区重要的社交节日，在施秉，为了让姑娘、小伙们有更多的谈情说爱的机会，很早以前苗族先祖就规定，每年在不同的时间、不同的地点过姊妹节，一年要过三次，每次都要过三天。分别是：农历二月十四至十六日，在施秉县的双井镇、马号乡的六合等地过；农历的三月十五至十七日，在台江县施洞、老屯和施秉县马号地区过；农历的十月十五至十七日，在施秉县的马号乡平趴村以及附近的苗寨举行。

刻道："刻道"为苗族音译，也称"刻木"，多译成"歌棒"，即刻在一根木棒上的歌。通过将横、竖、叉等符号一格一格地刻在木棒上，组成了苗族"刻道"歌各段的主要内容，每面共有9格、三面共27格，每格根据所刻符号内容不同，排列也各有差别。歌棒多由方形或圆形的木、竹等材料制成，有的也用牛骨或象牙等材质制作，因苗族崇敬枫树，故枫木材质为歌棒上品。苗族"刻道"真实地反映旧时苗族"姑亲舅霸"的历史现象，记录了苗族古代社会婚俗的重大演进和变迁，充分体现了苗族社会对于婚姻自由的高度认可，苗族倡导婚姻自由的理念可以追溯到几千年以前。同时刻道还是苗族《开亲歌》中的精华部分，主要记载了苗族婚仪中的礼数，被誉为苗族的"婚姻法典"，主要在婚礼、年节等喜庆场合的酒席上诵唱，两男两女以盘歌形式进行对唱。2006年刻道以"民间文学"项目入选第一批国家级非物质文化遗产名录，从2009年开始举办"刻道文化节"。

苗族剪纸：剪纸是施秉苗族姑娘除纺纱、刺绣外的另一项重要手工技艺，女孩大都在七八岁时就开始跟家中长辈和姐嫂们学习剪纸。苗族剪纸图案多以龙、锦鸡、蝴蝶、蝙蝠、鱼、猫、牡丹、石榴、葫芦、棉花、桃等为主，线条自然流畅，画面造型生动，具有较高的艺术观赏价值，其中以龙的图案变化最为丰富多彩。苗族剪纸构图集中反映了苗族自然和图腾崇拜，有的剪纸图案还保留着许多远古文化和原始宗教的特征，寓意深远。剪纸与刺绣、蜡染和银饰一样担负起了传承历史、教化后人的功能，被誉为苗族"无字史书"。

5.3.4 主要景点

5.3.4.1 云台山

云台山是㵲阳河国家级风景名胜区的主要组成部分，是世界自然遗产地，"中国健身名山"，因山势"四面削成，独出于云霄之半"而得名。云台山景区面积约210平方公里，由外营台、轿顶山及大田垴等群峰组成，主峰团仑岩海拔1066米，突起于群山之间。自然生态保存完好，时常显现天象奇观，随处可见奇峰丽水、道佛古刹以及各类人文景观，云台山至今保存着众多的摩崖碑刻、建筑遗址，宗教文化悠久厚重，是道教、佛教的著名圣地。云台山的白云岩喀斯特，在全球范围内具有"唯一性"、保存最完整性和不可比拟的美丽性，于2014年6月列为“中国南方喀斯特”世界自然遗产。

世界上许多地区的白云岩地貌，由于受到冰川的侵蚀往往寸草不生，而云台山的白云岩喀斯特却植被茂密，且覆盖着大片的原始森林，生物多样性的特征明显，在相对不可溶的白云岩基岩上发育了卓越的峰丛峡谷景观，展现了热带亚热带地区白云岩峰丛峡谷喀斯特的发育和演化过程，充分展示了白云岩喀斯特独特的地貌类型以及其完整的生态系统，是研究白云岩喀斯特的模式地，也使得中国南方喀斯特成为完整的世界热带—亚热带喀斯特发育类型的杰出代表。施秉喀斯特从多个方面填补了中国南方喀斯特发育演化中白云岩类型的空白，意义非凡。

为更好地领略水墨云台壮阔景观，2017年率先在全州建成了玻璃景观桥，是贵州省第一座“悬索式玻璃桥”，玻璃桥位于云台山景区坪山垴南北两侧山头，设计桥长190米，桥面宽2.2米，桥面与沟谷高差120米左右，全部采用双层夹胶高清全透明玻璃桥面板铺设。

图5-10　雾锁云台

图5-11　云台山擎天柱

5.3.4.2 下㵲阳

㵲阳河根据其河段分布，分为上㵲阳和下㵲阳。下㵲阳景区位于施秉县西北部，距县城8公里，规划面积81平方公里，游览景点27处。这一区域景致迷人，文化多姿，随处可见碧波荡漾、奇峰连绵、怪石嶙峋，代表性主要景点有“太公钓鱼”“孔雀峰”“仙人桥”等。景区内散落有100多个民族村寨，建筑风格独特、人文风情浓郁，至今仍保留着80多种服饰类别，50多个民族节日，其中历史悠久且参与人数较多的节日有独木龙舟节、姊妹节和白洗芦笙节（又称“二月芦笙节”）。

5.3.4.3 杉木河

杉木河是闻名国内外的漂流胜地，杉木河漂流有着“中国第一漂”的美誉，是施秉的主要旅游品牌。杉木河河段流程有44公里，天然落差640米，水势舒缓，漂在其中有惊无险，因河水清凉、富含矿物元素，杉木河漂流因此又被称为“矿泉水上的漂流”。每年夏季杉木河开漂时都会举行热闹的泼水狂欢活动——“玩水龙”，当地群众用盆、瓢、桶装满水后向水龙泼去，水龙则在“大雨”中上下翻飞，水泼得越大，人们会把水龙舞得越有劲。据当地人讲，泼水龙的水是“吉祥水”，水泼得越多则表示得到祝福越多，被泼上吉祥水的人，会事业发达、运势昌隆。

图5-12 杉木河漂流

5.3.5 风物特产

5.3.5.1 土特产品

太子参是施秉县在全国最具影响力的中药品种，产量约占全国总产量的1/4，居全国第二位，是贵州省通过国家GAP认证的3个品种之一。

苦丁茶，主要产自施秉县境内云台山附近数百平方公里的山坡上。茶叶淡绿鲜亮，入口滋润、微苦，耐回味，同时还具有稳定血压、祛风清热、消暑生津、益脾健胃的功效，长期饮用可以治疗高血压。苦丁茶的水浸出物在58%以上，富含人体所需的多种微量元素，对于养生健体有奇效。

此外还有何首乌、头花蓼、柑橘、板栗等。

5.3.5.2 特色饮食

施秉狗肉汤锅、施秉绿豆粉、盐酸菜烧鱼、酸汤鱼、黄粑、大米粑、松菇油。

5.3.5.3 手工艺品

刺绣、剪纸、织锦等，打造㵲水云台，榜香郁刺绣品牌。

5.3.6 旅游接待

施秉距省会贵阳230公里，距黔东南州府凯里75公里，距湖南怀化230公里，湘黔铁路、株六复线铁路贯穿县境，县城距施秉火车站17公里，已建成32万吨货场，县城距凯里黄平机场15公里。余凯高速施秉段建成通行，经余凯高速往北可连杭瑞高速、兰海高速，往南可连沪昆高速、厦蓉高速、兰海高速；凯施二级公路往西77公里可达凯里，往东30公里可达历史文化名城镇远、连思剑高速；经由高速，5小时可达重庆、长沙，3小时可达贵阳、怀化，2小时可到达遵义、铜仁、都匀，半小时可达州府凯里，交通十分便利。县境内有三星级饭店1家。

5.4 且兰古都——黄平

黄平县素有“云贵最秀地、且兰古国都”之称，是著名的“长寿之乡”“中国现代民间绘画之乡”“中国泥哨艺术之乡”“中国优质无籽西瓜之乡”。县境内自然风光秀美，名胜古迹众多，民族风情浓郁，是㵲阳河国家级风景名胜区的又一重要组成部分，是贵州东线旅游的门户。主要景点有“黔南第一洞天”——飞云崖，“秘境汤池”——浪洞温泉，中国十佳漂流胜地，洞中漂流一绝——野洞河，特级漂流金矿——飞云大峡谷，中国桥梁博物馆——重安三朝桥等。黄平历史可追溯到2500多年前春秋时期的“且兰古国”，中国历史文化名镇旧州，据考证就是当时古且兰国的都城所在地。追溯过往这里不仅诞生过古老的政权，在近现代还演绎了许许多多的故事，红军长征时期曾两次经过黄平，至今广泛流传着无数英雄故事，有抗战时期，旧州机场的飞虎队传奇，曾经创造了多次对敌空战的奇迹。林则徐、石赞清、郭沫若等众多历史文化名人曾在黄平留下足迹。黄平苗族服饰十分精美，图案取材广泛、寓意深远，歌舞文化丰富多彩。

5.4.1 自然地理

黄平县总面积1668平方公里，森林覆盖率为41.9%，活立木总蓄积413万立方米，最高海拔1367米，最低海拔519米，平均海拔在600~1200米，年平均气温15.1℃，冬无严寒、夏无酷暑，堪称“天然氧吧”，适宜人居，是贵州省著名的“长寿之乡”。因雨量充沛，土质肥沃，发展绿色有机种养植条件十分优越，有13个农产品取得有机产品认证证书，境内及周边地区中药材资源丰富，民族民间医学发达，许多“草医”世代流传着许多专治疑难杂症的偏方。有天麻、杜仲、茯苓、银耳等天然药源1000多种，境内还发现有冬虫夏草。黄平矿产、水能、风能资源非常丰富，已探明的矿产资源有铝矾土、重晶石、五氧化二钒、石灰石、石膏、汞、锰等20多种。经勘测，黄平板块页岩气储量达7600亿立方米，生物质和风能发电开发潜力巨大。

5.4.2 人口区划

黄平县辖新州镇、旧州镇、重安镇、谷陇镇、平溪镇、野洞河镇、上塘镇、浪洞镇8个镇，翁坪乡、一碗水乡、纸房乡3个乡，县政府所在地为新州镇。全县总人口39.2万（2015年），苗族、侗族、仫佬族等少数民族占总人口的64.8%。

5.4.3 历史人文

黄平之名，来源于苗语“王且”，“王且”就是旧州，因旧州地平“厥土为黄”而得名，“王”即“皇”，“且”即“坪”，“皇坪”即“皇城”。后来“皇坪”逐渐变成“黄平”。在春秋战国时期曾在此建立且兰国，明代郭子章《郡县释名》中提到：“贵州山箐插天，独旧州田壤平夷，颇似江南，故称黄平。”黄平在西周至战国时期属且兰国。汉元鼎六年（公元前111年）平且兰置牂牁郡，黄平隶属。西晋改故且兰县置。唐代属充州新兴、韶明二县地。南宋理宗宝祐六年（1258年）十一月筑黄平城，赐名镇远州，开始出现黄平之名；元沿宋制置黄平府，属播州，隶四川行省。明洪武七年（1374年），改黄平府为黄平安抚司，隶播州；明万历二十九年（1601年），改黄平安抚司为黄平州，隶平越府。清康熙十年（1671年），黄平千户所并入黄平州，二十六年（1687年）裁兴隆卫并入黄平州，移州治于卫所，兴隆改称新州，原州治所改称旧州；嘉庆三年（1798年），黄平州改隶镇远府。民国三年（1914年）改黄平州为黄平县。1949年11月14日，建立黄平县人民政府，隶于镇远专区，1956年7月，撤镇远专区，建立黔东南苗族侗族自治州，直属于州。

旧州在战国时期曾是古且兰的国都，是长江支流沅江沿㵲阳河上溯到黔东的最后一个通商码头，历代商贾云集，贸易繁荣，新州、重安等地历代作为军事和商贸重镇。历经风雨沧桑，悠久的历史文化显得弥足珍贵，古镇内曾建有“九宫、八庙、三庵、四堂”，至今仍保留有近50处人文景观，旧州古建筑群于2006年被国务院列入第六批全国重点文物保护单位。旧州还是“独赴夷营”痛斥英军统帅的清代天津知府石赞清的故里和一代文化巨匠郭沫若生母杜遨贞的出生之地。红军长征时期，1935年，在周恩来、朱德、肖克等革命领导人的率领下，中央红军、红六军团曾二过旧州，在这片土地上留下了英雄的足迹和光辉的历史。抗日战争时期，旧州古镇西北侧的万亩大坝被辟为军用机场，由中美联合修建，为中美空军重要军事基地，常驻著名的美国“飞虎队”（美国

图5-13　旧州古城

第十四航空队)800余人，机场在抗战时期，日起降飞机100余架次，曾发展为西南地区的中心机场。“飞虎队”战机在旧州机场频频起降，先后参加了湘西会战、衡阳保卫战等著名战役，沉重打击了日寇嚣张气焰，为反法西斯战争胜利做出了重大贡献。1949年后，中国人民解放军总参谋部派人接管旧州飞机场。此后，飞机场仍然发挥其有效功能，主要承担黔、桂、湘边界的森林飞播及各类杀虫、灭害任务。20世纪60年代，中国人民解放军总后勤部决定，除保留正副跑道外，部分垦为农场。如今延续飞行文化这一传统，每年都会在旧州举行“AOPA国际飞行大会暨贵州黄平飞来者大会”，旧州紧紧抓住“特色飞行小镇”这一核心主题，围绕“飞行表演及体验、通航人才培训和通航运营”三大功能定位，积极推动当地低空飞行产业、现代农业产业、文化旅游产业和休闲康体养生产业四大产业发展。

延伸阅读

中国AOPA：中国航空器拥有者及驾驶员协会，简称中国AOPA；英文名称为Aircraft Owners and Pilots Association of China，缩写为AOPA-China；是中国（含香港、澳门、台湾地区）在国际航空器拥有者及驾驶员协会（IAOPA）唯一合法代表，是以全国航空器拥有者、驾驶员为主体的，自愿结成的全国性、行业性社会团体，是非营利性社会组织。

巫卡调恰：汉译为“外婆的歌谣”，是黄平原创苗族舞蹈诗剧，是一部将苗族古老的音乐元素和电子音乐元素结合的舞台精品，围绕苗族最具代表性的“火塘文化”，将苗族传统舞蹈与现代舞艺术完美结合，全剧由《古歌》《不息》《呼唤》《幸福》《兴旺》《尾声：外婆的歌谣》共六幕组成，充分展示了浓郁的苗族风情和悠久的历史文化。该剧于2015年5月在北京民族剧院进行首演，向外界成功地展示和传播了黄平独特的苗族文化。

年俗：当地少数民族同样有过汉族春节的传统，农历十二月三十俗称“过大年”，各民族要杀鸡宰鸭，备上贡品祭祀祖宗、供奉灶神，夜间“守岁”过除夕；初一清晨进行“开财门”“敬年神”，男童到寨里各户人家踩新年，在初一这天忌扫地、忌借火种、忌往门外泼水，忌外户妇女先进屋；初二清晨要挑新水；初九至十五有玩龙灯、游花灯、踩高跷、男女青年游方等活动；正月十四过小年，各家接已出嫁的姑娘和姑妈回家过年。

耗子年：黄平苗陇一带龙姓家族在农历十二月初一、初二过的特殊节日。相传古时因旱灾饥荒，鼠害成灾，庄稼无收，龙姓老人发动全族灭鼠，议定每年要过一次耗子年，沿袭至今。凡是逢耗子年，各户人家上山捉山鼠祭祖，迎姑妈回家省亲过节，十分热闹有趣。

5.4.4 主要景点

5.4.4.1 野洞河漂流

野洞河又称翁马河，发源于朱家山原始森林，距黄平县城30公里，是重安江的主干支流，沿途可欣赏到螺丝滩、上野洞、下野洞、野猫滩、飞水崖、小螃蟹洞、大螃蟹洞、美女过江等景点，沿河两岸群山起伏，山中有洞，河水蜿蜒，绕山入洞，因河水从中穿过的上野洞和下野洞两个溶洞十分神奇诡秘，因此而得名"野洞河"。上野洞在河谷的上游，长100多米，可乘双人橡皮舟从洞口漂流而入，洞内宽敞明亮，洞内有奇形怪状的钟乳石，惟妙惟肖，洞内崖壁上滴水成瀑，有的地方飞瀑奔腾，隔得很远都能感受到珠雨飘洒，雾沫飞扬，沁人心脾，因漂流过程中要穿过一个个的溶洞，这一漂流河段也被誉为"洞中漂流绝景"，是国家3A级旅游景区。河水流经之地，处处是美景，最为壮观的是"V"形峡谷中两座天生桥，桥上还住有人家，稻田、农户、山水浑然一体，成就了一幅仙桥农家的画卷。

5.4.4.2 浪洞温泉

浪洞温泉位于黄平北面浪洞镇温水塘村，处于黔东南州、黔南州瓮安县和遵义市余庆县交界，距黄平县城43公里。温泉现主要有6个大的泉眼，出水面积100多平方米，平地涌出，云雾蒸腾，据地质部门检测，泉水流量每天1000吨左右，泉口水温49℃，按国家矿泉水温度分类标准，为高热矿泉水（42~100℃）。该温泉地热水化学类型为HCO3—NA，属弱碱性（pH=8），低硬度、低矿化度的极软水，符合饮用水标准。泉水中含有对人体有益的稀有元素——氡、锂、锶及偏硅酸，其中偏硅酸含量较高（42.32mg/L），对各种皮肤病有较好的理疗效果，能促进骨骼生长，可治愈多种慢性疾病。温泉寨的男女老少长年洗温泉浴，无一人得皮肤等疾病。温泉河沿岸森林茂密，满目苍翠，鸟语花香，是休闲旅游的理想之选，如今方圆几十公里外的人们常慕名而来洗温泉澡，饮温泉水。

5.4.4.3 飞云崖

飞云崖位于黄平县城东湘黔公路12公里处，因在密林掩映中的山崖间，有一个天然巨大而奇特垂吊的钟乳石似祥云升腾而得名，山中还建有寺庙，历来香火鼎盛，引来无数信徒虔诚朝觐，是著名的宗教圣地，有"贵州第一名刹""黔南第一洞天"的美誉。

崖壁上有棵苍劲高大的柏香树悬长在峭壁的石缝中，经过数百年的风雨沧桑依然枝繁叶茂，展现了极强的生命力，堪称绝景，备受历代文人墨客称颂。明清两代从京城通往云南及缅甸的古驿道路都要经过这里，明正统八年（1443年），指挥使常智在飞云崖开始兴建月潭寺，明正德年间，按察副使朱玑又增建月潭寺公馆；清代陆续进行了增扩建，形成亭、阁、寺庙、长廊等别具特色的古建筑群，这些建筑有的建于平地，有的立于山巅或嵌于崖壁之中，依山贴壁，浮云临空，飞檐翘角，雕梁画栋，与周围自然风光交相辉映。整个飞云崖建筑群总面积2000多平方米，由月潭寺、月潭公馆、养云阁三个主体建筑及10余座单体建筑组成，既有宗教庙宇的威严肃穆，又有山野园林的恬适悠然，其中养云阁的拱形屋面造型奇特，在贵州仅此一处，这里还建有贵州唯一的民族节日博物馆，2006年，飞云崖古建筑群被国务院确定为全国重点文物保护单位。历代名人途经飞云崖，无不对其大加赞誉，并留下了大量的诗文及题咏，明代理学家王阳明赞道，“天下之山，聚于云贵，云贵之秀，萃于斯岩”，清代学者、云贵总督吴振域也曾评价，“西湖甲天下，奇妙无此山”，清雍正年间，大学士鄂尔秦手书“黔南第一胜景”，光绪二十五年（1899年）状元曹鸿勋曾题写下“黔南第一洞天”五个大字。每年的“四月八”，这里要举行盛大的民族聚会，节日里人山人海，各种民族歌舞、民间绝技、斗牛、赛马等节目精彩纷呈，特别是隆重的祭牛神仪式，向世人真切地传递了苗族牛崇拜。

据有关学者考察，飞云崖至少有8个贵州乃至全国之最，或在贵州省内具有唯一性的资源：

（1）省内名人题咏最多的景区

贵州现存的史籍中，数十部史籍都有关于其作者游览飞云崖的记载；特别是题咏飞云崖的诗作尤为丰富，仅以贵州现存的诗集、方志统计，就有吟咏此崖的古诗、律诗和绝句近300首，明清时期数十名诗人、学者都曾为飞云崖留有题咏；历代记叙飞云崖的散文更是众多，毋庸置疑，飞云崖文化底蕴之深厚。

（2）月潭公馆——贵州最早的旅游接待宾馆

飞云崖在明正德三年（1508年）即建造了可供食宿的月潭公馆，距今已有500多年的历史，可以说是贵州最早的旅游宾馆。

（3）飞云崖大门牌坊——贵州图案雕塑寓意最多的牌坊

飞云崖大门牌坊上有着众多的图案和雕塑，如双凤朝阳、二龙戏珠、天官赐福、八仙庆寿、松鹤长春等图案和雕塑，象征吉祥、祝福。大门牌坊上还有众多寓意深刻的图案。例如，一幅画面的一株枫树上筑有蜂巢，一只猴子欲取下悬挂枝头的官印，蜂、猴与“封侯”同音，寓意“封侯挂印”，祝颂仕途亨通，高晋侯爵，执掌大印；另一画面上有一只喜鹊和一头豹子，取“喜”和“豹”的同音，寓意“喜报频传”；等等。在大门牌坊上还有许多人物故事，内容十分丰富，这在贵州省的风景区中是极其罕见的。

（4）养云阁——国内仅此一例的歇山式建筑

养云阁为一幢面阔三间、两面环廊的单檐歇山式建筑。它最大的特点是一反古建筑的常规，屋面、正脊檐下卷板及额枋均呈中高边低的弧形，且正脊只有脊刹而无鸱吻。这种建筑造型，在国内歇山式建筑中仅此一例。

（5）全国乃至世界最大的湖北栲古树

飞云崖的后山上分布有一种飞云崖喀斯特地貌特有的常绿阔叶林——湖北栲林。其中最大的一株湖北栲林就在飞云崖的西院中，其胸径415厘米，树龄在260年以上，是世界上最大的一株。

（6）飞云崖是贵州特有植物“贵州槭”的模式标本产地

贵州槭为常绿乔木，仅产于黄平飞云崖一带。贵州槭的种群数量十分稀少，十分珍贵。

（7）贵州省风景区中白鹭最多的景区

飞云崖所处区域生态环境良好，森林茂密，成为大量白鹭和一部分池鹭的栖息地，白鹭的种群数量数以千计，成为飞云崖景区的一大特有景观。

（8）贵州省内唯一的奇特的喀斯特沉积形态

飞云崖是一个较浅的喀斯特溶洞，由于洞顶缓缓倾斜，故不形成与地面垂直的石钟乳，加之洞中光线充足，四周空气潮湿，沉积物上有藻类生长，藻类具有向光性，因而不少钟乳石均向洞外延伸，形成了奇特的“乱云飞渡”的沉积形态，这在贵州省的溶洞中是十分罕见的。

5.4.4.4 飞云大峡谷

飞云大峡谷位于黄平与施秉交界处，大峡谷的主干流苗里河、抬拉河，发源于黄平县顶冠山，流经黄平县城，因在飞云崖古刹脚下，被深切为峡谷，故得名“飞云大峡谷”。峡谷深切200~300米，全长18公里，最窄处不足10米，两岸峭壁如削，古树参天，遮天蔽日，河谷幽深，变幻莫测，沿途有急流、迭水、湾塘、深潭等100

图5-14　野洞河漂流

余处，可谓是步步有景、处处壮观，既清幽雅致，又雄奇险峻。目前已开发作为漂流河段，经相关专家多次考察论证，被认定为贵州漂流旅游资源的特级“金矿”，漂流圣地，漂游其间可领略鬼斧神工的造化神韵，又可观赏到“飞流直下三千尺”的飞瀑奇观。目前峡谷内还开凿了一条3公里长的人工石栈道，是州内的第一条徒步栈道，到了秋冬季节，人们可以沿着这条栈道置身于峡谷之中，人与自然浑然一体，徒步中领悟“天人合一”。

5.4.4.5 上㵲阳河

上㵲阳河发源于黄平与黔南州瓮安交界的朱家山原始森林，形成于旧州古镇，流经施秉、镇远、岑巩入湖南湘西后注入沅江。从黄平旧州镇至施秉县城关这一河段，人们习惯上称为“上㵲阳河”，连绵40多公里河岸上，地貌独特，河谷幽深，植被繁茂，风光绮丽，被誉为“天然河谷画廊”。沿河有许多溶洞景观，洞中有洞，洞景各一；两岸峭壁上瀑布跌落，如帘似锦，直坠深潭，整个河段有大小百余个湾滩，湾急滩险，独具风格，奇山、幽洞、飞瀑、秀水共同描绘了一幅绮丽多彩的山水画卷。上㵲阳河段分为头峡、无路峡、老洞峡、观音峡四段，除观音峡在施秉境内外，其余均位于黄平境内。头峡也称“九曲峡”，从旧州镇龙王阁起至印地坝止，长约17公里，乘船1小时即可看到笔架山，峡谷环绕着高耸陡峭的笔架山，称得上“九曲十二回肠”，故人们也称此景为“九转回峰”，头峡的主要景点还有狮子宝、钓鱼峰、猫头山、蓝靛塘、半边山、高桥跌泉、奇崖飞水、晴岚返照和直生云梯等；无路峡因峡中“无路塘”而得名，从印地坝平东寨起至施秉梭洞寨止长约18公里，此段河谷是上㵲阳景观类型最多、景点最为密集、景色最优美的一段，从平东寨顺流而东下，两岸山崖耸立，林木丛生，主要景观有鹞子浪、双飞水瀑布、两扇门、西凤竹林、金凤朝阳、幽谷啼猿、大穿洞、天生桥等；老洞峡因峡中地名“老洞”得名，长约8公里，北属施秉，南属黄平，峡谷内有“仙人垂钓、将军戴帽、黑石飞水、八仙过海、老洞崩石、妇哭夫”等主要景点。

5.4.4.6 旧州天主教堂

天主教堂位于旧州古镇东门出口处，为中西合璧建筑，哥特式建筑风格和中国传统建筑技艺相融合，2006年6月，作为旧州古建筑群的组成部分被国务院列为国家级重点文物保护单位。教堂由诵经堂和起居楼两个部分组成，诵经堂东西朝向，长约12米，宽约8米，高约8米，房墙均由古方砖修建。西面房墙体因屋内设有讲经台，为菱形结构，上有三个圆形窗，下面两侧有两个小拱形门，堂内可同时容纳400余人做弥撒；南北面房墙每边有8个竖长顶尖形窗子；另各有两个拱形小门，排列整齐，互相对称；屋内有六根相距3米的大柱支撑屋顶，屋顶内侧天花板结构独特，中部有五处为尖塔形结构，如四把张开的巨伞，极为巧妙。起居楼南北朝向，为两层建筑，长约13米，宽约

8米，高约9米，房墙砖木混合，用巨大木柱支撑屋脊横梁，东西面都有拱形窗、拱形门。整个房屋上下层都分隔有多间面积不一的单间，二层四面设有走廊，房顶木瓦结构，飞檐翘角，气势不凡。

红军长征时期曾夜宿在旧州天主教堂，留下了一段至今广为传颂的佳话。1934年10月，中国工农红军长征过旧州，先遣部队红六军团住在天主教堂时，发现了一张约一平方米的法文贵州地图，肖克将军当即把法国传教士勃沙特叫来，请他帮助翻译，勃沙特用了大半夜的时间，将地图翻译成中文，此地图为红军后来转战云贵、东出湘西起到了至关重要的作用。勃沙特不仅帮助红军翻译了地图，事后还随红军辗转湘西、云南，共同战斗和生活了18个月，在红军将要到达昆明时，考虑到战情多变，便送给他一些银元作路费后，让他离开了红军。后来他著有《神灵之手——一个为基督事业在中国被俘者的自述》一书，记录了他在中国的经历。一个真实感人的故事，一段神秘传奇的情缘，为旧州天主教堂增添了别样的色彩，天主教堂既是一处宗教古建筑，又是珍贵的革命历史文物，发生在这里的“红色故事”更加丰富了旧州古镇的人文内涵。

5.4.4.7岩门长官司城

岩门长官司城也称岩门土司城，位于黄平县谷陇镇岩门司村，距县城52公里，南临清水江，对岸为台江县境，2013年，国务院公布其为全国重点文物保护单位。岩门设司始于明成化六年（1470年）；清顺治十五年（1658年）设长官司，土司何氏，世袭长官。据嘉庆《黄平州志》记载，司址原在清水江南岸，筑有土城。后北迁今址，于乾隆六年（1741年）建此石城。新址地势险要，后倚高山，前阻深江，上接重安、凯里、下达沅州、靖州，为清水江上流咽喉，是清政府“约束屯堡”“弹压诸苗”的政治、军事要地，土司城构筑坚固、防守严密。

根据现存的城墙和遗迹可以看出，土司城的平面若三角形，城垣全由青石精心砌成，周长1642米，高4.5米、厚2.67米，墙顶墁以料石，上下安砌墙垛。设有东、南、西3座城门，北面靠山，城墙顺山势延伸而上，于高险处构筑有炮台3座，城门有楼，炮台有房，靠江的地方还建有2座水关。清代岩门司设有土司衙门、岩门汛把总署和黄平卫千总署，在咸同年间苗民大起义时，还曾将此城列为首批攻占的三城之一，可见其战略地位之重要。

岩门司历经200余年，城中大部木构建筑已倾倒破败，1972年“文革”期间，人们拆取城中砖石用来修整河道，毁城墙180米，但其余1400多米被完好地保存下来。

5.4.4.8重安水碾群

重安江水碾群位于黄平县重安镇东南400米处的重安江江心的沙洲上，始建于明代，2013年，国务院公布为全国重点文物保护单位。明永乐四年（1406年）设重安

图5-15 重安江水碾

长官司，弘治元年（1488年）设重安守御千户所，并屯兵于重安江堡上，随着大量屯军及家属的涌入，也带来中原各地先进的文化理念和生产方式，他们利用重安江上凸起的沙洲大规模地建造水碾，重安江水碾群规模宏大，明末最为鼎盛，共有40余座，水碾取代了当地原住居民用石碓舂米的原始劳作方式，大大提高了生产效率。水碾群现存碾房19座，沿沙洲“一”字顺江排列。雨季，碾房草棚常被洪峰卷走，但沉重的石滚轮和藏于沙洲腹部的水轮却安然无恙。

水碾的原始功能是用于谷物脱壳去麸，随着打米机等现代化机器的普及，重安江水碾群的实用性逐渐减弱，但目前仍有13座正常使用，主要用于碾桐籽榨油、碾竹材造纸、碾粉末做香等。重安江水碾保留了古老的农耕文明，是重安江上一道亮丽的文化景观。

5.4.4.9 㵲阳湖国家森林公园

㵲阳湖国家森林公园位于黄平县境内，东西宽约3.6公里，南北长约14.3公里，总面积32.2万亩，森林覆盖率达51%。公园集古镇文化、民居建筑、历史文化和自然风光为一体，2004年国家林业局公布为国家森林公园，由横坡森林公园、飞云崖、飞云大峡谷、上㵲阳河峡谷森林、㵲阳湖景区、旧州古镇6个景区构成，地跨旧州、新州、上塘、黄飘、苗陇和谷陇6个乡镇。以低山丘陵地貌为主，地势平缓，景点众多，随处可见碧水、奇石、险峰，古树、山花、野草、野果等数不胜数，不同区域景点各不同、独具特色。

㵲阳湖是㵲阳河源头的第一座水库，原名“两岔河水库”，距县城30公里，距旧州古镇约5公里，其源头在朱家山自然保护区的原始森林中。㵲阳湖四周森林茂密，湖中有16个小岛和多许多半岛，还有长约5公里的古峡——乐源峡。峡谷内悬崖绝壁高100多米，如刀削斧凿，浑然天成，蔚为壮观，仰视苍穹只见一线天，幽深静谧；悬壁上怪石嶙峋，有的似“神兽”，有的如同飞来石，直嵌山腰，千钧一发，欲落不坠；谷中有一汪清水，当地人称为“仙女池”。

5.4.4.10 三朝桥

三朝桥顾名思义，即是修建于三个不同时期的桥梁，有联赞道“同治民国解放三朝相连历时百载，铁索钢架混凝数桥同跨永存千秋”。三朝桥位于黄平县重安镇往西1公里处，三桥并列，均为南北向横跨重安江，西侧为铁索桥，中间为钢桁构桥，东侧为钢筋砼公路桥，铁索桥与钢桁构桥相距10米，钢桁构桥与钢筋砼公路桥相距40米。铁索桥修建于清同治十二年（1873年），桥长36.5米，宽3.55米，距水面10米，有铁索19根，其中17根为桥底链，2根为桥栏，桥链上全铺设木板，现北桥头仍存留有碑刻及护桥石兽，虽历经百年沧桑，依然坚实牢固，与水西大渡桥、赤水大恩桥、福泉葛镜桥合称为“黔地四大铁索桥”，1939年春，著名学者闻一多途经重安，曾实地考察过铁索桥，并留下了《重安江链子桥》的速写名作；中间为钢桁构桥，又名“凤麟桥”，俗称“铁桥”“钢架桥”，建于1938年，由我国著名桥梁专家茅以升设计，当时中华民国政府拨款十万银元修建，桥长30余米，宽5米多，曾为抗战胜利做出积极贡献；东侧公路桥为曲拱桥，为钢筋混凝土结构，于1995年建成通车。“三朝桥”是路桥发展史的重要见证，反映了不同时期的科技及经济社会发展状况，具有很高的观赏和研究价值，是名副其实的“桥梁博物馆”，被列为省级文物保护单位。

图5-16　㵲阳湖风光

图5-17　三朝桥

5.4.5 风物特产

5.4.5.1 土特产品

茶叶，黄平产茶、制茶历史悠久，明清两代，浪洞云雾茶、旧州回龙寺茶、马场茶叶等曾作为朝廷贡品，如今东坡飞云茶仍名扬省内外。

马铃薯，黄平是马铃薯生产大县，种植历史悠久，常年种植面积和总产仅次于水稻。在马铃薯种植中，以北面的旧州、浪洞、平溪、纸房、上塘、一碗水、新州等乡镇为主，规模大，连片效果好，其种植面积占全县马铃薯面积的80%以上，主要以水稻马铃薯为主，这一区域土壤质地为砂田、潮砂泥田，海拔在700米左右，适宜马铃薯生长，薯形好，商品价值高，经济效益好。

5.4.5.2特色饮食

"牛老大"牛肉干，历史悠久，主要以鲜黄牛肉配以米酒、蜜糖和20多种中药材精制而成，具有甜、咸、麻、辣等多种口味，其品种有醇香、麻辣、五香颗粒牛肉干，香辣牛丝，沙嗲、麻辣片型、卤汁牛肉干、神香烤牛肉等，10多个品种，50多个品规，香味纯正、开胃健脾，曾作为航空食品，远销省内外，省内制定的"牛肉干产品标准"即以其生产标准为蓝本。

黄平豆腐干，豆腐以本地黄豆为原料，然后再经过浸泡、烘烤制作而成，黄平豆腐干早在清代就已闻名，有文人曾赞道，"蟹黄脂白软嫩香，酒市呼朋细品尝"。

此外还有豌豆粉、锅巴粉、苗族狗肉汤锅、苗族鸡稀饭、酸汤鱼、苗家酸辣牛杂火锅等。

5.4.5.3手工艺品

泥哨、刺绣、蜡染等。

5.4.6旅游接待

黄平县距州府凯里50公里，距省府贵阳176公里，县城距离凯里黄平机场12公里，有湘黔铁路、株六复线穿越县境，余庆经黄平至凯里高速公路连接贵新高等级公路、沪昆高速公路、厦蓉高速公路。形成了航空、公路、铁路相互补充的现代立体交通网络。县境内餐饮、酒店设施齐全，能够满足游客不同层次的体验和需求。

图5-18　凯里黄平机场

第6章

清水江木商文化旅游

6.1 黄金之城——天柱县

天柱县位于黔东与湘西交界处，因县城郊野的东山上有一雄伟壮观、直插云霄的石柱，当地人称“石柱擎天”，天柱因此得名，因地理位置重要，素有“黔东第一关”之称。天柱矿产资源丰富，被誉为“中国重晶石之乡”“贵州高原黄金城”，同时还是贵州省第一个吨金县，在1997年曾生产黄金5.3万两，因黄金矿藏丰富，天柱淘金历史由来已久，演绎了许多与黄金有关的传奇故事。

6.1.1 自然地理

天柱县东邻湖南省会同县，北接湖南新晃侗族自治县，西部和南部与本省三穗县、剑河县、锦屏县等相连，全县总面积2201平方公里。县境地处云贵高原东部向湘西丘陵过渡的斜坡地带，地形复杂，以中低山丘为主，山地丘陵占全县总面积的97%，大多数地区海拔为300~700米，最高海拔为1119.9米，位于阳寨与三穗县交界的犀牛塘尖坡的主峰，也是天柱县的最高峰，最低海拔250米，地势西高东低，由西北、西南向东北倾斜。全县盛产杉木和楠竹，生长楠竹近30万株，森林覆盖率为56%，是贵州省重点林业县。冬无严寒，夏无酷暑，降水丰沛，年平均气温16℃。

天柱自然资源丰富，已探明的矿产资源有重晶石、黄金、煤、硅、钾、锰、石灰石等十余种。重晶石保有储量1.08亿吨，远景储量3亿吨以上，占全国重晶石储量的70%以上，是我国目前已探明的最大重晶石矿床，品位在85%~98%。黄金初步探明储量80多吨，硅矿储量3500万吨，煤矿探明储量1684万吨，钾矿探明储量1353万吨。水能蕴藏量巨大，蕴藏量预计为80万千瓦，境内白市水电站装机为42万千瓦。

6.1.2 人口区划

天柱县辖凤城街道、邦洞街道、社学街道3个街道，蓝田镇、瓮洞镇、远口镇、高酿镇、坌处镇、白市镇、坪地镇、石洞镇、渡马镇、竹林镇、江东镇11个镇，注溪乡、地湖乡2个乡，共110多个行政村和10多个居委会，县政府驻地在凤城街道。全县总人口41.4多万（2015年），以侗苗为主的少数民族人口占97.8%，其中侗族占65.7%。

6.1.3 历史人文

天柱在夏商时期属荆州之界僻。秦属黔中地。汉属牂牁郡。隋、唐、宋、元为诚州（今湖南靖州）所辖。明洪武三十年（1397年），撤靖州卫后设汶溪守御千户所，万历二十五年（1597年）4月，天柱守御千户所正式改建为天柱县，隶属于湖广靖州。天柱的县名一直未有更改，建县以来已有400多年的历史，只是归属变更了四次：一是清雍正五年（1727年）改隶贵州黎平府，十一年（1733年）改隶镇远府；二是中华人民共和国成立以后，1956年7月撤镇远专区设黔东南苗族侗族自治州，辖天柱县；三是1958年12月撤销天柱县并入锦屏县；四是1961年8月恢复天柱县建制。

因清水江沿江两岸森林茂密，杉木资源极为丰富，且航运发达，交通便利，促进了木商贸易的繁荣发展，荆楚文化与苗侗文化在这片土地上相互碰撞，中原主流文化和地域民族文化交融汇通。据专家学者考证，自明清以来，汉文化在进入少数民族活动区域的过程中，与当地民族文化融合形成了独具特色的亚文化现象——天柱“清水江文化”。在过去，河流是人们交通往来的天然通道，贵州境内几条重要的河流，自然成了经济、文化交流的大动脉，清水江即是其中之一。研究证明，清水江是贵州境内留存古代遗迹最为丰富的河流之一，清水江流域的人类活动可追溯至距今万年左右。因地理位置重要，水路畅通，汉文化较早地在这里传播渗透，最终形成南部侗族方言区和北部侗族方言区的文化差异，北部侗族方言区主要分布在清水江下游地区，侗族文化与汉文化融合程度较深。明清时期，清水江流域丰富的木材，成为重要的商贸资源，江岸之上一时商贾云集，伐木、运木、放排等成为一道流动的风景线，并由此诞生了契约文书等独特的文化现象。

县内侗族苗族民风淳朴、崇尚礼义，特别是迎宾待客真诚热情、豪爽大方，但凡家中来客，不管原先是否相识，人们认为贵客临门是看得起自己，也就是当地人常说的“客走旺家门”，必定拿出家中最好的酒食款待。侗家人能歌善舞，又勤劳智慧，经过长期的水稻耕作实践，发明了“林粮间作”“稻渔并作”等先进的农耕文化技术，培植了驰名江南的“十八杉”和“八年杉”。

图6-1　瓮洞——清水江由此流入湖南沅江

十八杉：“十八”意为18年，即栽杉造林后封山18年，待到“树出材，人出山”时即可砍伐，以此作男女青年婚嫁时的开销或制作嫁妆及日常用具等，栽种“十八杉”成为当地特有的习俗，流传着“十八年杉树成材得利，十八年儿女成人出山”的说法，饱含了父母对儿女的深情厚爱。

婚俗：当地在20世纪中期仍有“姑表舅婚”“不落夫家”习俗，即姑家的女儿须优先嫁给舅家的儿子，如若外嫁则须准备“开口肉”到舅家“卡舅公”才行，婚后新娘暂不落夫家，待农忙或节庆时，新郎家再派人去接新娘，在男方家住上两三天，新娘又回到娘家生活，待怀孕临产前几个月，才到男方家常住，算是正式落户男方家。如今倡导婚姻自由，婚俗也呈现出新气象、新风尚，但过去相应的礼节却完好地传承了下来，婚礼仪式隆重热闹。从“讨口信”“吃篮子”“过财礼”到择日嫁娶，礼数十分周全。新娘进屋后，还有“挑水”“煮油茶”祭祖、“转脚”等礼仪习俗。特别是新娘“挑水”，全村老幼都会赶来观看，村中青年人与“伴娘”相互戏谑，是婚礼中最热闹的一幕。在迎娶过程中还有许多有趣的项目，如“打花脸”、唱拦门歌、喝拦门酒等礼节，为婚礼活动增添浓郁的欢乐气氛。侗、苗族都十分崇敬母舅，世代信奉“天上雷公大，地下母舅亲”“娘亲舅大”的古训，凡母舅到家，不论是晚辈还是平辈人都会毕恭毕敬，待为上宾。

歌场：又称“赶歌场”，是县内侗族苗族集会的重要形式。各地都有固定的歌场坪，

图6-2　外国友人参加当地侗族婚俗活动

每个歌场坪都各有规定的集会日期，但集会大多会选在春、夏、秋进行，歌场历史悠久，最初是由村民祈求风调雨顺、五谷丰登的祭祀仪式中演化而来。歌场一年举行一次，是民间社交娱乐的重要活动，届时各地歌手会云集歌场进行赛歌，青年人则借此机会谈情说爱，寻觅伴侣，老人、小孩则游乐观赏，自得其乐，有影响力的歌场聚集人数会达数千人至几万人，场面盛大、热闹非凡。歌场对歌不仅要熟悉歌场礼节，还要通晓天文地理、历史典故、民俗传说，熟悉各村各寨独特景观和姓氏源流，要能即兴对唱，能歌善对。对歌内容由双方歌手约定，有的唱历史传记故事，或唱当下幸福生活。歌词平时由歌师传授或据传说改为歌本，随时“操练”，练到烂熟于心，能够“信手拈来”方能上场。每届歌场集会，人如潮涌，歌声如海，一派喜庆欢腾。对起歌来，响彻山谷，不绝于耳，有的歌手意犹未尽，对歌直至太阳下山，甚至有的第二天相约继续“对战”，不胜不休。

民间戏剧与傩技：天柱县境内至今仍保留着许多传统戏剧和民间绝技，有石洞镇汉寨村的汉戏，渡马镇江东、渡暮的汉戏，高酿镇的歌剧，蓝田、瓮洞、邦洞等地的地方戏都曾名噪一时，成为当地极具特色的文娱活动。至今，社学街道的民间艺人仍能表演口衔红铁、脚踩红铧、捞油锅、上刀山、禳星吊斗等傩戏技艺，表演场面惊心动魄，令人叹为观止，具有极高的艺术欣赏和科研价值。

淘金：天柱的金矿蕴藏量大，淘金历史悠久，“淘金热”早在清代就已达鼎盛，民间有“金狗撵金羊，撵到白岩塘，金银十八块，块块十八斤”的说法，可见当时天柱金矿的繁荣景象。黄金与这个地方经济社会发展的命运紧紧相连，因开采金矿，天柱成为州内思想开化较早、经济发展较快的地区。天柱金矿分脉金、沙金两类，黄金品位高，储量大是天柱金矿的显著特点，现已探明的黄金储量为80吨左右。著名的金矿点有下达、坑头、金井及沿清水江一带，在众多的金矿点中，金井和坑头的金子最旺，金井村也因此得名。目前围绕“淘金”这一文化品牌正在发掘更多的淘金故事，锤炼淘金精神，打造独具特色的淘金文化旅游。

6.1.4 主要景点

6.1.4.1 三星岩

三星岩又名“三棒岩”，因县城北门外紫云桥畔矗立有数十吨重的三块巨石而得名。乾隆年间，擅长阴阳五行之术的天柱知县马士升，赴城北踏勘水文地理，见朗江河岸有三石矗立，天然如菌，即兴题诗“三棒打九洲，西水往南流；才子无三代，做官不登头”，随后命人把三石居中的大石凿平一面，镌上“三星岩”三个大字，立碑纪念，历经沧桑依旧矗立，成为境内一大胜景。

6.1.4.2 三星文化苑

文化苑位于三星岩山坡上，占地200余亩，是集中华传统文化和苗侗民族文化于一体的文化产业园区，园区分为儒家文化区、佛教文化区、民族文化休闲区，充分体现了多种文化交融共生，建有文昌阁、凤山书院、孔子广场等。文化苑的亭、阁、楼等均采用明末清初南派园林风格，墙面为铁红色，屋面为灰墨色，古朴典雅，闲适大方。墙体用小青砖砌成，青瓦盖顶，檐、梁以金龙和玺（古代汉族宫殿建筑中的常见而重要的装饰手法）、苏式人物山水彩绘装饰，建筑布局两两对称，高低起伏，错落有致，造型优美。整个文化苑集文教、娱乐、休闲等多功能于一体，是天柱文化旅游新的闪亮名片。

6.1.4.3 三门塘

三门塘是清水江边一个古老的侗族村寨，因从湖南迁入的严、谢、王三姓，在此首立门户，故得名“三门塘”，还有一种说法是，因寨中东、西、南三面各立有一个寨门而得名。三门塘是当地著名的侗族四十八寨之一，历史上较早就有关于它的记载，现寨中有19姓氏，300余户，1500余人，多为侗族。三门塘历史悠久、文化厚重、风情浓郁，适宜猎奇访古，行走其间可探寻清水江木材贸易的兴衰历史，可赏侗族独特建筑文化，还能够领略独具特色的侗族风情。

寨中有两座造型别致的家祠：一座为太原祠，是王姓家祠；另一座为刘氏家祠，极具特色。当年三门塘所在为有名的外三江，为木材交易重要码头，刘氏家祠以及如今现存的石碑、石板、古屋等，充分展现了明清时期清水江三门塘一带文化交往的高频和商贸活动的繁荣，可以说是木商传奇文化的活化石。刘氏家祠是清水江上下游绝无仅有的一座集中、西建筑风格为一体的建筑，至今保存较好，占地250平方米，始建于清乾隆初年，民国中期又重新修葺，墙上绘有龙、凤、麒麟及各种花草虫鱼，惟妙惟肖，逼真传神，还有许多著名历史人物的画像和雕塑。大门上方，一只雄鹰展翅翱翔，两根墙柱高耸，对称的刻画着44个拉丁字母，一面彩塑时钟，把时间定格在早上9时12分的朝阳时刻；正面的窗户，为西式建筑，大门及院内，则均为中国传统建筑。

寨中现存一座三圣宫，修建于明代，当地百姓很早就将它作为学馆，宫门门框为青石枋柱，寓意“平步青云”。宫门有一块高4.2米、宽1.5米的大石碑，正、反两面均镌刻文字，记述下了修建三圣宫及倡修义学的过程，言辞优美。在当时没有机械作业的年代，能够将这些重达数十吨的巨石搬运到此不由令人惊奇。碑文书法遒劲，镌刻技艺高超，人们把这文章、书法和碑刻称为“清江三绝”，在清代到民国时期，湖南及沿边地区的不少文人还专程慕名前来三门塘观赏这三绝，留下不少佳话。当地民众自古以来热心公益，至今如此，整齐竖立于寨门口，保存完好的古碑，分别记载了三门塘村民明清以来几百年集资修建义渡义船、架桥修路的善举，以此纪念前人，激励后人。

图6-3 三门塘宗祠

6.1.4.4 金凤山

金凤山有“古南岳”之称，相传明朝初年曾有云南官员游历至此，因痴迷这里仙境般的景致，而弃官在此山修行，金凤山之名也因此不胫而走，宗教文化鼎盛时期，曾建有48座气势恢宏的寺庙，云雾环绕，如梦如幻。据说乾隆皇帝曾巡游到此，即兴赋诗：“游了一峰又一峰，七十二峰到祝融。祝融峰峰几千秋，山自春风水自流。远观东南三千界，近视西北八百州。万里长江飘玉带，一轮明月滚金球。好景一时观不尽，天缘有幸再来游。”几百年来，金凤山一直是方圆几百公里民众心中的佛教圣地，每年都吸引着湘黔两地数万名信众前来朝拜祈福。

6.1.5 风物特产

6.1.5.1 土特产品

天柱土鸭，是利用天柱黑番鸭作父本，三穗麻鸭作母本进行杂交生产的杂交品种，一般生长2个月左右体重可达2公斤以上，耐粗饲、抗病力强、肉嫩味美、瘦肉多脂肪少，多食无油腻之感，是烹制烤鸭的佳选。

天柱圣果，俗称“大血藤”，产于境内原始森林之中，属木质常绿藤本植物，果型为聚合果，有纹路，形似足球，幼果为深绿色，成熟时深红色，外形艳丽美观，汁多味美，色香味俱佳，单果重0.5~0.8公斤，大的可达1.2公斤。

脐橙，富含维生素C等多种微量元素，品质优良、果形端正、表皮光滑、果肉柔软、酸甜适度，耐贮性强。

其他特产还有高酿天子米、烤烟、山茶油等。

6.1.5.2特色饮食

糯米酒，酒精度低却香醇可口、酒劲绵长，以三月酿制的“桃花酒”及九月酿制的“重阳酒”为佳品。

此外还有油茶、腌猪肉、腌鸭肉、腌鱼、清水江酸汤鱼、远口豆腐、织云水豆腐以及干笋片、干蕨菜、折耳根、椿芽等绿色食品。

6.1.5.3手工艺品

贵州青，为贵州四大名石之一，属全国珍贵石种，它主要产自清水江，尤其以县内瓮洞镇巨潭村河段所产之石品质最佳，质感细腻、色彩淡雅，是收藏的佳品。

其他还有刺绣、靛染、银饰、细草鞋、家织布等特色工艺品。

6.1.6旅游接待

天柱是贵州的东大门，县内交通便捷，是川渝黔通往广西、广东、江苏、浙江的重要门户，目前已经实现乡乡通油路和村村通公路。县城距湘黔线、枝柳线距离分别为78公里和64公里，距离怀化市145公里，距离芷江机场100公里，经三黎高速，到达黎平机场仅80多公里，交通条件优越。清水江流经天柱5个乡镇，水运可通达洞庭湖及九江、芜湖、南京、上海等地。县内有四星级饭店2家。

6.2杉木之乡——锦屏县

锦屏是一块富饶秀丽的土地，被誉为中国南方林区“皇冠上的明珠”，这里林海苍茫、江河奔流，明代军事城堡隆里古城和三板溪湖区民族风情是当地最具代表性的旅游品牌。锦屏自然和地理条件得天独厚，自古盛产杉木、楠木，林业发展历史已有500多年，是全国著名的人工林业县，所产的木材因品质优良一直享有盛名，早在明代就作为“皇木”用于修建皇宫大殿，后来随着民间商贾的纷纷进入，以锦屏为中心的清水江流

图6-4　清江明珠——锦屏县城夜景

域木材贸易逐渐兴起繁荣，由此衍生的“木商文化”“契约文化”对锦屏经济社会发展影响深远。现存的10万多份林业契约文书，是保护青山“砍不败、伐不光”的见证，它是锦屏人科学有序利用森林资源的智慧和结晶。相传三国时期蜀相诸葛亮南征时，锦屏曾作为军队驻扎的营地，当时驻地的村寨、河流因此得名亮寨、亮江，在亮江一带至今仍保留着祭祀诸葛武侯的古老习俗。

6.2.1 自然地理

锦屏地处黔东南州东部边缘，因境内“四时风光秀丽似锦，四面青山环抱如屏”而得名，东与湖南省靖州县相邻，西部和南部与剑河县、黎平县交界，北与天柱县接壤。全县总面积1596.9平方公里，有森林面积133万亩，森林覆盖率达71.2%，全县树种资源有70余科300多个种，其中国家一级保护植物2种，二级保护植物11种，省级保护植物61种。全县海拔高度一般在400~800米，最高处在固本乡龙干山，海拔1344.7米，最低处282米，四季分明，气候温和，年均气温16.4℃。县内盛产黄金，均呈脉状分布，属含金石英脉类型金矿，其特点是品位变化大、厚度小，主要集中在铜鼓乡、偶里乡、平秋镇和平略镇。锦屏县境内清水江干流河长57.45公里，全县集水流域面积1956.4平方公里，水资源是27.6亿立方米，水力理论蕴藏量129万千瓦，可开发量118.5万千瓦，占黔东南州的43%，是全州水能资源大县。主要矿资源有黄金、水晶石、石灰石、陶瓷、高岭土、铁矿、煤矿、青石等，预测金储藏量在50万两以上，纯度达90%以上，石灰石储量在2905.5万吨，陶瓷高岭土总储量为100万吨；有国家保护的一级、二级珍稀动植物红腹锦鸡、中华鲟、红豆杉、鹅掌楸等。

6.2.2 人口区划

锦屏县辖三江镇、茅坪镇、敦寨镇、启蒙镇、平秋镇、铜鼓镇、平略镇7个镇，大同乡、新化乡、隆里乡、钟灵乡、偶里乡、固本乡、河口乡、彦洞乡8个乡，共180多个行政村，县政府驻地三江镇。全县总人口23.5万（2015年），居住有侗、苗、汉等16个民族，少数民族占总人口的88.99%。

6.2.3历史人文

1972年县内敦寨水泥厂内曾出土古人类磨制石斧，2006年茅坪镇阳溪又出土了许多人类早期的陶瓷器具，由此推算早在新石器时代锦屏即有人类活动。锦屏在春秋战国时属楚黔中地。秦属黔中郡。汉属荆州武陵郡镡成县。三国前期属蜀吴角逐之地，后期归吴。南北朝时期南齐武帝永明三年（485年），析武陵、牂牁二郡置东牂牁郡，县地属东牂牁郡平阳县，南梁属武陵郡龙标县。唐贞观时随龙标改属巫州，武则天时又改属沅州，代宗大历时再改属溆州，天宝时于亮司地置羁縻亮州，属黔州都督府。五代时属诚州“十洞”地。北宋徽宗崇宁二年（1103年）于铜鼓置铜鼓寨，属靖州；南宋大观元年（1107年）于湖耳地置隆州，遥属绍庆府。在元代设置了亮寨、湖耳、新化、欧阳蛮夷长官司管辖，同属思州安抚司。明永乐十一年（1413年）属新化府。清雍正五年（1727年）撤销铜鼓卫始设为锦屏县，属黎平府，距今已有280多年的历史；道光十二年（1832年）撤销锦屏县，改由开泰县锦屏乡县丞分驻。民国三年（1914年）将县城移至当时的木材集散中心——王寨（今县城所在地），改为锦屏县，属黔东道。1950年属镇远专区，1956年划入黔东南苗族侗族自治州，1958年将天柱县并入锦屏县，1961年将天柱县分出。这里居住着侗、苗、汉等17个民族，风情浓郁、民风淳朴，是典型的侗苗族聚居县和南、北部侗族方言区的分水岭，各民族世代在这里繁衍生息，形成了自己独具特色的民族文化，如瑶白“摆古节”“大戏”，平秋“鞍瓦节”，裕河“青山界四十八苗寨歌会”、文斗“招龙节”，隆里古城“元宵龙灯节”等。北部侗族方言区侗族文化的核心地就在锦屏的九寨，“九寨”顾名思义就是九个侗族村寨的意思，它以平秋、彦洞为核心，九寨侗族服饰、歌舞、民居等风格独特，极具魅力。

木商文化：明洪武三十年（1329年），朝廷派出重兵三十万平定“古州蛮”，镇压婆洞（今锦屏启蒙等地）林宽起义，由沅州（今湖南芷江）伐木取道200里抵天柱、锦屏一线，发现锦屏等“苗疆”地区的松、杉、樟、楠木十分巨大，认为十分适宜建造宫殿等大规模建筑。明永乐年间，朝廷因修建北京紫禁城而在全国各林区征集“皇木”，身负皇命的商贾于是溯沅江深入到清水江中下游锦屏等地区寻找优质木材，自此锦屏地区的杉木开始走出山门，走进“皇家”，现在锦屏仍保留有“皇木坳”的地名和“皇帝木”的传说。明朝中后期，江淮地区的资本主义经济兴起，出现较大的商业资本，因锦屏木材品质优良，民间客商紧随皇商涌入，以锦屏为中心的清水江流域木材贸易逐渐兴起。清代史书记载，“自清江（今剑河）以下至茅坪（今属锦屏）二百里，森林茂密，排山塞谷，遮天蔽日，采伐大木，放抵大江，扎成大排，运至江淮”，卦治、王寨（锦屏县城旧名）、茅坪在清水江木业史上称“内三江”或“内江”。茅坪以下镇远府天柱县属地清浪、坌处、三门塘则称“外三江”或“外江”。“内三江”的卦治依托清水江中上游及其支流乌下江、南哨河、巴拉河首先接收来自锦屏固本、八寿等地及黎平、剑河、台江、雷山等县的木材。王寨、茅坪除了有清水江之便，还可通过小江、亮江首先接纳锦屏九寨、皇封溪、新化、亮司、敦寨、铜鼓、大同等地及天柱、黎平等县的木材。“内三江”上下15公里，河道广阔，湾塘密布，水势平缓，拥有木材停靠和放运的便利条件，是贵州境内不可替代的天然大型木材贮运场。清雍正七年（1729年），巡抚张广泗发布政令，不仅使这里已形成的木材市场合法化，更使湘、鄂、赣、苏、浙、皖、陕等省和本省区的木商纷至沓来，竞相开展木材贸易。“生意兴隆通四海，财源茂盛达三江”，至今“内三江”内各类商户仍经常张贴的这副老对联，足见当时木材经营的盛况。

因良好的区位条件，锦屏地区很早就受到中原先进汉族文化的影响，早在唐代天宝年间，朝廷即在今锦屏的隆里设龙标县，著名边塞诗人王昌龄曾被贬为龙标县尉。到了清代，汉文化在锦屏地区的传播已是相当普及，汉文化的传播和普及，为山林契约的盛行提供了必要的条件。锦屏当地的少数民族将中原文化与自己固有的文化传统结合起来，在当时形成了符合时代需求的较为先进的文化。在木材种植、砍伐、复垦和经营模式上形成了具有典型意义的伟大创新，可以说中国大多地方传统林业是以砍伐为主，而锦屏的传统林业却是砍伐和造林并重，到了清代雍正、乾隆时期，锦屏的林业经济已是十分繁荣，形成了一种较为成熟的封建林业生产关系，由此产生了大量的山林权属买卖转让和佃山造林及山林管理的契约文书，维系了锦屏一带数百年林业经济的发展。山林土地的买卖转让十分频繁，木材贸易和人工造林已成了锦屏地区当时人们赖以生存、支撑社会经济发展的重要产业，人工植树造林的历史至少已有400年，造林技术已相当成熟，从事造林的不仅有本地侗、苗等各族人，还有来自湖南、江西、江苏、福建等地的汉人。

图6-5　古老的木材运送方式——“放木排”

锦屏文书：当地少数民族在林木经营过程中，把有关林木买卖、林地租佃、账目收入、利润分配、边界划分、纠纷调解等，凡涉及经济文化活动事件，都用具有严格约束力的契约文书固定下来，他们将这些契约文书视为宝物，由后代子孙收藏保存。锦屏的山林契约分为山林土地买卖契约、佃山造林契约，分成、分山、分银契约。文书是民间的历史记忆，是鲜活民间社会生活的重要佐证。20世纪60年代后，国内外学者开始在锦屏县收集整理并出版了部分文书影印图集，始称“锦屏文书”。2007年贵州省将清水江中下游的锦屏、黎平、天柱、三穗、剑河、台江6县列为文书馆藏县，文书被纳入政府层面进行征集和馆藏保护。目前清水江沿线各县馆藏文书总数已超过10万件，还有20多万件散藏于清水江流域的民间。锦屏文书为我国增添了一项独特的区域性民族民间大宗文书资源，在学术界引起日益强烈的反响，有学者称它是20世纪继甲骨文、汉晋简帛、敦煌文书、明清档案、徽州文书发现之后中国历史文化上的第六大发现。现在县城两江交汇地建有锦屏文书特藏馆专门对文书进行保护和研究工作，特藏馆独特的杉木造型成为城内一景。

淘金文化：从清同治年间起，平秋金矿即已有政府和民间组织开采，主要地点在金厂溪、棉花地和十二盘等地。平秋淘金收入在当时的百姓和官府经济生活中的意义重大，据《黎平府志》记载：“平秋之金，可救黎民之急。”因当时大量开采，平秋金矿的矿脉、矿床遭到了严重破坏，许多矿洞进深几百上千米，有的甚至挖到了平秋村地底下，进入洞内甚至能听到村中的鸡鸣狗吠，后被官府封堵。如今仍有部分未封的老洞，有的达100多米宽，延伸岔洞十多条，成为重要的淘金历史遗迹。平秋一带至今流传着许多有关淘金的故事，最著名的是《挂红鞭》和《办就坡》。《挂红鞭》讲述了一位淘金老板倾家荡产后，无奈杀了仅剩的一匹老马散伙，临走前赌气走进洞里一通乱砸，不料砸出“黄金十八块，块块十八斤”，老板赶忙谎称死了人，一边买棺材，请戏班唱《挂红鞭》转移众人视线，一边把黄金装在棺材里悄悄运走了。有关淘金的故事和传说成为锦屏文化生活的一部分，广为流传。20世纪90年代起，平秋淘金热潮再次兴起，金厂溪、棉花地、皮泽、十二盘、代偶、冲格等地人声鼎沸，机器轰鸣，许多人因淘金一夜暴富，但也有人因冒险淘金丢了性命。

九寨侗族：九寨即是锦屏县北部地区的九个古老村寨，大部分坐落在一条东西走向的山梁上，属北部侗族方言区。最初时期的九寨指今三江镇的王寨、小江和平秋镇的魁胆、平秋、石引、高坝、皮所及彦洞乡的黄门、瑶白。民国三年（1914年）锦屏县城从铜鼓迁到王寨后，王寨遂从传统九寨范围脱离出来，而原本属中林验洞长官司的彦洞因此就近加入九寨行列。

侗文化：侗族因语言、服饰和生活习惯不同，根据居住的地理位置有南、北部侗族方言区之分，南部侗族方言区主要为黎平、从江、榕江以及广西三江一带，而这北部侗族方言区则主要为锦屏、天柱、三穗和湖南新晃等地，锦屏是南北侗族方言区的分水岭，“九寨”是北部侗族方言区的核心地，基本集中在现在的平秋镇和彦洞乡。据当地石碑记载和老人们讲，九寨地区的青年男女的社交活动按“初会玩山打基础，架桥结伴建感情，托媒礼聘论婚嫁，考验六年定终身”来进行，早在明清时期这种婚恋习俗就已盛行，可以说集中反映了黔东南北部侗族方言区男女青年从相识、相恋到结婚的一整套婚嫁习俗，以歌为媒，以歌传情，男女平等、婚姻自由，打破了封建包办买卖婚姻的陋习，体现了侗族文化的先进和开明。当地侗族善唱山歌，有古歌、大歌、花歌、情歌、参堂歌和哭歌等，有的歌声高亢激昂，有的委婉动人。在这深山侗寨，人们还自创了“侗棋”，人人都是棋坛高手，不管男女老少，只要说是下棋，人人都可以交锋对战，切磋棋艺。在九寨侗乡，不论是村头寨尾，节日或闲时，都能看到两两对弈，侗棋简单易学，又奥秘万千，棋盘随地而画，树枝、石子、草秆都可以当棋子。

瑶白摆古节：瑶白是彦洞乡的一个古老的侗寨，近千株古树苍劲挺拔，叶茂参天，是县内古树最多的村寨。摆古，顾名思义就是“聊过去的事情”，属于民间说唱文学，是北部侗族方言区独有的文化现象，一般一年一小摆，三年一大摆，活动一般进行三天，在每年六月六开始，内容丰富，寓意深远，包括长桌摆古、歌舞表演、斗牛大赛、杂技表演、玩山活动等。摆古以姓氏、宗族文化为出发点，融歌、舞、戏、说等艺术形式于一体，具有“载道”、议事、表演、娱乐等功能，在我国少数民族文化中绝无仅有。摆古主要表现形式是说唱，说唱者分为主人和客人，在主方的古师摆完一个内容后，主方的众人就会开始唱歌，遇到盘问、谦逊的内容时，客方的古师就要接过主方古师的话题来摆，一个内容结束后，客方的众人也要唱歌，如此循环反复。摆古的内容极为丰富，从盘古开天辟地、人类起源、民族迁徙、朝代更替，到中华人民共和国乃至改革开放新时期都有涉及。摆古不是简单地讲故事，它劝勉人们遵纪守法，发扬民族传统美德，对和谐民族关系，增进邻里情感意义重大。

图6-6　长桌摆古

鞍瓦节：“鞍瓦”，侗语意为“放牛大打”，也就是“牛打架”之意。鞍瓦时间是在农历九月初九至十一，鞍瓦”前一个月，主寨要派富有经验、能说会讲而又德高望重的人，亲自到邻寨送请帖，主要任务就是把两个寨子对打的牛确定下来，俗称“订牛亲家”。在九寨地区放牛打架已成为节日里重要的内容，特别是平秋一带最为隆重，常常要在重阳节“鞍瓦”三天。

隆里舞龙：龙是中华民族的图腾，在文化昌明的隆里古城，人们尤其崇拜龙的威严和神力，对舞龙情有独钟，男女老少都会舞龙，被誉为“舞龙之乡”。正月初三至十三，夜幕降临，华灯初上时，古城东、西、南、北门的小孩们扛着各自的节子龙，走街沿巷，上各家“朝贺”和“讨采”，各户接龙纳福，锣鼓声、贺龙声、鞭炮声和嬉闹声响彻夜空，此起彼伏，不绝于耳，活动持续到午夜。现在，除正月外，逢贵宾到访、重大节庆都要舞龙，舞龙成了古城最高的礼仪和重要的表演节目。隆里舞龙技艺精湛，气势强劲，表演时的造型有串花龙、滚地龙、中国龙、二龙抢宝、双龙戏珠、蝴蝶龙、梅花龙、金龙抱拄、大小盘龙、天龙穿雾等25个花样。

每逢春节、元宵就是隆里人的舞龙狂欢节，节日里会举行花脸龙、迎故事、演汉戏、玩蚌壳、划汉船和金钱棍等民族民间艺术表演，尽显军屯文化风韵和古城沧桑。花脸龙，因为在舞龙过程中，会向围观的群众腻粑粑（“腻”为当地土话，意为强行往人嘴里塞东西），因此当地又称“腻粑龙”，是隆里的一项特有的传统娱乐活动，已有数百年的历史。据隆里《龙标杂记》记载，隆里玩花脸龙历史悠久，取材于宋朝建国初期“兰季子会大哥（赵匡胤）”，又名“戏皇嫂”的民间传统故事演化而来。玩龙时锣鼓喧天，人声鼎沸，每个扛龙者均装扮成古时候兰季子结拜时的十二兄弟各种英雄人物，丑角画五彩脸谱，特别突出的是扛龙尾的兰季子，以锅烟灰或戏剧油彩涂脸面，上膀敞开半边，下肢一边裤脚挽高，赤裸大腿，手持糯米粑和草把，身背竹篓破罐，头戴有尾辫带草箍、脚穿草鞋，造型夸张，游街表演时逢人就要腻上一口糯米粑，并用草把洒一下水，据说，谁吃了兰季子“腻”的糯米粑（俗称太上老君的“炼丹粑”），就能百病清除，平安吉祥，谁被草把洒了一下水（当地称为观音菩萨的“净水”），定能走好运，“净水”洒向的地方来年会风调雨顺，隆里玩花脸龙的奇妙就在于此。2005年，花脸龙被列入贵州省第一批非物质文

图6-7　隆里舞龙狂欢

化遗产名录。

“7·20”歌场节：锦屏、剑河两县男女青年在七月二十这天会聚集到青山界对唱情歌，以歌会友，当地俗称“赶歌场”，是男女青年谈情说爱的节日，已经成为未婚男女青年的联谊会。

龙大道：原名康庄(1901 年10月—1931 年2月)，侗族，锦屏茅坪人，上海龙华24烈士之一。1923年在上海大学加入中国共产党；1924 年被派往莫斯科东方大学学习；1926年回国后，在上海从事工人运动工作，协助周恩来领导了上海工人的三次武装起义，曾任上海总工会秘书长和经济斗争部部长等职；1927 年“四一二”反革命政变后，转赴武汉，与刘少奇等在中华全国总工会和湖北省总工会工作，出席了在武汉举行的中国共产党第五次全国代表大会、中华全国第四次劳动代表大会，被汪精卫集团下令逮捕，后来胜利越狱；1928年在浙江省委工作，并代理省委书记一职；1929年辗转于安徽、江西、上海等地从事党的秘密工作；1931 年1 月17日，由于叛徒出卖，再次被捕入狱，2月7日，在上海龙华警备司令部惨遭杀害，时年30岁。其在茅坪的故居已列为省级重点文物保护单位，成为县内重要的爱国主义教育基地。

6.2.4 主要景点

6.2.4.1 三板溪湖

三板溪湖是因修建三板溪水电站而形成的特殊旅游景区，呈现高峡出平湖奇观，形成了一个集观光旅游、生态旅游、探险旅游、文化旅游、游船旅游和度假旅游为一体的综合性景区。三板溪水电站大坝高185.5米，为国内第二、世界第三高坝，湖区航道达120公里，形成的85平方公里的湖面使居于深山的原生苗侗村寨、罕见原始森林从原先的只可远观而变得轻松可达。三板溪大坝的原址叫白岩塘，白岩塘曾经是惨烈的战场。明成化十一年（1475年），上游千碑等地苗民被迫起义抗争，朝廷派湖广总兵李震率军征剿，苗军万余人退至此地据险抵抗，后被官军夜袭破寨，多人被杀。事后，李震曾在江边石崖上刻有《纪功文》。湖两岸地跨两县，资源富集，在锦屏境内沿岸有文斗、裕和、韶蔼、瑶白、河口、固本等民族村寨和集镇；湖区内有乌下江风光、乌斗溪多级瀑布群、五溪原始森林及众多野生动物等动植物资源；湖区西南面是高原台地青山界，青山界有五万亩天然草场，以及俗称“九十九眼天池”的大小湖泊，四时不涸，十分神奇。距三板溪12公里有卦治水电站，距卦治水电站45公里是天柱白市水电站，三个水电站把从白市到革东200公里长的清水江段截为三段，构成三个湖面，形成了三江三湖的壮丽景观。

6.2.4.2 隆里古城

隆里，原称龙里，清代名为隆里，谓“隆盛之理所”，位于锦屏县西南，高速可达，交通便利，经高速距县城仅30多公里，南与黎平县敖市镇相连，距黎平机场和高屯天生桥20多公里，是贵州省重点打造的100个特色旅游景区之一；是中国和挪威王国共同在贵州建立的四个生态博物馆之一；2003年被列为省级风景名胜区；2004年被列为国际生态博物馆；2006年被列为省级历史文化名镇；2007年被列为国家级历史文化名村；2013年3月，隆里古城古建筑群被列为第七批全国重点文物保护单位。

隆里地处开阔的山间盆地，阡陌纵横，四周群山环抱，绿树成荫。古城始建于明洪武十九年（1386年），为明代戍边的重要军事城堡，至今保存完好。古城墙是用卵石框边筑成的土埂，周长1500米，高4米，宽3米，隆里城设置东、南、西、北四方城门，街巷纵横交错，建筑整齐别致，却又暗藏军事攻防的玄机，城门设置虚实相间，有的明通暗塞，有的暗通明阻。古城有72姓，72口水井，以东、西长街为中轴与南门大街、北门大街一起构成整座城的主要架构，东、西长街和南门大街又分出了六条巷道，当地称为“三街六巷九院子”，实现了人与自然的和谐统一，超前的规划设计在今天看来都是极具科学和智慧。隆里古城虽经数百年风霜侵蚀和劫难，但整体上仍保持完好，是我国南方高原保存最好的古城之一，明代用鹅卵石铺就的花街，一直留存到现在，错落有致的古巷古街，星罗棋布的古井、古楼、古宅、古庙、古祠、古桥等都完整无损。古城的建筑结合了边塞和江南水乡风情，同时融合了当地民族特色，集中体现了多元文化特点，但汉文化气息尤为厚重。古城四周皆为少数民族聚集之地，汉文化却保存完好，因此著名学者余秋雨曾赞道：“隆里古城是一个真正意义的城堡，它提供了类似方式的文明冲撞的第四种模式‘汉文化孤岛’模式。”

图6-8　龙溪河畔的平水石桥

6.2.4.3 青山界

青山界位于锦屏、黎平、剑河三县交界处的乌下江北岸，素有“三县屋脊”之称，主峰龙干山在锦屏县境内，海拔 1344.7 米，有天然草场 5 万多亩，山顶地势平缓，山顶的“九十九眼天池”，一池一景，一天多变，有数不尽的传说。青山界主要景点有“鱼龙争艳池”“青龟驾雾池”“金猫步鼠池”“日映海马池”“界板冷竹池”“仙人弈棋池”“芳草吐艳池”等。在青山界半山腰上散落着许多少数民族村寨，以苗族居多，民族习俗丰富多彩，尤其以一年一度青山界四十八苗寨歌会最为热闹。在每年土王大戌（即立夏前十八天）当天，锦屏、黎平、剑河三县周边村寨的男女青年会三五成群邀约至此，多的时候达数万人，人们相聚对歌，以歌传情、相互交流、表达爱意。

6.2.4.4 飞山庙

飞山庙位于县城东北角，矗立在清水江烂龙滩北岸，为国家级重点文物保护单位。飞山庙所祭祀的主神为唐末清水江一带的少数民族首领杨再思，人称为“飞山太公”，杨家后人以及这一带侗族百姓将其奉为祖先，立庙供奉山巅，因此得名“飞山庙”。飞山庙修建于清乾隆三十四年（1769 年），迄今已有 200 多年历史，在嘉庆十八年（1813 年）和光绪七年（1881 年）先后两次进行了大规模修缮。庙宇楼阁全部是用当地优质木材建成，做工精良，楼高 28.4 米，是贵州境内迄今保存最完整、最高的木质建筑。主体建筑飞山阁，分四层，造型为四角攒尖顶，翼角向外翘出，屋面为小青瓦铺设，上置琉璃宝顶；与阁相配的有悬山顶和走廊，两座配殿与阁相连，底门相通，依山傍水构成封闭式的四合院落。临江阁楼有一对“抱柱联”，上书“俯视波涛，遥忆长江归碧海；仰观云叹，直疑高阁上青霄”，真实地描绘了飞山庙的恢宏气势。

6.2.4.5 赤溪坪风雨桥、清水江风雨桥

赤溪坪风雨桥横跨小江，由石拱桥和木制风雨楼两部分组成，石拱桥长 148 米、宽 6 米、高 16 米，是县城内最早建成的风雨桥，赤溪坪风雨桥的设计十分讲究，有 2 台、3 墩、4 拱、5 亭，寓意蒸蒸日上、节节登高，桥面采用青石砌筑铺路面，风雨楼采用当地优质杉木制作，桥脊上“双龙抢宝”“丹凤朝阳”堆塑造型栩栩如生。南北引桥石栏杆、石阶梯古朴、大方，桥亭攒尖顶上的三个宝顶，象征着小江、亮江、清水江人杰地灵，物阜年丰。风雨桥造型独特美观，212 根落地柱与廊亭内有民族风情彩画、对联相得益彰，当代著名的经济学家、前博鳌亚洲论坛秘书长龙永图在风雨桥落成时专门题写了对联“杉乡乐丰年，天堑变通途”。为完善路桥功能，人们从小江、清水江江心处又修建了横跨清水江的清水江风雨桥，于 2013 年建成，全长 177 米，与赤溪坪风雨桥连成了一道长达 320 多米，国内唯一的跨两江的风雨桥长廊，总长度居全国第二，仅次于长度 377 米的凯里风雨桥。在两座风雨桥交会处还建有仿杉木造型设计修建的锦屏文书

特藏馆，是县城标志性建筑。

图6-9　锦屏文书楼

6.2.4.6 文斗苗寨

文斗苗寨位于锦屏县西南部河口乡，距县城30公里，距三板溪水电站大坝8公里，坐落在海拔600—800米的半山腰中，寨内环境幽雅，古树参天，整个寨子有700多棵参天古树，最著名的是千年红豆杉和千年古银杏，胸径在2米左右，需要数人才能合抱。寨中青石板路四通八达，两旁巨枫如盖，人走在当中，仿佛与世隔绝，如入仙境。文斗苗寨历史上十分重视文化教育，文斗的寨名即寓意“历代读书人如繁星闪耀”，事实如此，历史上文斗出了许多人才，现村中保留有曾在广东任知县的姜德相创办的文斗书院、道德讲台等遗迹，以及清水江一带的木材巨商姜仕朝的故居，清代一品大臣朱鸿章遗物，《三营记》作者姜元卿故居等，现仍保存有古寨门、古城墙、古街道、古石碑、古民居等文物古迹30余处。早在300多年前，文斗就制定了一系列保护生态环境的村规民约，村中保留的“六禁碑”记载了有关林木禁伐和保护事项，留存于世的10万多份林业契约，是我国乃至全世界现今保存最完整、最系统、最集中的林业契约文书，史称“锦屏文书”，被有关知名专家称为中国继故宫博物院的清代文献和安徽徽州契约后的第三大珍贵文献，填补了我国经济发展史上缺少有关封建林业生产关系的历史文献的空白，具有很高的研究价值。历代文斗人十分重视生态环境保护，大凡值得纪念的日子都会栽树、种树，婚姻嫁娶或是“打老根”（与志同道合者结拜兄弟、姊妹之意）都会种树纪念，因此文斗至今树林茂密、环境清幽，被《发现贵州》栏目誉为“百年环保第一村”。

图6-10 千年红豆杉

图6-11 千年古银杏

6.2.4.7 瑶白侗寨

瑶白侗寨坐落在锦屏、剑河、天柱三县之间，位于锦屏西北部三江之一的小江源头，距县城38公里，与彦洞乡所在地相距3公里。瑶白，古侗语叫“镇押金”，“瑶”有美玉的意思，瑶白意为“白玉无瑕”，象征着这是一块风水宝地，子孙世代做人清清白白。古人凡事都讲究风水，据说当年选址在瑶白建寨是因人们在放牧时发现，牛都喜欢到这里来吃草、饮水，甚至有时候赶都赶不走，牛是最通灵性的动物，苗家人崇拜它，侗家人则更视之为神灵，既然神兽都眷顾的地方，肯定是一方宝地，所以人们也就陆陆续续地迁徙到这里。瑶白是锦屏县九寨侗族社区中一个文化多元而又传奇的古老侗寨，村内古树参天，生态环境极佳。村子周围有“文昌巍阁”“彩岑朝霞”“引琼古屯”“鲤鱼上滩”“牛鼻含潭”“爷来仙蹄”“雄溪暴涨”“二龙抢宝”八景。当地民风古朴而浓郁，民族文化多姿多彩，瑶白摆古节是最负盛名的侗乡文化节。

图6-12 瑶白“古树成林”

6.2.4.8 龙大道故居

龙大道故居位于茅坪镇上寨村，距县城8公里，是龙大道烈士诞生地和童年时代的住所。故居原为龙大道祖父于清光绪二十九年（1903年）修建，坐西北向东南，平面呈“凹”字形，两侧有厢房，顶盖小青瓦，正屋面阔10米，进深8.9米，高3.9米，内有天井，外有围墙，占地281平方米，建筑面积221平方米，为一栋三间两层一正两厢一檐悬山顶木构楼房，是典型的侗族特色的木结构干栏式建筑。一楼布置有烈士生平事迹展览，共分三间，二楼复原了烈士少年时代的读书房等。故居于1985年列为省级文物保护单位，2004年被贵州省委、省政府命名为贵州省爱国主义教育基地。

6.2.4.9 铜鼓古镇

铜鼓距离县城25公里，自古以来就是盛产杉木的地方，至今仍保留有600年前的古城门和当时士绅大户的封火墙。据史书记载，明洪武十八年（1385）年，为镇压少数民族首领吴勉的起义以及征讨盘踞云南的元朝残余势力，朱元璋派第六子楚王朱祯率九省官军到达黔东南，在铜鼓设大营，并在周边地区广设卫所。自此以后，大量的屯军及其后代就在这里驻屯繁衍，中原文化在此扎根传播，至今仍留存大量的文物遗迹。雕刻精美的石鼓、柱基和石阶以及“恩进士第”的门头足以见证昔日古镇的繁荣。对于那段历史，当地人传颂最多的就是楚王妃的故事，清光绪年间《黎平府志》记载：楚王妃“精奇算，从军殁，葬铜鼓城南三里，距楚王营不二里”，王妃墓在“蚂蝗坡”顶，右面已是荆棘丛生，后面是李子林，墓长10米余，宽约5米，高约2米，无墓碑，墓前有一只巨大的石龟，长2米多，宽约1.2米，高约0.8米。石龟前右边有一断腿石猪，墓碑和石龟的头尾已在“文革”期间被打断无存，但其墓葬气势仍依稀可见。

6.2.4.10 黄哨山

黄哨山位于茅坪镇北部，距离县城10公里，海拔1029米，山势高陡险峻，被称为“黔山第一险隘”，有民谣道，“黄哨山，离天三尺三，人过要脱帽，马过要下鞍”。黄哨山是古代黎平往镇远、贵阳的必经之地，山脚曾设有驿站。因山势陡峭，道路艰险，无论上下行走皆令人生畏。清嘉庆十一年（1806年），黎平知府冯兆珣捐俸银1100两进行整修，砌青石板5000多级，最险的地方还在路的外侧安装石扶栏，使通山道路大为改观，行人上下十分便利。因属交通要道，人员往来频繁，引来无数文人墨客到此驻足感叹，并留下许多歌颂此山的佳作。雍正年间，贵州学政邹一桂有诗道，“黄哨山高上接天，下窥万里隔云烟。陡然身落云烟里，闲倚江楼送客船”；乾隆时期，锦屏知县董淑昌有《早过黄哨山》诗，“第一峰头驻马看，朝烟散尽见江湍。岭含晓色千重霁，风动天声万里寒。故国遥腾沧海气，孤身远隔碧云端。殊方莫怪无消息，水复山稠雁度难”；光绪年间开泰知县赵一鹤作《黄哨山》诗，“森森万木碍晴空，林表钟声度晚风。不向岭头回首望，那知身出绿云中；下山转较登山险，客路何如世路难。且醉茅坪今夕酒，一灯疏影梦长安；峭壁人行若蚁悬，危栏半折补云烟。雄心欲叱王尊驭，黄哨山高极暮天”。

6.2.4.11 雷屯

雷屯与黎平县高屯街道中黄村相邻，由6个寨子组成，全村有550多户近2500人，距离黎平机场只有15公里，因明代曾在这里屯兵，所以寨子得名“雷屯”，至今仍保留着许多军事堡垒及设施。因社会主义新农村建设，进村公路两旁栽种有200多株桂花树和香樟，桂花树象征着富贵吉祥，樟树代表着健康长寿。雷屯的寨门为牌坊建筑，最早建于清乾隆八年（1743年），2008年由村民自发重新修建，因屯内居民祖籍多来自江南地区，所以建筑多为南派徽式风格，当地人习惯把它叫作“紫阳门”，寓意“紫气东来、光华普照”。作为曾经的屯兵之地，雷屯人历代十分讲究“忠孝节义”，尤其崇拜保家卫国的英雄。建于清光绪二十六年（1900年）的“洪章亭”，就是为了纪念生长在锦屏的清代抗倭名将朱洪章而修建，亭柱上有楹联“大功辉煌留清史，小亭肃穆纪洪章”，以此告诫和激励子孙后代。

延伸阅读

朱洪章　为清末著名悍将，曾跟随曾国荃在镇压太平天国起义战役中屡立奇功，先后任永州、狼山总兵等职，清光绪二十年（1894年），中日甲午战争爆发，湖广总督张之洞深知其为可用之将才，遂奏请朝廷将他调任两江营务处，并令他招募兵勇十营驻守上海吴淞，在防的各营皆归其节制。他在驻守浙江金山卫时，加紧修筑炮台以防日寇，军务治理井井有条，深得张之洞称赞。清光绪二十一年（1896年），因旧伤复发于军中离世。

雷屯的标志性景观为“翠屏山”，陡峭的绝壁高30多米，延绵100多米，成为一处奇景，翠屏山下有一个深潭，名叫“玉龙潭”。相传远古时代，有人在亮江该段淘金，惊动龙神，两条白色玉龙从河底腾起，电闪雷鸣、河床颤动、山崩地裂，石山被削去一半，形成现在的样子。玉龙潭水很深、洞很多，鱼也特别多，经常有游客在这里钓到大鱼，据说有人曾经在这里钓到1米多长的“鱼精”。修建有一座“钓鱼台”。亮江以由南至北绕村而过，相传因当时诸葛亮南征时就屯兵在河的下游，因此得名。在河对岸有一片绿洲，又名风情岛，草长莺飞，风景优美，是户外烧烤、露营和婚纱摄影基地，踏着一字排开的石礅可以到达绿洲，因为过石礅得跳着过，故得名“百步跳桥”，寓意跳出健康、长寿。

寨内的古建筑的代表为大明楼，始建于明永乐七年（1407年），由于当时政局不稳，治安混乱，为了城寨安全，朱氏第二代祖公朱治昌将寨子的栅栏改为土墙，在屯内建了两处出口，以便于防控和抵御外敌。大明楼最初叫“大前门”，清初重建时更名为“大明楼”，2008年在原有的基础上进行了修缮，古楼历经600多年的沧桑，“一面青山

图6-13 雷屯“百步跳桥”

三面水，千年古屯万年楼”。楼旁建有占地1500平方米的文化广场，是村民开展文化活动的地方，农闲时人们自发聚集在一起，扭秧歌、舞龙、跳花灯等，演农家戏、唱农家歌、说身边人，共话美好生活。

6.2.5 风物特产

6.2.5.1 土特产品

杉木、天然茶籽油、茅坪香橘、龙池椪柑等。

6.2.5.2 特色饮食

米豆腐、油茶、裕河腌鱼、启蒙酸菜、腌肉等。

油茶，苗侗民族皆喜好的风味饮食，地域不同，其制作方法也略有不同，锦屏油茶又称“煳米茶”，顾名思义就是将米炒煳至颜色深黑后再放入茶叶和水进行烹煮。做油茶一般经过三道程序，选茶、配料、煮茶，常食油茶可以充饥健身、祛邪去湿、开胃生津，还能预防感冒。由于喝油茶时，人们习惯于将糍粑、炒米等一起食用，因此，还得用筷子协助，所以，说是喝油茶，其实是“吃油茶”。有趣的是“吃油茶”的说法，还是侗族未婚青年向姑娘求婚的代名词，如有媒人到姑娘家说媒，会说“某某家让我来你家向姑娘讨碗油茶吃”。

6.2.5.3 手工艺品

杉制家具（凳子、饭桌、饭盆、八仙桌、大小衣柜、碗柜、椅子、床架、酒甑、水桶、脚盆、扁桶、火桶、火盆架、神龛、金瓜盆等）；侗族刺绣、银饰等。

青砖，锦屏青砖烧制技术精湛，烧出的砖块呈淡青色，敲击发出“当当”的声响，砖坚硬但易于切割，吸水性能好，用以建房，冬暖夏凉，房内墙壁不潮湿。1988年，当地匠人曾受国家委派赴非洲卢旺达共和国传授青砖烧制技术，还受到了该国国防部的褒奖。

青石，清水江沿岸盛产青质石材，其中以平略镇讲略村打岩塘和江对岸的留纪村所产最为有名，其特点是石块大、质地好、不生苔、耐风化，最长的可达10余米，色道青灰淡雅，纹理细腻，易于加工，是加工碑碣、地板、护栏等的上佳材料，当地盛传着“求得锦屏青石碑，何愁千古不留名”的说法。在清末民初，石材及石制品就已经销往上海、南京和香港等地。相传北京圆明园和卢沟桥都曾取用此地石材建造，旧时湖南著名商埠洪江古城的很多房屋建筑以及码头的石材均取自于此。现黔东南各地制作地板、碑匾、扶栏、桌子、座凳、果皮箱等都使用锦屏所产石材。

九寨神香，即人们在宗教和祭祀活动时的焚“香”，除祈福还愿外，它还具有驱蚊、去异味等功效。平秋地区加工神香已有近百年历史，是北部侗族方言区神香的重要产地之一。原材料主要有竹子、粉末及黏合粉，制香的粉末由老油松、檀香木、香楠树磨成，过去用朽松木或其他朽木经晒干后捣烂做成，或到溪边用水碾将木墩子磨烂，取出木浆晒干制成，燃烧时清香扑鼻；黏合剂是用一种具有天然黏性的树叶晒干后舂烂制作而成。红香除在粉末和黏合剂中加入适当染料外，还用土红将香骨染成红色。

此外还有彦洞刀具、九寨棕编、根雕、民族服饰等。

6.2.6 旅游接待

锦屏地处贵州东部边缘，区位优越，是黔东南通往湘、粤、桂的重要门户，是南下广西桂林、北上湖南张家界、西进贵州各地的必经之道。三黎高速公路穿境而过，距黎平机场60公里，距贵广高铁从江站110公里，距沪昆高铁三穗站80公里，距广西桂林350公里，县城距枝柳线、湘黔线靖州火车站78公里，清水江干流通航里程57公里，距离州府凯里仅2小时车程，交通极为便利。县境内有沿河两岸宾馆酒店林立，适宜观赏河景和休闲度假，可以极大丰富人们对于杉乡的旅游体验。

6.3 将军故里——三穗县

三穗是黔东重要中心城市、黔东旅游服务中心、黔东商贸物流中心，素有“黔东要塞”和“千里苗疆门户”之称。这里土地肥沃，物产丰富，民国年间曾出现“一禾三穗”的奇事，人人皆视为祥瑞吉兆；不仅物产丰饶，这里还人才辈出，是贵州省唯一的共和国开国上将，有中国人民解放军“后勤之父”之称的杨至成将军的故乡。境内少数民族文化绚丽多姿，民族节日众多，宗教文化、民俗文化、红色文化在这块土地上厚植远播，影响深远。

图6-14　远眺三穗县城

6.3.1 自然地理

三穗位于黔东南州东北部，东北与湖南省新晃侗族自治县毗邻，东南、西南与天柱、剑河两县接壤，北与镇远县相连，为贵州省东出口之一，是由湘入黔的重要通道，是贵州连接华中、华东地区的前沿阵地，是贵州“东进战略”的桥头堡。全县面积1035.8平方公里，森林覆盖率达43%，最高处为南部老山坡，海拔1470米，最低处在北部坪茶大坡脚河流出境处，海拔450米，冬无严寒、夏无酷暑，年平均气温14.9℃。境内河流总长776公里，均属长江流域沅江水系，主要河流有邛水河，境内全长81.2公里，全县水能蕴藏量2.58万千瓦。矿产资源主要有钒、铅锌、重晶石、石灰石、煤矸石等10种，其中钒储量丰富。

6.3.2 人口区划

三穗县辖八弓镇、台烈镇、瓦寨镇、桐林镇、雪洞镇、良上镇、长吉镇7个镇，滚马乡、款场乡2个乡，共159个村委会，5个社区，县政府驻地为八弓镇。全县总人口22.4万（2015年），少数民族人口14.9万，以苗、侗为主的少数民族占66.5%。

6.3.3 历史人文

三穗县在唐宋时期实行羁縻统治；宋大观元年（1107年）始置县。元至元十六年（1279年）改为安定县，属思州军民安抚司。明洪武五年（1372年）置邛水、得民、晓益、陂带、团罗五长官司，永乐十二年（1414年）以邛水一十五洞蛮夷长官司隶镇远府。清雍正十年（1733年）改设邛水县丞，为镇远分县，雍正十二年（1734年）添设镇远县丞一员分驻邛水司地。民国二年（1913年）以邛水县丞地置邛水县，属黔东道，十三年（1924年）改灵山县，民国十六年（1927年）出现“秋收丰稔，一禾三穗”的奇象，即稻田中出现一株水稻并出三穗，遂改名三穗。1950年，属镇远专区；1956年，划入黔东南苗族侗族自治州；1958年，撤销三穗县，并入镇远县；1962年，恢复三穗县。

祭桥节：俗称“祭桥神”，桥神是苗族宗教观念中的“送子娘娘”，如果谁家婚后不育或是小孩体弱多病，人们便会在风水先生指引下架一座“桥”，架的桥有大有小，有的仅具有象征意义，通过架桥来“修功德、积福报、保平安”。台烈镇寨头村的苗族在每年农历“二月二”要举行隆重的祭桥节，节日当天当地苗族会杀猪宰牛举行隆重的祭祀仪式，祈愿人丁兴旺、风调雨顺，给家中小孩挂红蛋祈福。在黔东南境内的许多地区有祭桥的传统和习惯，是州内古老的带有原始宗教色彩的节日。

土纸制作：据《三穗县志》记载，县境盛产白竹、水竹、金竹、斑竹、苦竹、慈竹，素有“万亩竹海”“百里竹廊”之称，距离县城4公里左右的大山深处的泥山、贵洞几个村有2000多户人家，至今仍沿用蔡伦古法生产土纸，几乎每家都有一个造纸作坊，石碾、石盘都有百年以上历史，制作方法十分原始，材料都是选用当地白竹、水竹，土法造纸已被列入贵州省非物质文化遗产名录。土法造纸可追溯到清中晚期，相传因太平军西征，硝烟不断，清廷将领曾国藩为阻天国大军入川，亲率湘军入黔，先镇压苗民，再阻杀天国将士。由其组建的湘军将士多来自江西、湖北、湖南等地，历来有焚香烧纸祭祖的习俗，加之长年征战在外思乡情切，军士们便就地取用八弓镇当地丰饶的竹木资源，造纸制香，焚钱化纸，寄托乡情，告慰先人，由此土法造纸传入八弓，军士的后裔们逐渐以造纸为生，融于当地生活。立夏之后，人们要砍“竹麻”，即将尚未开叶的嫩竹破开，成捆地放入专制的水池，加上生石灰，浸泡40天左右，捞起洗净、晾干，清池，再放水浸泡，等到池里起结晶水层，显示竹麻已泡好可加工纸浆了。加工纸浆时，先捞起竹麻洗净，放入石磨盘，用牛拉石碾成绒状，再放进水槽中，用力搅拌，排除浑水，待竹绒沉淀，放入清水，即可抄纸。抄纸用有规格尺码的竹簾（状如细钢丝网）一张张地漾满纸浆，捞起晾干即成。土纸以火纸为主要用途，有的也可兼用于水墨画与书法，许多美术大师都对这里的土纸情有独钟，习惯于用三穗土纸进行艺术创作。

圣婆文化节：圣婆，又被称为冷神婆、大圣祖母，是一位驱邪除恶、保寨安民的使者。明万历二十九年(1601年)郭子章《黔记》卷五十八记载：“圣婆领五男行至邛水司岑楼山，渴甚，以手拄杖卓地，祝云：‘我得水，当随杖出！’果得水；又以竹植地，祝云：‘我得生，当成林！’今岑楼山圣婆井犹存。”清乾隆《镇远府志》和《大清一统志》都做了类似的记载。民间祭祀圣婆的习俗由来已久，沿袭至今，清康熙《思州府志》就曾记载，“圣德山，府南九十里，地名岑坝，土人祈祷于上”。侗族土人祭祀圣婆原在圣婆墓前，而至明初开始，则移至圣德山上。《黔东南苗族侗族自治州志名胜志》记载，“相传明洪武元年（1368年）天柱金凤山道乾和尚来开辟此（圣德）山，修建寺庙供奉圣婆，定每年农历七月十五为朝山日，星移斗转，兴衰更迭，后为歌场”，如今圣婆文化节已成当地的一项重要节庆活动，每年农历七月十五，侗族和周边其他少数民族都会前往圣德山进行祭祀朝拜，成千上万的人从三穗、镇远、天柱、锦屏、剑河、玉屏及湖南新晃等地云集这里，对唱山歌、谈情说爱、烧香祭祖，人山人海，场景十分热闹而隆重，文化节期间，人们还会参观三穗瓦寨镇圣婆墓、圣婆井。

杨至成（1903—1967年）：中国人民解放军高级将领，贵州省唯一一位开国上将，我军后勤保障系统奠基人，被誉为“后勤之父”。1926年入黄埔军校学习，同年加入中国共产主义青年团；1927年加入中国共产党；曾任国民革命军第二十军连指导员，参加了南昌起义和湘南起义；土地革命战争时期，任中国工农红军第四军二十八团一营连长，井冈山留守处主任，红四军、红十二军副官长，红军大学校务部部长，红军总兵站站长，军委总供给部部长兼政治委员，军委先遣工作团主任，红一方面军后勤部部长，黄河两延卫戍司令员，参加了长征；抗日战争时期，任中国人民抗日军政大学校务部部长，1938年赴苏联入伏龙芝军事学院学习，1946年回国；解放战争时期，任东北民主联军总后勤部政治委员，东北人民解放军军需部部长，华中军区军需部部长；中华人民共和国成立后，任中南财经委员会委员，中南军政委员会轻工业部部长，中南军区后勤部部长，中南军区第一副参谋长，中国人民解放军武装力量监察部副部长，军事科学院副院长兼院务部部长，高等军事学院副院长，1955年被授予上将军衔。为铭记将军丰功伟绩，激励后人奋发有为，现三穗县城内建有将军广场和杨至成将军纪念馆。

6.3.4 主要景点

6.3.4.1 杨至成将军纪念馆

将军纪念馆位于三穗县八弓镇林园西路，为三合院式建筑，于2003年修建，格局为一正两厢，占地面积460平方米，建筑面积约200平方米，展厅内收藏有杨至成将军从南昌起义、红军长征、抗战战争、解放战争到中华人民共和国成立后各种资料、图片、书画以及其身前的许多珍贵遗物，共展示有照片86张，衣物10件（套），用品8件，书籍6本，文件25份，书信4封。纪念馆在展区上进行了统筹布局，设有展陈室、办公室、保卫室和游客休息区，在展陈形式上采用绘画、雕塑、油画以及使用声光电等多种现代展示手段，生动形象地展示了将军一生戎马的光辉业绩，丰富了展陈的内容和形式。2005年被省人民政府列为贵州省全民国防教育基地，2008年被州人民政府列为黔东南州爱国主义教育基地。

6.3.4.2 寨头苗寨

寨头位于三穗县西南部台烈镇，距县城20公里，由寨头、上坪两个行政村组成。寨内有苗族1300多户，5600余人，民族节日众多，内容丰富，形式多样，民族风情浓郁，独具特色，被称为“千里苗疆门户”。寨内建有蚩尤庙，一年四季香火不断，祭拜者络绎不绝，庙宇始建明正统十三年（1448年），庙内塑有蚩尤像一座，有古代立法经书一本，大木鼓一个，大铜钟一口，水牛角一对。寨头还有一口神奇的古井，井上长有一棵参天大树，当地人称“干容神树井”（干容为地名），井水四季不枯，冬温夏

图6-15 庙宇内蚩尤塑像

凉，相传凡在井旁虔诚祷告，并饮用井水，能消灾免祸，强身健体，心想事成。现在寨头人在神树井旁开出一块平地，专门作为祭祀祈福的场所，如遇上不顺心、不顺利的事，人们都会请“鬼师”到此做一法事，借助神树古井的威力来驱除灾祸。

6.3.4.3圣德山

圣德山原名岑坝山，在桐林镇境内，距县城东40公里，一座独峰矗立在群山之上，以其山势磅礴、峰峦峻秀而扬名，海拔1176米，地处三穗、剑河、天柱及湖南新晃等县交界。山上古木参天，鸟兽众多，盛产松、杉、枫、银杏等木材和天雷、地雷、白芨等中药草，山中分布有岑坝、贵公、新艾、绞强、竹林、八外、坦洞、八受等少数民族村寨，有3万多人，基本是侗族。圣德山是北部侗族方言区祭祀文化的发源地，据《三穗县志》记载，圣婆帮助大家驱散黑云毒雾，迎来了大地光明，侗族群众认为圣婆功劳盖世，其德至圣，故名圣德山。圣德山交通四通八达，从湘黔两省、东南西北四方均有路可通达山顶，山巅建有一宝鼎，铺设有四条古花石阶沿着不同的道路顺延上山，蜿蜒曲折，一直通到山巅宝鼎东西南北四个大门，总长1万多米。东门进宝鼎两米处有一洞，叫作犀牛洞，相传此洞直通鹿洞河观音塘。登上山顶，如临天际，俯首脚下，云蒸霞蔚，如入仙境，历代文人骚客都曾大赞此山。曾有诗道：“唯有天在上，并无山与齐；举头红日近，回首白云低。”“闲望万仞最高峰，眺望东南百二重；佛境客来无雾锁，侧界僧去有云封；一溪河水添苍艳，四面春山积翠浓；圣德山名驰远近，他乡传颂冠华中。”清末昆明知府陆飞鸿游此山时也留下了“德山名胜起千秋，云锁高峰水四流；万垒重叠皆仰拜，千峰并峙应低头；举目东北三千里，放界西南八百州；好景一时观不尽，有缘明岁再来游”的感叹。

6.3.4.4永灵山

永灵山为黔境佛教名山，距离县城东北1公里，海拔778.9米，清康熙元年（1662年）当地乡民沿山势凿石为路直至山巅，于1662年建造了甘霖寺佛殿，寺内供有释迦牟尼、燃灯古佛、观音菩萨等多尊佛像，山门、僧房、凉亭等建筑物依山而建，气势恢宏。据说当时的甘霖寺，香火鼎盛，香客云集，声名远播，三穗县的旧名“灵山县”即以此山命名。1958年甘霖寺遭到破坏，2000年贵州省人民政府批准为佛教开放场所，在此开展宗教活动，2003年县人民政府规划扩建，2010年新建成大雄宝殿，左右建有厢房，免费对外开放。根据规划，园区将改扩建甘霖寺寺庙古建筑群及山顶观景台、后山游乐园、甘霖寺至文笔塔园林区、气象观测塔休闲园、文笔塔文化游览区、吉洞生态旅游度假村系列景区等。

6.3.4.5良上镇红军亭、红军纪念碑

良上镇距县城30公里，红军长征时期曾途经这里，至今境内保留有红军长征时期

的大量遗迹、遗物，是重要的爱国主义教育基地。1934年9月27日，王震、肖克、任弼时率领中国工农红军第六军团路经良上并就地宿营，部分伤员还留在良上养伤，与当地少数民族群众结下了深厚的情谊。中华人民共和国成立后，人们在当年红军设岗哨之地建红军亭以作纪念，亭为六角翘檐，上盖小青瓦，内竖纪念碑一块，镌刻有红六军团进驻良上的历史。红军纪念碑建在距镇政府1公里的老营盘山上，碑高9米，两级底座，上竖碑心，上书红军纪念碑、革命烈士永垂不朽等文字，碑前方有三座红军坟，人们在此栽种松柏，寓意革命烈士永垂不朽，长征精神万古流芳。

6.3.4.6 等溪贞寿坊

贞寿坊位于县城东32公里款场乡等溪公路南侧，当地俗称“石牌坊”。在封建社会时期，牌坊建筑是朝廷为表彰功勋、科第、德政以及忠孝节义所立的建筑物，用以宣扬封建礼教，标榜功德，教育后人。对坚贞不渝，亡夫后长年不嫁或自杀殉葬，恪守贞节的女子，朝廷也会建牌坊以示表彰。贞寿牌坊建于清道光二十七年（1847年），为褒扬龙氏节操，祝其长寿，经贵州巡抚部院题奏而建造。中梁横书阴刻“贞寿坊”三个大字，两旁数行小字，二中柱东面刻有对联“节历八旬孝顺慈仁垂史册，龄逾百岁子孙曾元荷天恩”，落款为“镇远府正堂朱德萃拜题”；西面刻“七千里外婿操柏节增彤史，三万日中惠质松年仰地仙”，落款为“门下生恩进士瞿仕清拜题”。二外柱东侧面刻联云“寿如坊拓千秋美，节比冻霜百世芳”，西侧刻“白首完贞年百六，斑衣戏彩世重双”。贞寿坊为青石料建筑，三间四柱六横梁，通面宽4.6米，通高4.3米，为正方形石柱，内二尊高3米，外二尊高2.5米。柱与柱之间，均衡砌横梁两栋，中砌碑心石，正梁上竖碑一座，顶为葫芦宝顶，侧面装饰有龙、凤、鳌鱼等图案，石坊的柱梁结构紧密，浑然一体，古朴壮重，美观大方，坊石上刻有人物、花卉、鸟兽等浮雕，四柱两侧分别置弧形抱柱石，整个牌坊建筑宏大而精美，寓意深远，是境内享有盛名的古建筑。

6.3.4.7 岩门沟

岩门沟属八弓镇，距县城3公里，驶出高速公路仅10分钟左右的车程，交通便利，广泛流传着“岩门的菩萨灵验”“岩门的送子观音能让许愿者梦子成真”的说法，是民间宗教信仰的朝觐地，备受无数善男信女推崇，被邻近群众奉为“圣地”。为能达成心愿，黔东南周边及邻近湖南的县市，甚至更远的地方都有人慕名前来叩拜许愿，尤其是逢吉日（多为“天宝日”），一天杀猪多达100多头，来祈福者多达几千人。有人到此许愿，也有人达成了心愿前来还愿，信徒香客你来我往，络绎不绝，四时人头攒动、香火鼎盛。

6.3.4.8. 颇洞生态农业体验园

颇洞生态农业体验园位于台烈镇颇洞村，距三穗县城10公里，距镇政府驻地5公里，

图6-16 颇洞热带植物园

与320国道相距仅1公里，驶出高速公路后仅6分钟左右车程，全村有200多户，900多人，是著名的“生态文明富裕村”“文明村寨”“社会主义新农村”示范村，于2016年被评为国家3A级旅游景区。园区规划总面积3.3万亩，核心区1.1万亩，范围覆盖2镇7村，总投资6.4亿元，通过实施“党支部+合作社+基地+农户”进行“党社联建”以及成立联合党总支等发展模式，有效解决了农村基层党组织建设与经济社会发展相脱节的问题，通过创新管理体制，调动了全村人的干事热情，通过发展种植和观光农业，颇洞发生了翻天覆地的变化。目前建有蔬菜基地600亩，蓝莓、草莓、葡萄等精品水果基地560亩，花卉苗木500亩以及无土栽培观赏大棚和相关旅游配套基础设施等，不仅种植有大面积的水果及各类蔬菜，依托良好的自然生态环境，也逐步完善了水上娱乐、滨河休闲、垂钓中心及自行车道等设施，在园区内还建设了生态农庄，能够满足游客餐饮住宿、休闲度假、观光娱乐、亲子采摘及农耕体验等多种功能，是典型的农业产业结构好、农村合作社发展好、美丽乡村建设好、集体经济发展好、农村基层党支部好“五好乡村”。

6.3.5 风物特产

6.3.5.1 土特产品

三穗鸭，中国四大地方名鸭之一，以产蛋多、肉质细嫩、味美鲜香、胆固醇低而闻名于省内外，深受广大消费者的青睐，是具有鲜明特色的优势畜禽品种。

图6-17 三穗鸭

金秋梨，三穗因水源清澈，气候宜人，生态环境绝佳，孕育出了许多品质优良的水果，金秋梨就是其中的珍品。三穗金秋梨的主要特点就是果型大、色泽金黄、晶莹透亮、汁多味甜，肉质白、脆、嫩，耐贮藏，有“南方梨王”的美誉。

6.3.5.2特色饮食

长吉镇大头菜系列产品，又称芥菜或芥菜疙瘩，秉承传统工艺秘制而成，低盐、低糖，富含大量的抗坏血酸和人体所需的各种微量元素的无公害食品，忌炎热、干旱，稍耐霜冻，色泽鲜艳、味道鲜美、香气诱人、芳香可口。大头菜在当地也俗称“诸葛菜”，具有提神醒脑、解毒消肿、增进食欲、明目利膈、宽肠通便、漫脾暖胃之功效。

此外还有三穗鸭美食系列、三穗米粉灰碱粑等。

图6-18　黔东南小吃大赛中的“和谐号”灰碱粑

6.3.5.3手工艺品

三穗竹编工艺，由明末清初延续至今已有400多年的历史，是国家文化部命名的“中国民间竹编艺术之乡”，其产品实用性与工艺性相结合，绿色环保、品种多样，具有较高收藏价值。1972年三穗瓦寨斗笠曾作为国礼赠送给访华的美国总统尼克松。打造有黔森源竹编品牌。

羽绒制品系列、苗族刺绣挑花等产品。

6.3.6旅游接待

三穗县地处贵州东南部，长昆高铁客

图6-19　三穗竹编

运专线、G60高速、三黎高速、320国道、310省道穿城而过，沪昆高速有27公里过境，县城距州府凯里市87公里，距离贵阳247公里，G60高速公路和沪昆高铁、三黎高速和三施高速公路、320国道、310省道在县城呈十字交会，沪昆高铁设三穗站停靠，是黔东重要的交通枢纽。全县有三星级饭店1家。

附　录

附录1　黔东南著名景区

一、国家级风景名胜区

㵲阳河风景名胜区，所在地镇远县、施秉县、黄平县，批准时间1988年6月
黎平侗乡风景名胜区，所在地黎平县，批准时间2003年12月
榕江苗山侗水风景名胜区，所在地榕江县，批准时间2009年12月

二、省级风景名胜区

岑巩龙鳌河风景名胜区，所在地岑巩县，批准时间1995年3月
镇远高过河风景名胜区，所在地镇远县，批准时间2000年2月
下司风景名胜区，所在地凯里市，批准时间2000年2月
剑河风景名胜区，所在地剑河县，批准时间2000年2月
雷山风景名胜区，所在地雷山县，批准时间2003年11月
锦屏三板溪—隆里古城风景名胜区，所在地锦屏县，批准时间2003年11月
丹寨龙泉山—岔河风景名胜区，所在地丹寨县，批准时间2003年11月
从江风景名胜区，所在地从江县，批准时间2003年11月

三、国家级自然保护区

雷公山自然保护区，所在地雷山县，批准时间2001年6月

四、国家森林公园

雷公山国家森林公园，所在地雷山县，批准时间2002年12月
黎平国家森林公园，所在地黎平县，批准时间2003年12月
阳湖国家森林公园，所在地黄平县，批准时间2004年12月

五、国家地质公园

苗岭国家地质公园，所在地包括剑河、台江、丹寨、凯里、施秉、镇远等11县市，批准时间2009年8月

六、贵州省100个旅游景区

凯里市民族风情园

凯里经济开发区下司古镇景区
麻江蓝莓基地生态旅游区
丹寨龙泉蚩尤文化园
丹寨石桥古法造纸文化旅游景区
雷山西江千户苗寨文化体验区
台江施洞原生态苗族文化旅游区
镇远古城文化旅游景区
雷公山原生态苗族文化旅游区
剑河县温泉文化旅游景区
黄平旧州古城生态文化旅游区
施秉杉木河—云台山—黑冲旅游区
黎平肇兴侗寨旅游景区
黎平翘街旅游景区
从江中国侗文化产业园区
榕江三宝侗寨侗文化旅游景区
榕江旅游茅人河旅游区
锦屏隆里古城生态旅游文化景区

七、A级旅游景区

（一）5A级旅游景区

镇远古城旅游景区，所在地镇远县，批准时间2019年

（二）4A级旅游景区

雷山西江千户苗寨景区，所在地雷山县，批准时间2011年
施秉云台山旅游景区，所在地施秉县，批准时间2012年
黎平肇兴侗文化旅游景区，所在地黎平县，批准时间2014年
施秉杉木河景区，所在地施秉县，批准时间2015年
凯里市云谷田园生态农业旅游综合体，所在地凯里市，批准时间2016年

（三）3A级旅游景区

凯里市苗妹非遗博物馆
凯里市苗侗民族风情园
黎平县翘街
麻江县蓝莓生态旅游区
三穗县颇洞生态农业体验园
黄平县野洞河旅游景区
镇远县青龙洞景区
凯里市下司古镇

锦屏县隆里古城
黄平县旧州古城

八、雷公山“苗乡十景”

四古苗寨——季刀、露天博物馆——郎德、千年秃杉——格头、苗岭屋脊——乌东、古苗驿站——小丹江、短裙故乡——空申、聚散遗址——昂英、同族异支——交宫、南国天山——红阳、木鼓舞之乡——反排。

附录2 黔东南遗产遗迹

一、非物质文化遗产

（一）人类非物质文化遗产

侗族大歌（2009年）

（二）国家非物质文化遗产：

第一批（2006年）

苗族古歌（台江）、苗族古歌古词神话（黄平）、刻道（施秉）、侗族大歌（黎平）、侗族琵琶歌（洪州琵琶歌，黎平）、侗族琵琶歌（榕江）、苗族蜡染制作技艺（丹寨）、石桥白皮纸制作技艺（丹寨）、苗寨吊脚楼营造技艺（雷山）、苗族芦笙制作技艺（雷山）、苗族银饰锻制技艺（雷山）、苗绣（雷山苗绣）、苗绣（剑河锡绣）、苗族鼓藏节（雷山）、苗族姊妹节（台江）、侗族萨玛节（榕江）、侗戏（黎平）、苗族芦笙舞（锦鸡舞，丹寨）、反排苗族木鼓舞（台江）

第二批（2008年）

侗族木构建筑营造技艺（黎平、从江）、银饰制作技艺（黄平）、苗族织锦技艺（麻江）、枫香印染技艺（麻江）、瑶族医药（药浴疗法，从江）、苗医药（骨伤蛇伤疗法，雷山）、苗医药（九节茶药制作工艺）、侗医药（过路黄药制作工艺）、侗族大歌（从江、榕江）、芦笙音乐（苗族芒筒芦笙，丹寨）、多声部民歌（苗族多声部民歌，剑河、台江）、苗族民歌（飞歌，雷山）、苗族服饰（丹寨、剑河、榕江、台江）、苗族独木龙舟节（台江）、苗年（雷山）、侗族萨玛节（黎平）、泥塑（苗族泥哨，黄平）、剪纸（苗族剪纸，剑河）、苗绣（凯里）、苗族芦笙舞（雷山、榕江）、铜鼓舞（雷山）、珠郎娘美（榕江）、仰阿莎、苗族贾理

第三批（2011年）

蜡染技艺（黄平）、苗族银饰锻制技艺（剑河、台江）、民族乐器制作技艺（苗族芦笙制作技艺，凯里）、苗族织锦技艺（凯里、台江）；侗族刺绣、苗绣（台江）；赛龙舟（镇远）；侗族琵琶歌（从江）、苗族民歌（苗族飞歌）；苗族栽岩习俗（榕江）、黎平月也（集体到侗乡做客的一种社交习俗）、侗年（榕江）、歌会（四十八寨歌节，天柱）

第四批（2014年）

侗族服饰

二、世界自然遗产

中国南方喀斯特——云台山（2014年），与广西桂林、重庆金佛山联合申报。

三、中国传统村落（409个）

第一批（2012年，60个）

从江县（5个）：往洞乡增冲村、往洞乡则里村、丙妹镇岜沙村、谷坪乡银潭村、下江镇高仟村

丹寨县（1个）：扬武乡排莫村

剑河县（1个）：南哨乡翁座村

锦屏县（2个）：隆里乡隆里所村、河口乡文斗村

雷山县（4个）：郎德镇上郎德村、郎德镇下郎德村、郎德镇南猛村、西江镇控拜村

黎平县（42个）：坝寨乡坝寨村、坝寨乡蝉寨村、坝寨乡高场村、坝寨乡高兴村、坝寨乡青寨村、大稼乡邓蒙村、德顺乡平甫村、地坪乡岑扣村、地坪乡高青村、地坪乡滚大村、洪州镇归欧村、洪州镇九江村、洪州镇平架村、洪州镇三团村、九潮镇高寅村、九潮镇贡寨村、九潮镇吝洞村、雷洞瑶族水族乡金城村、茅贡乡蚕洞村、茅贡乡冲寨、茅贡乡登岑村、茅贡乡地扪村、茅贡乡高近村、茅贡乡流芳村、茅贡乡寨头村、孟彦镇芒岭村、尚重镇高冷村、尚重镇纪登村、尚重镇绍洞村、尚重镇育洞村、尚重镇朱冠村、双江乡黄岗村、岩洞镇述洞村、岩洞镇岩洞村、岩洞镇宰拱村、岩洞镇竹坪村、永从乡豆洞村、肇兴乡肇兴中寨村、肇兴乡纪堂村、肇兴乡纪堂上寨村、肇兴乡堂安村、肇兴乡肇兴村

榕江县（5个）：平江乡滚仲村、兴华乡八蒙村、兴华乡摆贝村、栽麻乡大利村、栽麻乡宰荡村

第二批（2013年，165个）

黄平县（1个）：苗陇乡苗陇村

三穗县（1个）：良上乡雅中村

镇远县（1个）：报京乡报京村

岑巩县（1个）：平庄乡平庄村凯空组

剑河县（15个）：南加镇塘边村、柳川镇巫泥村、革东镇八郎村、久仰乡基佑村、久仰乡久吉村、太拥镇太坪村、太拥镇九连村、南哨乡巫沙村、南哨乡反召村、南寨乡展留村、南寨乡柳富村、磻溪镇洞脚村、磻溪镇大广村、剑河县敏洞乡沟洞村、观么乡巫包村

台江县（29个）：台拱镇展福村、台拱镇板凳村、台拱镇南省村、台拱镇南冬村、台拱镇排朗村、台拱镇桃香村、台拱镇登鲁村、台拱镇交片村、台拱镇展下村、施洞镇小河村、施洞镇旧州村、施洞镇八梗村、县施洞镇黄泡村、南宫乡交包村、南宫乡交下

村、南宫乡交密村、南宫乡展忙村、排羊乡九摆村、排羊乡上南刀村、台盘乡德卷村、台盘乡南尧村、革一乡北方村、革一乡排生村、革一乡西南村、老屯乡长滩村、方召乡反排村、方召乡巫脚交村、方召乡巫梭村、方召乡交汪村

黎平县（43个）：孟彦镇罗溪村、孟彦镇岑湖村、九潮镇高维村、九潮镇定八村、九潮镇大溶村新寨、九潮镇顺寨村、岩洞镇大寨村、岩洞镇小寨村、水口镇东郎村、水口镇花柳村、水口镇南江村、水口镇茨洞村、水口镇宰洋村宰直寨、尚重镇岑门、尚重镇顿路村、尚重镇归德村、尚重镇旧洞村、尚重镇上洋村、尚重镇下洋村、尚重镇西迷村、尚重镇宰蒙村、雷洞乡岑管村、雷洞乡牙双村、永从乡九龙村、永从乡中罗村、茅贡乡额洞村、茅贡乡寨南村、茅贡乡汉寨、坝寨乡高西村、坝寨乡器寨村、口江乡银朝村、双江乡四寨村、双江乡寨高村、肇兴镇肇兴上寨村、肇兴镇厦格村、肇兴镇厦格上寨村、龙额乡上地坪村、地坪乡新丰村、地坪乡下寨村、大稼乡高孖村、平寨乡纪德村、德化乡高洋村、德化乡下洋村

榕江县（4个）：寨蒿镇票寨村侗寨、栽麻乡苗兰村侗寨、三江乡脚车村苗寨、塔石乡怎东村瑶寨

从江县（17个）：下江镇高良村、宰便镇引东村、西山镇田底村、停洞镇架里村、高增乡岜扒村、谷坪乡高吊村、雍里乡归林村、刚边壮族乡刚边村、刚边壮族乡银平村、加榜乡加车村、加榜乡下尧村、翠里瑶族壮族乡高华村、往洞镇朝利村、往洞镇增盈村、东朗乡孔明村、加鸠乡加翁村、光辉乡加牙村

雷山县（46个）：丹江镇乌东村、丹江镇虎阳村、丹江镇教厂村、丹江镇脚猛村、丹江镇干皎村、丹江镇猫猫河村、西江镇长乌村、西江镇黄里村、西江镇中寨村、西江镇开觉村、西江镇龙塘村、西江镇麻料村、西江镇乌尧村、西江镇北建村、永乐镇加鸟村、永乐镇开屯村、永乐镇乔洛村、永乐镇乔歪村、永乐镇肖家村、郎德镇杨柳村、郎德镇乌瓦村、郎德镇乌流村、郎德镇也改村、郎德镇报德村、郎德镇也利村、望丰乡乌迭村、望丰乡三角田村、望丰乡公统村、望丰乡丰塘村、望丰乡乌的村、望丰乡荣防村、望丰乡乌响村、望丰乡排肖村、大塘乡新桥村、大塘乡掌坳村、大塘乡独南村、桃江乡乔王村、桃江乡岩寨村、桃江乡掌雷村桃江乡、龙河村、达地水族乡也蒙苗寨、方祥乡陡寨村、方祥乡毛坪村、方祥乡格头村、方祥乡提香村、雷山县方祥乡雀鸟村

麻江县（3个）：杏山镇六堡村、龙山乡河坝村、龙山乡复兴村

丹寨县（4个）：排调镇麻鸟村、长青乡扬颂村、雅灰乡送陇村、南皋乡石桥村

第三批（2014年，51个）

凯里市（1个）：三棵树镇乐平村季刀寨

黄平县（5个）：重安镇枫香村、重安镇塘都村、重安镇望坝村、谷陇镇平寨村、野洞河镇新华村

施秉县（1个）：双井镇龙塘村

天柱县（1个）：高酿镇地良村

锦屏县（1个）：彦洞乡瑶白村

剑河县（12个）：柳川镇返排村、柳川镇巫库村、岑松镇稿旁村、南加镇九旁村、南加镇柳基村、南明镇小滴村、革东镇大皆道村、久仰乡毕下村、久仰乡巫交村、南哨乡高定村、敏洞乡高丘村、观么乡平下村

台江县（7个）：南宫乡石灰河村、排羊乡大塘村、台盘乡空寨村、台盘乡南瓦村、革一乡江边村、革一乡茅坪村、老屯乡白土村

黎平县（5个）：水口镇平善村、尚重镇绞洞村、尚重镇洋卫村、大稼乡岑桃村、德化乡俾翁村

从江县（10个）：下江镇巨洞村、下江镇中华村、西山镇顶洞村、高增乡小黄村、高增乡占里村、庆云乡单阳村、刚边乡三联村、加榜乡党扭村、翠里瑶族壮族乡岑丰村、东朗乡苗谷村

雷山县（7个）：西江镇大龙苗寨、西江镇乌高村、大塘镇桥港村、达地水族乡马路苗寨、达地水族乡同鸟水寨、方祥乡平祥村、方祥乡水寨村

丹寨县（1个）：兴仁镇王家寨村

第四批（2016年，33个）

凯里市（3个）：三棵树镇朗利村、三棵树镇南花村、凯棠乡南江村

黄平县（1个）：谷陇镇岩门司村

镇远县（1个）：金堡镇爱和村

锦屏县（2个）：三江镇瓮寨村、茅坪镇茅坪村

剑河县（1个）：久仰镇巫溜村

台江县（1个）：方召镇方召村

黎平县（3个）：顺化瑶族乡高孖村、茅贡镇腊洞村、口江乡朝坪村

榕江县（7个）：忠诚镇定弄村、寨蒿镇晚寨村、寨蒿镇乌公村、朗洞镇卡寨村、栽麻镇归柳村、计划乡加宜村、平阳乡丹江村

从江县（12个）：贯洞镇潘今滚村、洛香镇登岜村、往洞镇高传村、往洞镇信地村、往洞镇秧里村、高增乡美德村、谷坪乡留架村、丙妹镇大塘村、庆云镇转珠村、加鸠镇加学村、斗里镇马安村、东郎镇党相村

雷山县（1个）：望丰乡羊卡村

丹寨县（1个）：兴仁镇排佐村

第五批（2019年，100个）

凯里市（4个）：湾水镇岩寨村、炉山镇角冲村、炉山镇六个鸡村、下司镇清江村

黄平县（1个）：一碗水乡印地坝村

岑巩县（1个）：凯本镇凯府村

天柱县（8个）：蓝田镇碧雅村和当寨、高酿镇坐寨村、高酿镇木杉村大寨、高酿镇邦寨村邦寨、远口镇元田村、坌处镇抱塘村、坌处镇三门塘村、渡马镇共和村甘溪寨

锦屏县（6个）：启蒙镇腊洞村、平秋镇圭叶村、平秋镇魁胆村、平略镇平敖村、新化乡新化寨村、河口乡韶霭村

剑河县（1个）：南哨镇九虎村

台江县（4个）：台拱街道红阳村、南宫镇交宫村、排羊乡下南刀村、台盘乡水寨村

黎平县（6个）：中潮镇上黄村兰洞寨、水口镇胜利村、洪州镇六爽村、洪州镇赏方村、茅贡镇寨母村、古州镇三盘村

榕江县（12个）：古州镇高兴村、寨蒿镇寿洞村、乐里镇乔勒村、乐里镇大瑞村、乐里镇本里村、乐里镇保里村、朗洞镇高略村、崇义乡纯厚村、平江乡高鸟村、塔石乡同流村、定威乡计水村、平阳乡硐里村

从江县（37个）：丙妹镇大歹村、丙妹镇老或村、丙妹镇龙江村、丙妹镇銮里村岑报寨、洛香镇平乐村、洛香镇大桥村、西山镇卡翁村、西山镇秋卡村、西山镇滚郎村、停洞镇归奶村、停洞镇摆也村、停洞镇苗朋村、往洞镇贡寨村、往洞镇德秋村、往洞镇德桥村、往洞镇往洞村平楼寨、高增乡付中村、谷坪乡山岗村燕窝寨、谷坪乡五一村党苟寨、庆云镇广力村归料寨、庆云镇佰你村迫面寨、刚边乡宰船村、刚边乡鸡脸村、加榜乡加页村、秀塘乡打格村、秀塘乡下敖村、斗里镇台里村、斗里镇潘里村八组、翠里乡污牙村、翠里乡高文村、翠里乡宰转村、翠里乡高开村、加鸠镇白岩村、加鸠镇加能村、加勉乡加坡村、加勉乡污俄村、加勉乡真由村

雷山县（10个）：丹江镇阳苟村、丹江镇排翁村、西江镇小龙村、永乐镇乔配村、永乐镇小开屯村、郎德镇乌肖村、望丰乡甘益村、望丰乡乌江村、达地乡乌空村、达地乡里勇村

丹寨县（10个）：龙泉镇排牙村、龙泉镇高要村、兴仁镇翻仰村、兴仁镇岩英村、兴仁镇乌佐村、排调镇排结村、排调镇刘家寨村、雅灰乡夺鸟村、南皋乡清江村、南皋乡九门村

四、中国少数民族特色村寨（126个）

第一批（2014年，14个）

凯里市（1个）：三棵树镇乌利寨

天柱县（1个）：坌处镇三门塘村

锦屏县（1个）：隆里乡隆里所村

剑河县（1个）：革东镇屯州村

台江县（1个）：南宫乡交宫村

黎平县（3个）：肇兴镇肇兴侗寨、双江镇四寨村、岩洞镇铜关村

榕江县（1个）：平阳乡小丹江村

雷山县（1个）：西江镇西江村

麻江县（2个）：龙山镇复兴村、杏山镇六堡村

丹寨县（2个）：龙泉镇卡拉村、南皋乡石桥村

第二批（2017年，80个）

凯里市（10个）：开怀街道棉席村棉席寨、开怀街道养朵村养朵大寨、三棵树镇朗

利村朗利大寨、三棵树镇南花村南花寨、湾水镇岩寨村岩寨大寨、湾水镇洪溪村洪溪寨、舟溪镇营盘村营盘苗寨、大风洞乡对江村新寨革寨、大风洞乡官庄村官庄寨、碧波镇白秧坪村偿班大寨

镇远县（1个）：报京乡报京村报京大寨

黄平县（1个）：谷陇镇山坪村

施秉县（7个）：城关镇沙坪村、城关镇云台村、甘溪乡高碑村、马号乡黄古村、双井镇平寨村、双井镇龙塘村、双井镇铜鼓村

三穗县（1个）：台烈镇寨头村

岑巩县（2个）：注溪镇衙院村、羊桥土家族乡杨柳村

天柱县（1个）：坌处镇抱塘村

锦屏县（5个）：敦寨镇雷屯村、彦洞乡瑶白村、河口乡文斗村、平略镇平敖村、茅坪镇茅坪村

剑河县（3个）：太拥镇昂英村、南哨镇反召村、久仰镇基佑村

台江县（4个）：台拱街道红阳村、方召镇反排村、老屯乡长滩村、方召镇交汪村

黎平县（6个）：茅贡镇地扪村、双江镇黄岗村、水口镇滚政村、岩洞镇述洞村、永从镇中罗村、肇兴镇堂安村

榕江县（2个）：栽麻镇大利村、栽麻镇宰荡村

从江县（9个）：西山镇秋卡村、丙妹镇岜沙村、翠里乡高文村、加鸠镇加翁村、高增乡岜扒村、高增乡小黄村、下江镇高坪村、下江镇良文村、加榜乡加车村

雷山县（17个）：达地乡也蒙村、大塘镇掌坳村、丹江镇乌东村、方祥乡格头村、郎德镇上郎德村、郎德镇也改村、望丰乡公统村、西江镇干荣村、大塘镇新桥村、方祥乡陡寨村、方祥乡平祥村、望丰乡排肖村、望丰乡乌响村、西江镇麻料村、西江镇猫鼻岭村、永乐镇乔洛村、方祥乡毛坪村

麻江县（11个）：宣威镇龙江村、宣威镇城中村、宣威镇卡乌村、宣威镇翁保村、扬武镇扬颂村、排调镇麻鸟村、雅灰乡送陇村、兴仁镇王家村、扬武镇排莫村、龙泉镇高要村、排调镇刘家村

第三批（2019年，32个）

凯里市（2个）：舟溪镇曼洞村青曼苗寨、旁海镇屯寨村屯寨苗寨

黄平县（2个）：谷陇镇滚水村滚水寨、重安镇下翁细村下翁细寨

三穗县（2个）：款场乡龙脚村、良上镇雅中村

镇远县（1个）：尚寨土家族乡丰收村苗屯大寨

岑巩县（1个）：溪镇周坪村

天柱县（3个）：竹林镇龙塘村、渡马镇共和村甘溪侗寨、石洞镇下腾村

锦屏县（4个）：隆里乡华寨村、偶里乡寨欧村、平秋镇平秋村、彦洞乡黄门村

剑河县（1个）：磻溪镇小广村

台江县（3个）：方召镇方召村、南宫镇交密村、排羊乡九摆村

黎平县（1个）：洪州镇救寨村

榕江县（2个）：寨蒿镇晚寨村、平江镇滚仲村

从江县（1个）：秀塘壮族乡上敖村

雷山县（1个）：望丰乡青山村

麻江县（2个）：龙山镇河坝村、宣威镇瓮袍村

丹寨县（6个）：南皋乡清江村、龙泉镇高寨村、排调镇羊先村、兴仁镇乌佐村、兴仁镇甲劳村、扬武镇老冬村

五、国家级文物保护单位（19处）

镇远青龙洞、黄平飞云崖古建筑群、黄平旧州古建筑群、雷山郎德上寨古建筑群、黎平地坪风雨桥、镇远和平村旧址、从江增冲鼓楼、镇远城墙、锦屏隆里古建筑群、榕江大利古建筑群、黄平岩门长官司城、锦屏飞山庙、从江高阡鼓楼、从江宰俄鼓楼、从江金钩风雨桥、天柱三门塘古建筑群、黎平述洞独柱鼓楼、黎平会议会址、黄平重安江水碾群

附录3 黔东南节日庆典

黔东南主要少数民族节日及活动（以下月份为农历，节日举行的日期和活动内容可作做参考，准确信息可关注官方发布和媒体宣传）

黔东南州一年内有各类民族民间节庆活动396个，其中1万人以上的节庆共114个。除苗族、侗族节庆外，其他少数民族节庆活动规模在1万人以上的节庆有23个，28个点，其中土家族10万人以上的节庆点1个。

正 月

初一—初五 榕江卡寨：跳芦笙

初一—初五 榕江岑最：跳芦笙

初一—十七 丹寨县：党早、排路、龙塘、孔庆刘家寨、烧茶、羊巫、排保、雅灰、马鞍、方胜、麻鸟、羊先、排告、泉山、小朗、者拉、城关、雄虎、排调、长青、加配大寨、兴仁，踩铜鼓、跳芦笙、对歌、斗牛、赛

初一—十五 岑巩县：侗族舞龙、舞狮、打金钱棍、请七姑娘、屯锣等活动

初一—十五 从江县：侗族祭萨、唱侗戏、赛芦笙等

初二 黎平茅贡樟洞村斗牛踩歌堂赛芦笙，初三起，轮流在茅贡寨南村的各村唱侗戏踩歌堂

初二—初六 黄平塘都、枫香、望坝集会，（三寨轮流举办）斗鸡、赛歌、赛马等

初二—初六 台江南宫丈嘎朗

初三—初四 凯里龙头河，跳芦笙、跳铜鼓、赛马

初三—初五 凯里翁义芦笙会

初三—初十 黎平岩洞唱歌，踩歌堂、祭萨、唱侗戏

初三—初五　剑河小广，龙灯会

初三—二十　依次在麻江长乌罗伊、龙江、富江、枫香、共和姚家寨、马场、清江、桃花、摆仰、铜鼓芦笙会

初四　中潮林掌村芦笙会

初五　中潮抬榜芦笙会

初五—初七　凯里棉纺厂斗牛

初五—初七　凯里鸭塘，斗牛、芦笙

初五—初七　凯里下司，斗牛、芦笙、选狗、文体活动

初六　黎平中潮东冲芦笙会

初六—初九　雷山望丰干益村芦笙会

初七　黎平中潮新寨芦笙会

初八　黎平中潮龙洞芦笙会

初八　黎平茅贡腊洞村，斗牛、踩歌堂、赛芦笙、祭萨

初八　黎平洪州平架村芦笙踩歌堂

十一—十五　黎平茅贡地扪村，千三欢聚节，祭萨、跳芦笙、对歌等

初七—初九　凯里大坳芦笙会

初八—初九　剑河柳川龙灯会，有龙灯、舞狮等活动

初九　黎平茅贡腊洞斗黄牛

初九—十二　凯里金井、跳芦笙、跳铜鼓、斗牛、赛马、斗雀

初九—初十　凯里新光村芦笙会

初九—十一　凯里白午芦笙会、斗牛

初九—十一　凯里金泉湖芦笙、斗牛、服饰表演

初十　黎平中潮三南芦笙会

初十—十二　凯里万潮马鞍石，跳芦笙、斗牛、赛马、斗羊

初十—十二　凯里舟溪大中，芦笙、斗牛

十一—十三　雷山望丰芦笙会，14日起斗牛

十一—十三　凯里鸭塘养干双，跳芦笙、斗牛、赛马

十一—十三　凯里鸭塘果园村，跳芦笙、斗牛

十三—十四　凯里青曼，跳芦笙

十三—十四　凯里铜鼓寨，跳芦笙

十四—十六　麻江摆仰芦笙会

十五—十七　凯里湾水，跳芦笙，赛马、斗牛

十五—二十　黄平咬寨、富桐、黄猫，（僅家集会）斗鸟、赛马、对歌

十五—二十　麻江宣威芦笙节

十五—二十　凯里舟溪甘囊香，芦笙、斗牛、赛马、对歌

二十一—二十二　凯里下司同溪翁寨芦笙会

十六—十九　凯里龙场芦笙会

十八—二十　麻江绕家芦笙会

十九—二十二　凯里虎庄郭家坪，跳芦笙、赛马、斗牛

二十九—三十　丹寨南皋芦笙会

二　月

二月子、午日　凯里万潮格河，闹冲节，斗牛、对歌

二月子午日　凯里经济开发区钉耙山，斗牛、对歌，参与人数多达上万人

二月子午日　凯里开怀虎档坡，爬坡节，跳芦笙、斗雀、对歌

二月最后一个午日　施秉白洗芦笙会，斗鸟、斗牛、赛马、踩芦笙

初二　祭桥、全州各地、台江登交等地吹芦笙跳舞

二月第一个亥日　丹寨清江村翻鼓节之后，麻江卡乌跳鼓节

十五—十七　剑河革东、久仰、摆伟、温泉，姊妹节

十五—十六　施秉双井、六合，姊妹节

清明，丹寨兴仁杉木冲岭岗，爬坡节

清明后第一个子日，雷山爬坡节。13天一次，赶3次，中场最隆重。在大塘雄吉坳、乌江满天星、望丰五岔路、大沟扁富、黄里牛角坡、固鲁东山坪、朗德 等地

清明后13天，三穗寨头、巴也、稿桥，土王戊节

三　月

三月子、午日　凯里开怀虎档坡跳芦笙、对歌、斗鸟

初一　天柱天华山歌场，杨家、地坌、菜溪之间

三月子、午日　麻江翁约闹冲节

初三　镇远报京芦笙会

初三　天柱渡马与白市交界处的风岩坡歌场

初三　天柱甘洞歌场

初三　天柱白蜡歌场

初三　剑河观么高雍情歌节，对歌、捉鱼、芦笙舞

十一　天柱坌处镇盘溪寨，石榴坡歌场

十四—十五　台江施洞姊妹节

三月十五　施秉马号地区姊妹节

四　月

四月头鼠日　丹寨竹留坡、翻仰坡爬坡节

四月头马日　丹寨马毕养溜坡爬坡节

初八　黄平飞云洞（飞云崖）跳芦笙、斗鸟、赛马

初八　天柱大灵山溪口寨，歌场
初八　剑河小广采桑节，对歌
初八　榕江部分侗族地区，祭牛节
十七　天柱注溪和坑头分水岭猴子坳，歌场

五　月

五月头免日　丹寨排调也改村，粽粑节
初五　黄平重安龙舟节
初五　天柱大冲寨细草坪，歌场、龙舟竞渡
初五　镇远龙舟节
初五　施秉龙舟节
十五　天柱竹林乡龙塘村两头坳，歌场
二十三　施秉平寨龙舟节
二十四—二十七　清水江龙舟节，台江施洞一带清水江沿岸
二十六—二十七　黄平重安集会，赛马、斗鸟、对歌

六　月

六月上中旬卯日　雷山吃新节
六月中旬逢卯日　凯里挂丁、开怀，吃新节，对歌、赛马、斗牛
六月中下旬卯日　凯里凯棠乡各寨，吃新节，跳芦笙、斗牛、赛马、对歌
六月大戊日　天柱中寨乡平芒，歌场
六月第二个戊日　剑河温泉巫门村平塘坡，祈雨节，吹笙、赛马、斗鸟、对歌、游方等
六月头卯　剑河下岩寨锅底坪，踩芦笙、木鼓舞、赛马、斗鸟、游方
六月中旬至七月中旬戊寅、己卯日　从江部分村寨，吃新节，荡秋千、对歌
六月吃新节后二辰　雷山丹江、西江赶热闹场
初六　天柱坪地乡坪地，歌场
初六　剑河大桥，赶歌会
初六　丹寨龙泉山，爬坡节
初六　榕江部分地区，祭牛节
初六　施秉龙塘苗寨，过节
初六　三穗良上、巴也、绞颇，对歌
十三　从江邑沙，吃新节
十五　天柱梨树坪和竹林高坡之间龙凤山，歌场
十五　雷山陶尧、杨排，吃新节，斗牛
十六　雷山固鲁寨吃新节，斗牛

十七—十八　凯里南花吃新节，斗牛、抢鸭子及各类文艺表演
十九　凯里香炉山，爬坡节
十九　凯里炉山石仙山，爬坡节
十九　天柱山阳殿，歌场
十九　凯里挂丁，吃新节，斗牛
二十　凯里开怀，吃新节

七　月

上中旬，从江六洞、九洞地区侗族，吃新节，赛芦笙、斗牛；头兔日，吃灰糟节
上中旬，丹寨岩英、翻福亚村，斗牛、对歌
七月子、午日　麻江凯里交界的长岭岗，爬坡节
七月子、午日　凯里青曼长岭岗爬坡节，对歌
七月中旬巳日　施秉平寨、新城，吃新节，斗牛
七月头鼠日　丹寨岩英坡、排倒坡，爬坡节
七月头马日　丹寨甲劳坡，爬坡节
七月第一个丑日　台江方召、翁脚、翁拜、麻粟坳，吃新节
七月一卯　剑河革东大稿午，踩鼓节，水鼓舞、斗牛
初七—十三日　榕江大部分地区，吃新节，七十二寨最为隆重
十三　凯里白午、铜鼓、共和吃新节，调芦笙、斗牛等活动
十五　天柱布刀岭杨家乡秀田寨，歌场
十五　天柱渡口乡金井寨半溪，歌场
十五　天柱坪地镇便桃村便洞，歌场
十五　三穗圣德山，赶歌场
十五　黄平翁坪乡新街，芦笙会
二十—二十二　天柱渡马乡莲花坪，歌场
二十　天柱楞寨和杞寨之间蓝田二十坪，歌场
二十　天柱溪口寨大灵山，歌场
二十　剑河、锦屏交界高坝侗寨后龙山，赶歌会

八　月

初二　剑河高定，八二节
初八　榕江腊西都江寨，杀牛、杀猪招待亲友
初十　丹寨水族，端节
十五　黎平纪堂，赛芦笙
十五　岑巩以及州内多地，侗族，偷月亮菜
十五　岑巩，大树林苗族，祭苗神

十五　从江洛香，芦笙节（两年一次）

九　月

初一　土皇日，天柱中寨乡坪芒村洞腊溪与锦屏令冲分界处十八关，歌场

初一水历十二月首亥日（水历正月初二）丹寨小羊昌、塘冲、杉木等地韦姓过端午，打毽、敲铜鼓、吹笙跳舞

九月子、丑日　剑河部分苗寨过苗年（九仰九月一卯一次，十月一次）

九月一亥　榕江水尾水族端节，最隆重为九月二亥后的午日

九月中旬亥日　雷山水族端节

初七　黄平县崇仁乡金塘集会，斗牛、吹笙

初九　凯棠、青曼，重阳节，对歌、斗鸟、斗牛

初十　天柱水洞、石洞、黄桥、都岭斗牛节

二十三　黄平重安马桑冲集会，斗牛、赛马、吹笙

二十五　黄平谷陇岩集会，斗牛、赛马、芦笙、高跷

二十六　黄平重安安马河集会，斗牛、斗羊、赛马、芦笙

二十七　黄平重安马场街集会，赛马、斗鸟、斗牛

二十七　黄平新州十里桥集会，赛马、斗鸟、斗牛

二十七—二十九，黄平谷陇，芦笙会，赛马、斗鸟、斗牛

十　月

十月上中旬逢辰日　凯里南部各寨，苗年，跳铜鼓、芦笙、斗牛

十月头卯　剑河小广，嫁女节，对歌、婚嫁

十月头卯　丹寨孔庆一带，苗年

十月头卯　丹寨羊巫、排保，苗年

十月头龙日　丹寨羊物、宰宿、排桃，苗年

十月中旬戊日　丹寨加配排脚寨，苗年

十月卯日　榕江部分苗族村寨，苗年

十月上旬卯日　雷山新塘、独南、开屯、方祥、西江、大沟、报德、黄里、肖家、格益、白莲等地，苗年

十月初十（寅年）施秉六合上中下寨，鼓藏节

十月头子日　台江宝贡一带苗年，二子三子过小年

十月第二个牛场天（丑日）丹寨长青乡的腊尧、扬颂，祭尤节，鸣大号、吹芒筒、宰祭牛、唱歌、跳芦笙、赛唢呐

初七　黎平县坝寨乡青寨村，平安节——“祭尾”，唱侗歌、演侗戏、斗牛、吹芦笙

十五　施秉六合平扒村，姊妹节

十六　榕江水族，起法明、开法灯，收成好的年份尤其隆重

十九　从江邑沙、大塘、大洞、高加、高堆、中里、台里，顺延过苗年

十一月

中卯　凯里凯棠、地午、板溪，苗年

头亥日　丹寨党早，苗年，吹笙斗牛斗鸟对歌

头卯日　丹寨南皋、大兴、脚开、翻娘、甲劳，苗年，吹笙、斗牛、斗鸟、对歌

头戌日　丹寨岩英，苗年，吹笙、斗牛、斗鸟、对歌。之后是翻杠三个寨子，每个寨子过三天

头子日　凯里台一村龙粑节（耗子粑节），斗牛

上旬卯日　雷山莲花、固鲁、丹江、龙头、响楼、陶尧、望丰、乌江、乔洛，苗年

中旬卯日　台江革一地区，苗年

大雪后第一个辰日　锦屏瑶光，枫树节，吹笙、斗牛、跳舞

十一—十二　台江小江河上至长滩，下至白土良田、黄礼、掌碧，苗年

十一月二十　后辰、戌日，榕江往里，侗年，踩堂、对歌、跳芦笙、斗牛

十一月第二个辰日　台江老屯，苗年

十一月下旬辰日　从江加翁、党港、红岩、党九、寨坪、加车、加鸠、加民、东朗、孔明、加瑞等地，苗年，吹笙、斗牛、对歌

十一月二十九—十二月初十　从江壮年，十二月初三后吹笙、对歌等

十二月

腊月第一个子日　施秉六合乡平扒村，祖宗节，第四天跳芦笙

立春后第五个戊日　天柱注溪、交棍、凤阳山，社节

附录 4　旅游认知

一、旅游和旅游者

旅游是人们离开自己的惯常环境到一个陌生的地方去，连续停留时间不超过一年的活动。所谓惯常环境，就是离居住地很近或是经常去的地方，一般以6小时和10公里为界限。

旅游者即开展旅游活动的个人和群体，通过游览、消遣等活动，以获得精神上的愉快感受。旅游者是旅游活动的主体，成为旅游者一是要有可自由支配收入，二是要有可自由支配时间，三是有旅游动机，四是有健康的身体。

二、旅游资源

旅游资源是旅游活动的客体，指能够产生旅游吸引力，且能够被人类开发利用，产生社会效益、经济效益和环境效益的一切自然和人文因素的总称。根据属性不同，可分

为自然旅游资源和人文旅游资源，如黔东南的旅游资源，很大程度上就兼具了自然和人文双重特性，雷公山既有原始森林覆盖，又是宗教圣地和古战场遗址，清水江水能资源丰富，风光绮丽，令人流连，同时也承载了跨越几个世纪的木商文明。

三、旅游产业

旅游产业又称“旅游业”，是旅游活动的重要媒介，它是以旅游资源为依托，以旅游基础和服务设施为条件，多行业共同参与，为旅游者提供物质和劳务服务的综合性产业。

习惯上，旅游业的三大支柱一般为饭店、交通、旅行社，也有专家学者认为应还有第四大支柱即旅游资源。

四、旅游要素

旅游要素即开展旅游活动必须要具备的条件，一般包括食、住、行、游、购、娱六大要素。每一项旅游要素分别由一个或者多个行业部门共同作用，要素的科学布局和内部有效协作，构成了和谐健康的旅游环境。

五、旅游需求

所谓需求，经济学中将其定义为有购买力的需要，旅游需求即建立在一定的消费能力基础之上的旅游需要，也可以称为旅游动机。作为促成旅游活动的重要条件，旅游者结合自身实际而产生不同的旅游动机，一般来说，大致可以概括为求新、求奇、求美、求知、求变这五个方面，也有学者提出“商、养、学、闲、奇、情”的旅游诉求。旅游市场定位和细分，须对旅游消费行为进行系统的研究分析，而把握消费者旅游需求至关重要。

六、文化旅游和乡村旅游

文化旅游即以旅游目的地生态理念、历史文化、民族风情、人文遗迹、民间传说和故事等为体验内容，以饱含文化内涵的景区景点为载体，能给人一种超然的文化感受的旅游活动。文化旅游主要依托文化旅游资源开展，具有审美情趣激发功能，教育启示功能和民族、宗教情感寄托功能，集中体现了民族性、艺术性、神秘性、多样性、互动性等特征。

乡村旅游是发生在乡村社区，以乡村自然景观和人文现象为吸引物的，主要由当地居民经营，不过多依赖专用服务设施的旅游活动。随着物质水平的提高，人们越发重视精神层面的享受，也越发关注环境问题，城市居民渴望生活在大自然的环境中，回归自然和怀旧成为一种风潮。

乡村旅游吸引物内容由自然环境、物质要素和非物质要素共同组成。自然环境是由地貌、气候、水文、土壤、生物等要素组合的自然综合体，是形成乡村景观的基底和背景。物质要素是游客亲身观察到的具体事象，如农作物、牲畜、林木、聚落、交通工具、人物、服饰等有形的物质。非物质文化要素，如人们思想意识、道德情操、价值观念、心理特征、思维方式、民族艺术、风俗习惯、宗教信仰、政治观点等。

七、产业融合

产业融合是相对产业分化而言的一种产业发展范式，它的本质是创新。产业融合是新业态或新产业演化形成的过程，也是产业系统对于动态的产业环境所做出的适应性选择。它不是几个产业的简单叠加，而是新产业与传统产业的融合，不是“混合物”，而是“化合物”，具有自身的特殊性质，也可以称为交叉产业和边缘产业。

所谓旅游融合发展是指旅游产业与其他产业之间或旅游产业内部不同行业之间通过相互渗透、相互交叉而逐步形成新型旅游产品、业务渠道或新型旅游业态的动态发展过程。即当下俗称的“旅游+”和“跨界”。

随着信息技术和体验经济的兴起，社会经济状况的相似性、消费者旅游偏好不同形成的跨产业需求、多种产品联合使用的互补性、政府经济性规制的放松等因素，推动旅游业与其他产业由分立走向融合。旅游产业系统中，构成产业系统的各要素的变革在扩散中引起不同产业要素之间相互竞争、协作与共同演进而形成一个新兴产业，其外延包括了技术融合、企业融合、产品融合、市场融合、制度融合等。旅游产业与第一、第二产业或第三产业中的其他行业通过环节渗透、功能互补来实现融合，如文化旅游、工业旅游、农业旅游、会展旅游、体育旅游等；同时旅游业内部也在深度融合，旅游产业内部不同行业、不同要素之间相互渗透、相互重组实现融合。旅游产业融合可以强化旅游企业的组织实力和资本实力，减少交易费用；可以丰富旅游产品种类，满足多样化的旅游需求；可以使各种旅游资源在融合利用中获得最优化开发，最终优化旅游产业结构，加快完成地区旅游产业转型升级。

《国务院关于加快发展旅游业的意见》（国发〔2009〕41 号）的颁布，旅游发展问题已经上升到国家战略层面。国务院《关于进一步促进贵州经济社会又好又快发展的若干意见（国发〔2012〕2号）明确提出，大力发展文化和旅游产业，把文化和旅游产业发展成为支柱产业。旅游产业升级为“旅游文化产业”或“文化旅游产业”是大势所趋，有利于旅游和文化产业的共同发展，如今创意产业与文化、旅游业不断融合，旅游产品的文化创意层出不穷，极大增强了旅游体验和产品品位。黔东南乃至全国旅游产业与文化产业的和谐发展既是一种客观需求也是一种现实存在。黔东南少数民族地区蕴藏着丰富的文化资源，原生的民族文化、原貌的历史遗存为文化产业的长足发展创设了良好的条件，少数民族传统文化具有比较优势，文旅融合范围广、内涵深、外延长。

时下推行的农文旅融合发展就是在乡村旅游领域内实现，在旅游体验经济与创意经济快速发展的双重背景下，将原来低层次的、静态的旅游元素进行创造性的整合与开发，将知识、智慧、灵感等核心要素注入农业旅游产品中，变成高层次动态化、立体化的旅游产品，以满足旅游者日益差异化、个性化、时尚化的需求。

八、全域旅游

全域旅游是指在一定区域内实现区域资源有机整合、产业融合发展、社会共建共享，以旅游业带动和促进经济社会协调发展的一种新的区域协调发展理念和模式。要求全社会参与，全民参与旅游业，通过消除城乡二元结构，实现城乡一体化，全面推动产业建设和经济提升。2015年从国家层面，首次明确提出全面推动全域旅游发展的战略部署，并给出量化工作目标，即在2000多个县中，每年以10%的规模来创建。国家旅游局下发了《关于开展“国家全域旅游示范区”创建工作的通知》(旅发〔2015〕182号)，各省份全面铺开，用全域旅游的区域经济概念布局旅游产业发展，发挥全域旅游对生产要素布局的导向作用，实现全景式规划、全季节体验、全社会参与、全产业发展、全方位服务、全区域管理。

九、智慧旅游

简而言之就是通过互联网，借助便携的终端上网设备获取旅游资讯、安排旅游行程的旅游新方式。从旅游者的角度主要是实现便捷放心的导航、导游和导购功能。

综合来看，智慧旅游主要体现在“旅游服务的智慧”“旅游管理的智慧”和“旅游营销的智慧”这三大方面。一是服务智慧，即从游客出发，通过信息技术提升旅游体验和旅游品质。游客在旅游信息获取、旅游计划决策、旅游产品预订支付、享受旅游和回顾评价旅游的整个过程中都能感受到智慧旅游带来的全新服务体验。二是管理智慧，即通过信息技术，可以及时准确地掌握游客的旅游活动信息和旅游企业的经营信息，实现旅游行业监管从传统的被动处理、事后管理向过程管理和实时管理转变。结合旅游信息数据形成旅游预测预警机制，提高应急管理能力，保障旅游安全。实现对旅游投诉以及旅游质量问题的有效处理，维护旅游市场秩序，实现科学决策和科学管理。三是营销智慧，即通过旅游舆情监控和数据分析，挖掘旅游热点和游客兴趣点，引导旅游企业策划对应的旅游产品，制定对应的营销主题，筛选效果明显，可以长期合作的营销渠道，从而推动旅游行业的产品创新和营销创新。

十、黔东南文化旅游

黔东南生态文化、民族文化、历史文化等旅游资源内涵丰富，形式多样，具有极高的旅游品位，立足于“建成原生态民族文化旅游世界目的地”的发展思路，贵州省委省政府为黔东南确立了“守住生态和发展两条底线，用好生态环境和民族文化两个宝贝，打造国内外知名民族文化旅游目的地”的战略目标，给予了黔东南文化旅游资源品位极大的肯定，精准地指出和定位了黔东南旅游产业的核心竞争力。一方面，黔东南旅游资源具有广泛的多样性，山水皆有故事，处处都有风情，具备较强的旅游产业发展硬实力。古村落保存完好，悠远沧桑，既是文化传承的载体，又是旅游发展的宝藏，民族民间节庆活动此起彼伏，热闹非凡，既是弘扬文化的平台，又是旅游体验的重要项目。另一方面，人们收入水平日益提高，旅游呈现爆发性增长，旅游已经逐步从“大众旅游时代”迈向“休闲旅游时代”。旅游产品发展规律跟普通商品一样，都是按照价格、质量、服务、文化这个路径进行演进，从最开始只关注价格，到逐步重视质量和服务，最后追求美好的文化体验，时下越来越多的人，愿意选择一片心灵的净土，进行深度文化旅游体验。

经过对黔东南旅游资源特性的比较分析，新的组合旅游产品正在不断地推出和完善，如环雷公山自驾游体验线、黎从榕侗族大歌体验线、环㵲阳河山水风光线、苗岭“城市休闲、阳光郊野”农耕文化体验线、西施（西江至施洞）苗族文化休闲体验线、都柳江百里农业观光体验线等。比较成熟的文化旅游线路有余秋雨文化旅游线：锦屏隆里古城—黎平翘街—黎平肇兴侗寨—黎平堂安侗族文化生态博物馆—从江岜沙苗寨—榕江三宝侗寨—雷山西江千户苗寨—镇远古城—苗岭明珠凯里。

参考资料

1.中国侗族村寨文化.吴浩主编.民族出版社，2004.

2.贵州的桥.吴正光主编.贵州科技出版社，2004.

3.揭秘千年.薛永应著.中央编译出版社，2003.

4.侗乡情韵.编写组编.贵州人民出版社，2000.

5.从江报.杏妮,陈红娟撰.2003.

6.贵州黔东南.李文明著.中国旅游出版社，2015年.

7.黔东南导游词.闻芳主编，蒋友财副主编.贵州人民出版社，2014.

8.贵州导游基础知识.贵州省旅游局编.2015年7月，中国旅游出版社.

9.爱在黔东南—原生态民族风情.丁新成主编.云南人民出版社，2013.

10.侗族口传经典.傅安辉编.民族出版社，2012.

11.原生态黔东南.耿生茂主编.贵州人民出版社，2008.

12.黔东南年鉴2016.贵州人民出版社，2016.

13.2016年黔东南州理论教育读本

14.黔东南非物质文化遗产年鉴2005—2014.粟周榕主编.贵州民族出版社，2016.

15.贵州旅游在线网站.

16.黔东南州人民政府网.

17.黔东南各县市人民政府网.

18.黔东南人民网.

后 记

本书的内容设计和选取结合了我们在教育教学、社会培训和行业工作中的一些感悟和经验，在与相关专业学者深入讨论后，围绕“亮点是什么，要掌握什么”进行整体设计谋篇。通过以不同文化类型为模块，以各县市为脉络，相对系统全面地介绍黔东南自然和人文旅游资源，从自然地理、人口区划、历史人文、主要景点、风物特产、旅游接待等方面对各县市的文化旅游特色和旅游要素进行集中展示和介绍，在附录部分专门梳理了一些黔东南文化旅游的常识，并特别对旅游产业相关知识进行了通俗普及性的介绍。希望通过书中对旅游知识阐述、凝练和整理，能够让学生、旅游从业者、旅游爱好者和热爱黔东南的朋友更加便捷和全面地了解黔东南悠久历史、迷人风景和动人风情，以此增强旅游体验，铭记乡愁，珍藏记忆，唤起良知。

本书从创意构思到最终成稿历时6年，其间多次深入到景区、乡村和行业一线进行调研走访，再将收录到的资料进行分析梳理和总结提炼，同时也参考和吸收了部分专家学者的研究成果。在编写过程中，得到了黔东南州文旅局、黔东南州民宗委、黔东南州教育局、贵州大学、黔东南民族职业技术学院等单位领导和专家的悉心指导和大力帮助，恕不一一列出，在此表示最诚挚的感谢。为呈现较好的视觉效果，我们结合阐述内容进行了配图，在此特别感谢摄影家单洪根先生无偿为本书提供精美图片，为文化旅游的整体内容增色添彩，让宝贵旅游资源得以灵动地展示和呈现。对于书中借鉴的某些知识，恕不逐一说明出处，在此请求谅解，并致以崇高的谢意；由于我们水平和掌握资料有限，错漏之处在所难免，真诚欢迎各位同仁批评指正。

2019年9月1日